Eine Arbeitsgemeinschaft der Verlage

Böhlau Verlag · Wien · Köln · Weimar
Verlag Barbara Budrich · Opladen · Toronto
facultas.wuv · Wien
Wilhelm Fink · München
A. Francke Verlag · Tübingen und Basel
Haupt Verlag · Bern · Stuttgart · Wien
Julius Klinkhardt Verlagsbuchhandlung · Bad Heilbrunn
Mohr Siebeck · Tübingen
Nomos Verlagsgesellschaft · Baden-Baden
Ernst Reinhardt Verlag · München · Basel
Ferdinand Schöningh · Paderborn · München · Wien · Zürich
Eugen Ulmer Verlag · Stuttgart
UVK Verlagsgesellschaft · Konstanz, mit UVK / Lucius · München
Vandenhoeck & Ruprecht · Göttingen · Bristol
vdf Hochschulverlag AG an der ETH Zürich

Albrecht Steinecke

Destinationsmanagement

UVK Verlagsgesellschaft mbH · Konstanz
mit UVK/Lucius · München

Prof. Dr. Dr. h. c. (BSU) Albrecht Steinecke ist Hochschullehrer an der Universität Paderborn. Zuvor war er an mehreren in- und ausländischen Universitäten in Forschung und Lehre tätig; außerdem verfügt er über breite Consulting-Erfahrungen als langjähriger Geschäftsführer der Europäischen Tourismus Instituts GmbH (Trier).

Online-Angebote oder elektronische Ausgaben sind erhältlich unter www.utb-shop.de.

Bibliografische Information der Deutschen Bibliothek
Die Deutsche Bibliothek verzeichnet diese Publikation in der Deutschen Nationalbibliografie; detaillierte bibliografische Daten sind im Internet über <http://dnb.ddb.de> abrufbar.

© UVK Verlagsgesellschaft mbH, Konstanz und München 2013

Einbandgestaltung: Atelier Reichert, Stuttgart
Einbandmotiv: Peter Blank, Bielefeld
Druck und Bindung: fgb · freiburger graphische betriebe, Freiburg

UVK Verlagsgesellschaft mbH
Schützenstraße 24 · 78462 Konstanz
Tel. 07531-9053-0 · Fax 07531-9053-98
www.uvk.de

UTB-Nr. 3972
ISBN 978-3-8252-3972-5

Vorwort

Vom anfänglichen Chaos zu klaren Aussagen – dieser Weg ist nicht nur für weltberühmte Literaten, sondern auch für bescheidene Fachbuchautoren kein leichter. Ob es mir tatsächlich gelungen ist, „gut geformte Dinge" auszusprechen, müssen natürlich die Leser und Leserinnen entscheiden – ich möchte an dieser Stelle meine Beweggründe erläutern, warum ich dieses Buch geschrieben habe.

Mein beruflicher Werdegang bestand zunächst aus klassischen akademischen Stationen – mit der Promotion an der Christian-Albrechts-Universität in Kiel und anschließenden Tätigkeiten als Wissenschaftlicher Assistent an der Technischen Universität Berlin und Wissenschaftlicher Mitarbeiter an der Universität Bielefeld.

In der Folge erhielt ich die Chance, die Geschäftsführung des neu gegründeten „Europäischen Tourismus Instituts GmbH an der Universität Trier" zu übernehmen – eines multinationalen Unternehmens mit den Schwerpunkten Beratung, Forschung und Weiterbildung.

Gemeinsam mit einem Team engagierter Mitarbeiter und Mitarbeiterinnen habe ich zahlreiche kommunale und regionale Beratungsprojekte in Deutschland, Luxemburg, Belgien und Polen durchgeführt. Bei den vielen Kontakten mit Ministerialbeamten, Landräten, Bürgermeistern, Verkehrsamtsleitern und Hoteliers stand nicht mehr die wissenschaftliche Forschung im Mittelpunkt, sondern vor allem der Praxisbezug sowie die Machbarkeit und Akzeptanz unserer Maßnahmenvorschläge (und nicht zuletzt auch das politische Kalkül einiger Akteure).

Dieses (zeitweilige) Verlassen des akademischen Elfenbeinturms war zunächst recht schmerzhaft, doch es hat meinen Blick auf den Tourismus grundsätzlich verändert und erheblich erweitert. In der Folge habe ich mich – als Professor an der Universität Paderborn und als Gastprofessor an der Freien Universität Bozen – bemüht, die Perspektive und die Interessen der touristischen Praxis nicht aus den Augen zu verlieren.

Auf diesem Grundverständnis basiert auch das vorliegende Lehrbuch, bei dem ich das akademisch fundierte Basiswissen anhand zahlreicher praktischer Fallbeispiele erläutere. Ich hoffe, dass diese anschauliche Form der Darstellung zu einem besseren Verständnis des Themas beiträgt.

Das Konzept der „Destination" bzw. des „Destinationsmanagements" bestimmt seit einigen Jahren die fachliche Diskussion innerhalb der Tourismusforschung, aber auch der touristischen Praxis; entsprechend groß ist die Fülle an Publikationen, die es zu berücksichtigen galt.

Der Weg zu diesem Buch war deshalb kein leichter, doch es gab einige Gefährten, die mich unterstützt haben und denen ich zu großem Dank verpflichtet bin:

- Zahlreiche Unternehmen und Organisationen haben mir freundlicherweise Fotos zur Verfügung gestellt und Druckgenehmigungen erteilt.
- Dipl.-Geogr. Marcus Herntrei, MBA (Paderborn) war ein kompetenter fachlicher Gesprächspartner; ihm verdanke ich wichtige inhaltliche Anregungen.
- Peter Blank (Bielefeld) ist es gelungen, meine laienhaften Entwürfe geduldig und kreativ in professionelle Graphiken zu verwandeln; von ihm stammt auch der Entwurf der schönen Umschlagseite.
- Sibel Alpaslan (Paderborn) hat das Manuskript sorgfältig Korrektur gelesen.
- Bei der Schlussredaktion wurde ich von Dipl.-Ökonom Rainer Berger (UVK Verlagsgesellschaft, Konstanz/UVK Lucius, München) kompetent und professionell unterstützt.

Ein besonderer Dank gilt aber meiner Frau Renate, die wieder einmal erste kritische Leserin und sachkundige Beraterin beim Verfassen des Textes war.

Nun wünsche ich allen Lesern und Leserinnen eine fruchtbare und erkenntnisreiche Lektüre der hoffentlich „gut geformten Dinge".

Paderborn, im Frühsommer 2013   Albrecht Steinecke

Inhaltsverzeichnis

Abbildungsverzeichnis

Tabellenverzeichnis

1 Was ist eine Destination?

▶ **Lernziele**

In diesem Kapitel werden folgende Fragen beantwortet:

- Was sind typische Merkmale einer Destination?
- Warum ist dieses Konzept so innovativ und erfolgreich?
- Welche Unterschiede bestehen zwischen privatwirtschaftlichen und öffentlichen Destinationen?
- Welche Hemmnisse erschweren die Schaffung von öffentlichen Destinationen?

Die Begriffe „Destination" bzw. „Destinationsmanagement" bestimmen seit den 1990er Jahren nicht nur die fachliche Diskussion innerhalb der Tourismusforschung, sondern auch der touristischen Praxis: Unzählige Publikationen, Tagungen und Kongresse haben sich mit diesem Thema beschäftigt, das inzwischen auch zum *Standardinhalt von Lehrveranstaltungen* in tourismusbezogenen Studiengängen an Universitäten, Fachhochschulen und Dualen Hochschulen geworden ist (so verzeichnen diese Begriffe bei „Google" gegenwärtig mehrere Millionen Einträge). Zugleich verstehen sich immer mehr touristische Zielgebiete inzwischen als „Destinationen" und orientieren sich in ihrer *praktischen Arbeit* an diesem theoretischen Konzept.

Auf den ersten Blick ist dieser Boom verwunderlich, denn „Destination" bedeutet nicht mehr als *„Zielgebiet einer Reise"* – und schon seit Beginn des modernen Tourismus im 18. Jahrhundert haben Urlaubsreisen immer vom heimatlichen Wohnort in bestimmte Zielgebiete (und zurück) geführt. Dieser Ortswechsel ist generell ein zentrales Merkmal des Tourismus – neben dem temporären Aufenthalt der Urlauber und der Tatsache, dass Touristen in den Zielregionen immer nur als Konsumenten auftreten und dort nicht beruflich tätig sind.

Bei genauerem Hinsehen zeigt sich aber, dass mit dem Begriff „Destination" nicht einfach nur eine andere, modern klingende Bezeichnung für touristische Ziele eingeführt wurde, die zuvor als Fremdenverkehrsorte, Ferienregionen oder Reisegebiete bezeichnet worden sind. Warum ist dieses Konzept so *innovativ und erfolgreich?*

1.1 Definition und Merkmale einer Destination

▶ **Definition**

Destination: „Geographischer Raum (Ort, Region, Weiler), den der jeweilige Gast (oder ein Gästesegment) als Reiseziel auswählt. Sie enthält sämtliche für einen Aufenthalt notwendigen Einrichtungen für Beherbergung, Verpflegung, Unterhaltung/Beschäftigung. Sie ist damit die Wettbewerbseinheit im Incoming Tourismus, die als strategische Geschäftseinheit geführt werden muss" (BIEGER 2008, S. 56).

Der Begriff „Destination" signalisiert in mehrfacher Hinsicht ein *völlig neuartiges Grundverständnis der Abgrenzung, Funktion und Aufgaben touristischer Zielgebiete*; sie werden als eigenständige Wettbewerbseinheiten auf dem Reisemarkt verstanden:

▦ Zum einen handelt es sich um einen *Oberbegriff für touristische Ziele unterschiedlicher Größe und Organisationsform* – das können privatwirtschaftliche Unternehmen sein (Hotelresorts, Clubanlagen, Themenparks etc.), aber auch öffentliche Akteure (Städte und Gemeinden, Regionen, Bundesländer, Staaten und sogar Kontinente). Das gemeinsame Merkmal dieser Destinationen besteht darin, dass sie von den Konsumenten jeweils als Zielgebiete einer Urlaubsreise wahrgenommen und genutzt werden; damit konkurrieren sie miteinander um die Kunden.

▦ Diese *Perspektive der Nachfrager* wird auch konsequent zur räumlichen Abgrenzung der Destinationen genutzt. Dabei handelt es sich um einen völlig neuen Ansatz, denn traditionell dominiert – zumindest bei den öffentlichen Akteuren – die Sichtweise der Anbieter („Kirchturmdenken"; → 1.3.1). Für die Tourismusarbeit und -förderung sind Städte, Landkreise und Bundesländer zuständig; die Entscheidungsgewalt über die entsprechenden Budgets liegt bei Bürgermeistern, Landräten und Wirtschaftsministern (also bei Politikern und nicht bei Tourismusexperten). Destinationen sollen sich in ihrem räumlichen Zuschnitt aber nicht an den bestehenden administrativen Einheiten orientieren, sondern ausschließlich an der Raumwahrnehmung der Konsumenten (der sog. *Mental Map,* die auf einem Mix aus eigenen Reiseerfahrungen, Inhalten des Schulunterrichts, Informationen aus Werbung und Medien sowie Berichten von Freunden, Verwandten und Bekannten basiert).

Unterschiedliche Raumwahrnehmungen von Touristen: Der Einfluss von Reisezweck und Reisedistanz

Die Wahrnehmung eines Reiseziels steht zum einem in engem Zusammenhang mit dem *Reisezweck*: Bei einem Aufenthalt in einem Wellnesshotel und bei der Teilnahme an einem Kongress konzentrieren sich das Interesse und der Aktionsraum der Touristen ausschließlich auf die Hotelanlage; in diesen Fällen wird also nur das Hotel als Destination wahrgenommen und genutzt. Bei einer Städtereise nach Berlin oder London fungiert jeweils die Großstadt als Destination und bei einer Rund- oder Studienreise durch Großbritannien oder Australien ist sogar das Land bzw. der Kontinent die Destination. Generell gilt also: Je enger der Reisezweck, desto räumlich eingegrenzter ist die Destination.

Zum anderen hängt die Wahrnehmung der Destination von der *Distanz zwischen Quell- und Zielgebiet* ab. Hier gilt die Regel: Je weiter entfernt das Reiseziel, desto umfassender (und unpräziser) ist der Begriff der Destination. Wenn z. B. Bayern nach Südtirol reisen, so werden sie diese Region und vielleicht sogar ihren Urlaubsort in Südtirol genau benennen können. Für Norweger oder Finnen wird es sich um eine Reise nach Italien handeln und für chinesische Urlauber wird es Teil einer Europareise sein.

Diese differierenden Raumwahrnehmungen in unterschiedlichen Quellgebieten haben zur Folge, dass Destinationen auf *Nah- und Fernmärkten* jeweils mit spezifischen Marketingkonzepten arbeiten müssen (Image, Zielgruppen, Produkte etc.) bzw. auch mit anderen Destinationen kooperieren sollten, um überhaupt wahrgenommen zu werden (speziell auf Fernmärkten).

- Darüber hinaus umfasst der Begriff auch den Aspekt des *Bündels an touristischen Leistungen*, das von der Destination bereitgestellt wird. In privatwirtschaftlichen Destinationen wie Themenparks, Hotelresorts etc. erfolgt die komplexe Leistungserstellung durch ein einzelnes Unternehmen (also „aus einer Hand"), in öffentlichen Destinationen wie Städten und Regionen sind zahlreiche eigenständige Unternehmen daran beteiligt – z. B. Hotels, Restaurants, Verkehrsbetriebe, Freizeit- und Unterhaltungseinrichtungen. Für einen erfolgreichen Marktauftritt bedarf es deshalb einer intensiven Kooperation dieser Akteure innerhalb einer Destination und eines klaren Profils in der Außendarstellung (Kommunikationspolitik, Markenbildung).

- Innovativ war auch der Gedanke der *Markt- bzw. Wettbewerbsorientierung*, denn bis dahin herrschte in den öffentlichen Destinationen eher ein Verwaltungsdenken: Für die Arbeit der Tourist-Informationen und die Erstellung der Ortsprospekte waren überwiegend Verkehrs-, Fremdenverkehrs- bzw. Kulturämter verantwortlich, deren Mitarbeiter häufig nicht über spezielle fachliche Qualifikationen im Tourismus verfügten. Eine intensivere Markt- und Wettbewerbsorientierung kann aber nur mithilfe einer schlagkräftigen privatwirtschaftlichen Tourismusorganisation umgesetzt werden, die rasch und flexibel auf Marktveränderungen reagieren kann. Als Konsequenz entstanden in den letzten Jahren zahlreiche neue Destination Management Companies (DMC) – zumeist in der Rechtsform einer Gesellschaft mit beschränkter Haftung (GmbH).

▶ **Beispiel für eine Destination Management Company: Die „Ruhr Tourismus GmbH" (RTG), Oberhausen**

„Was bieten wir Ihnen konkret? Neben ihrer Tätigkeit im *Tourismusmarketing* ist die Gesellschaft auch als Reiseveranstalter tätig. Anknüpfungsmöglichkeiten bieten sich in vielfältiger Weise, gleich ob Marketing- und Vertriebskooperationen im Online- oder Printbereich, Möglichkeiten der Zusammenarbeit bei der Erstellung von Pauschalen oder der Entwicklung komplett neuer Produkte.

Der Auftrag der RTG, ein eigenständiges touristisches Regionalprofil zu entwickeln und die Bündelung von Produktentwicklung, Marketing und Vertrieb zur Profilierung der Metropole Ruhr als neues und modernes Reiseziel, klingt vergleichsweise theoretisch. Als Informations- und Koordinierungsstelle für die Metropole Ruhr ist die RTG zentraler Ansprechpartner – auch bei der *Vernetzung der touristischen Partner* in der Region, was bei 53 Städten durchaus eine Herausforderung darstellt" (⌁ www.ruhr-tourismus.de/ruhr-tourismus-gmbh.html).

Im Mittelpunkt des Destinationskonzepts steht der Gedanke, dass sich touristische Zielgebiete – also geographische Räume – als Wettbewerbseinheiten verstehen und nach den gleichen Prinzipien handeln wie *privatwirtschaftliche Unternehmen.* Angesichts des zunehmenden Konkurrenzkampfes im internationalen Tourismus erscheint diese Forderung sehr schlüssig, doch in der Praxis bestehen *zahlreiche strukturelle und operative Herausforderungen* bei der Umwandlung von traditionellen Urlaubsreiseregionen in marktorientierte Destinationen.

1.2   Privatwirtschaftliche und öffentliche Destinationen

Zum besseren Verständnis dieser Probleme ist es sinnvoll, zunächst einmal die *privatwirtschaftlichen Wettbewerber* genauer zu betrachten. Das Spektrum reicht dabei von Ferienklubs, -parks, -zentren und -dörfer über Themenparks und Hotelresorts bis hin zu Kreuzfahrtschiffen. Gemeinsame Merkmale dieser kommerziellen Freizeit- und Tourismusanbieter sind ihre *Multifunktionalität*, ihre *Erlebnisorientierung* und teilweise auch ihre *Thematisierung*.

privatwirtschaftliche Destinationen (Ferienklubs, -parks, -zentren, -dörfer, Themenparks, Hotelresorts, Kreuzfahrtschiffe)	öffentliche Destinationen (Städte und Gemeinden, Regionen, Reisegebiete, Länder, Kontinente etc.)
privatwirtschaftliche Einzelunternehmen	Vielzahl eigenständiger, teilweise konkurrierender Unternehmen
unverwechselbarer Marktauftritt (Marke, Corporate Culture, Corporate Design)	diffuser Marktauftritt (unkoordinierte Einzelaktionen der eigenständigen Unternehmen)
multifunktionales Angebot mit aufeinander abgestimmten Elementen (vertikale Konzentration unterschiedlicher Leistungsstufen)	multifunktionales, aber unkoordiniertes Angebot
professionelles Marketing (regelmäßige Marktforschung, konsequenter Einsatz des Marketingmix: innovative Produktpolitik, bequeme Buchbarkeit, flexible Preispolitik, zeitgemäße Kommunikationspolitik)	stark variierendes und sektorales Marketing – abhängig vom Professionalisierungsgrad der einzelnen Unternehmen
professionelles Qualitätsmanagement (kontinuierliche Erfolgskontrolle und Analyse der Kundenzufriedenheit, ständige Qualitätssteigerung etc.)	stark variierendes Qualitätsmanagement – abhängig vom Professionalisierungsgrad der einzelnen Unternehmen

Tab. 1: Unterschiede zwischen privatwirtschaftlichen und öffentlichen Destinationen (Quelle: eigener Entwurf)

Solche kommerziellen Erlebnis- und Konsumeinrichtungen konnten seit den 1990er Jahren generell einen Boom verzeichnen; durch den Bau von Hotels haben sie sich dabei zunehmend *von Tagesausflugszielen zu eigenständigen touristischen Destinationen* entwickelt – speziell für Kurzurlaubsreisen, die in Deutschland sehr populär sind (vgl. STEINECKE 2009, S. 82). Damit sind sie zu Good-Practice-Beispielen und zu neuen Konkurrenten der traditionellen Tourismusregionen geworden.

▶ **Beispiel für eine erlebnisorientierte Themenwelt:
Der „Europa-Park", Rust**

Abb. 1: Themenhotel „Colosseo" im „Europa-Park" in Rust
(Quelle: Europa-Park, Rust)

Der „Europa-Park" im südbadischen Rust wurde im Jahr 1975 eröffnet – zunächst als typischer Freizeitpark für Tagesausflügler und auch als Schaufenster für die Produkte des Familienunternehmens Mack, das sich bereits seit den 1920er Jahren auf den Bau von Fahrattraktionen für Schausteller und später auch für Freizeitparks spezialisiert hatte (vgl. KREFT 2000, S. 133-134).

Seitdem ist das Angebot des „Europa-Parks" kontinuierlich erweitert worden; die Gesamtinvestitionen belaufen sich inzwischen auf ca. 600 Mio. Euro. Mit mehr als 4 Mio. Besuchern/Jahr ist der „Europa-Park" der Marktführer unter den ca. 50 größeren Freizeit- und Themenparks in Deutschland. Er weist alle typischen Merkmale einer Destination auf:

Es handelt sich um einen *klar abgegrenzten Raum*, der von den Besuchern als Reiseziel wahrgenommen wird; zu 80 % handelt es sich um Wiederholungsbesucher, 26 % sind Mehrtagesbesucher.

Er enthält *alle für den Aufenthalt notwendigen Einrichtungen für Beherbergung, Verpflegung und Unterhaltung* – u. a. 13 europäische Themenbereiche mit mehr als 100 Attraktionen, Shows und Events. Gegenwärtig verfügt der Park über fünf Hotels und weitere Beherbergungsangebote mit einer Gesamtkapazität von ca. 4.500 Betten (im nahegelegenen Freiburg gab es im Herbst 2011 knapp 5.000 Betten in der Hotellerie).

Er wird von der Unternehmerfamilie Mack als *strategische Einheit im Incoming-Tourismus* geführt; die Besucher kommen vor allem aus Deutschland (40 %), Frankreich (20 %) und der Schweiz (20 %). Das zentrale Park-Management nutzt alle Möglichkeiten eines professionellen Marketingmix (u. a. mit bequemen Online-Buchungsmöglichkeiten für Tickets und Übernachtungen, Präsenz in diversen sozialen Netzwerken); außerdem kommt ein zeitgemäßes Qualitätsmanagement zum Einsatz.

Im Vergleich zu den privatwirtschaftlichen Destinationen weisen die öffentlichen Tourismusregionen eine *Reihe von Nachteilen* auf: Sie verfügen zwar zumeist auch über ein recht breites, multifunktionales Beherbergungs-, Verpflegungs-, Freizeit- und Unterhaltungsangebot, doch aufgrund der vielen Akteure mit unterschiedlichen Interessen fehlt ein einheitlicher Marktauftritt. Auch die Marketingmaßnahmen und das Qualitätsmanagement werden ausschließlich auf betrieblicher Ebene durchgeführt; erst in jüngerer Zeit sind Organisationen zur zentralen Koordination bzw. Steuerung geschaffen worden (vgl. Tab. 1).

▶ **Traditionelle Tourismusregionen – administrative Vielfalt, breites Angebot, Schwierigkeiten eines zentralen Managements: Beispiel Lüneburger Heide**

Die niedersächsische Heide-, Geest- und Waldlandschaft liegt im Einzugsbereich der Städte Hamburg, Bremen und Hannover; sie zählt zu den bekanntesten und profiliertesten Urlaubsregionen Deutschlands (Platz 12; vgl. KERN 2007, S. 746). Bei der Schaffung einer marktfähigen Destination (als schlagkräftiger Wettbewerbseinheit) stehen die Akteure vor mehreren Herausforderungen:

Obwohl die Lüneburger Heide auf der *Mental Map* der potenziellen Urlauber existiert, handelt sich *nicht um eine klar abgegrenzte Region*, sondern umfasst mehrere administrative Einheiten. Nach Wikipedia erstreckt sie sich über die Landkreise Celle, Gifhorn, Heidekreis, Uelzen, Lüneburg, Lüchow-Dannenberg und die Südostteile der Landkreise Rotenburg und Harburg. Bereits die statistische Erfassung der touristischen Nachfrage stößt deshalb auf Probleme: So spricht die „Lüneburger Heide GmbH" für das Jahr 2011 von 5,04 Millionen Übernachtungen, betrachtet aber nur die Landkreise Harburg, Lüneburg, Uelzen, Celle und den Heidekreis, nicht die Landkreise Gifhorn und Lüchow-Dannenberg. Der Landesbetrieb für Statistik und Kommunikationstechnologie Niedersachsen

(LSKN) hat hingegen für die Lüneburger Heide 5,97 Mio. Übernachtungen erfasst; dabei fehlt die Stadt Wolfsburg, während die Gemeinden im Landkreis Rotenburg (Wümme) berücksichtigt worden sind (🖰 www.ihk-lueneburg.de). Diese Vielzahl administrativer Akteure erschwert nicht nur eine exakte Datenerhebung, sondern auch einen klaren Marktauftritt.

Eine weitere Herausforderung besteht darin, die *zahlreichen Unternehmen der Tourismusbranche* zu koordinieren. So gibt es in der Lüneburger Heide ca. 900 gewerbliche Beherbergungsbetriebe (mit mehr als neun Betten), 95 Museen und Schlösser, 10 große Freizeitparks etc., die unterschiedliche betriebliche Interessen verfolgen und teilweise miteinander konkurrieren. Ihre Mitwirkung bei der Schaffung einer Destination, die nach außen hin einheitlich auftritt, basiert ausschließlich auf Freiwilligkeit. Eine zentrale Destination Management Company muss alle Akteure vom Nutzen einer destinationsinternen Kooperation überzeugen; darüber hinaus verfügt sie über keine Kontroll- und Sanktionsmöglichkeiten (ein erheblicher Nachteil speziell beim Qualitätsmanagement).

Im Jahr 2008 wurde die *„Lüneburger Heide GmbH"* (LHG) gegründet – als „Dachorganisation und fachliche Interessensvertretung der touristischen Leistungsträger im größten Reisegebiet Niedersachsens". Zu den Gesellschaftern gehören aber wiederum nicht alle administrativen Einheiten, sondern nur die Landkreise Harburg, Celle, Lüneburg, Uelzen und Soltau-Fallingbostel sowie die Städte Lüneburg, Celle und Bad Bevensen und der HeideWorld e. V. (🖰 www.lueneburger-heide.de).

Vor diesem Hintergrund bezeichnet BIEGER (2008, S. 365) eine öffentliche Destination deshalb als „Archetyp einer virtuellen Unternehmung, da ein Netzwerk von Unternehmen gemeinsam eine Leistung (z. B. Ferienaufenthalt) erbringt und dabei gemeinsame Ressourcen (Marke, Image, kulturspezifische Kompetenzen etc.)" bewirtschaftet.

Doch der Weg von einer traditionellen (verwaltungsmäßigen) Tourismusregion zu einer marktorientierten Destination (als virtuellem Unternehmen) ist steinig: Es gilt, eine Reihe von Hemmnissen zu überwinden (vgl. BRYSCH 2001; NEUMANN 2005, S. 132-136).

Abb. 2: Öffentliche Destinationen (wie z. B. die Lüneburger Heide) stehen vor der Herausforderung, das vielfältige und unübersichtliche Angebot der zahlreichen eigenständigen Unternehmen zu koordinieren und unter einem Markenbegriff zu bündeln; dazu
gehören u. a. auch ein wiedererkennbares Logo und ein aussagekräftiger Slogan
(Quelle: Lüneburger Heide GmbH).

1.3   Hemmnisse bei der Destinationsbildung

Im Gegensatz zu privatwirtschaftlichen Unternehmen handelt es sich bei touristischen Zielgebieten um *öffentliche Räume*, die weit mehr sind als nur betriebswirtschaftlich definierte Wettbewerbseinheiten: Es sind Lebensräume der Bevölkerung, Wirtschaftsregionen mit diversen (nicht nur touristischen) Akteuren, politische Verwaltungseinheiten und nicht zuletzt auch Naturräume mit besonderen
ökologischen Merkmalen – wie z. B. Küsten, Mittel- bzw. Hochgebirge, ländliche Räume etc. (vgl. STEINECKE 2011, S. 112-113).

Eine Destinationsbildung findet also immer in einem Geflecht von unterschiedlichen Interessen sowie historischen Vorgaben statt, die eine gewissen Beharrungstendenz aufweisen und jegliche Form der Veränderung erschweren. Zu
den wichtigsten Hemmfaktoren zählen dabei das Kirchturmdenken der Politiker, Konflikte mit bestehenden Organisationen, der unterschiedliche Professionalisierungsgrad der touristischen Betriebe und der Lokalpatriotismus der Bevölkerung.

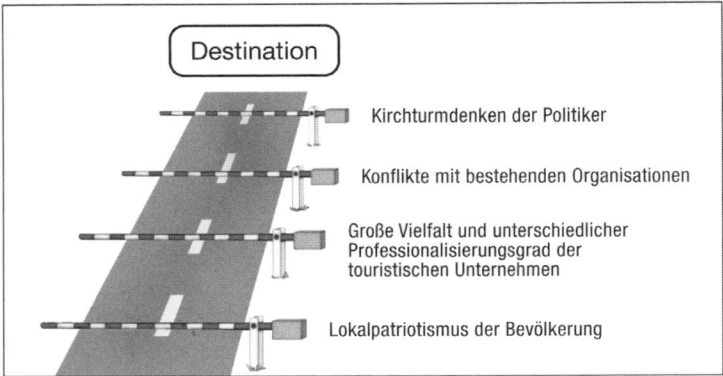

Abb. 3: Bei einer Destinationsbildung treten generell mehrere Hemmnisse auf, die von der zuständigen Destination Management Company überwunden werden müssen; dazu gehören politische Einflüsse, die Auseinandersetzung mit bestehenden Organisationen, die kleinteilige Struktur der Tourismusbranche und die lokale Sichtweise der Bevölkerung (Quelle: eigener Entwurf; Grafik: P. Blank).

1.3.1   Kirchturmdenken der Politiker

Der öffentliche Tourismus unterliegt in Deutschland *weit mehr politischen Einflüssen*, als den meisten Touristen bewusst ist, wenn sie ein Hotelzimmer buchen oder sich in einer Tourist-Information über ihren Urlaubsort informieren.

Die Förderung der touristischen Entwicklung gehört zwar *nicht zu den Pflichtaufgaben von Städten und Gemeinden* (wie z. B. Bauleitplanung, Abwasserbeseitigung, Feuer- und Katastrophenschutz, Anlage und Unterhalt von Kindergärten und Friedhöfen etc.). Dennoch haben sich zahlreiche Kommunen bereits im 19. Jahrhundert freiwillig im Tourismus engagiert, um das wirtschaftliche Potenzial dieses Wirtschaftszweiges zu nutzen. Zum einen versuchten sie, durch Investitionen im Infrastruktur- und Kulturbereich ihre Attraktivität zu steigern; zum anderen richteten sie innerhalb der Kommunalverwaltung *Verkehrs- bzw. Fremdenverkehrsämter* ein, die für eine touristische Öffentlichkeitsarbeit und Werbung zuständig waren. Bereits in den 1920er Jahren verfügten mehr als 180 deutsche Städte über eigene Verkehrsämter (vgl. KEITZ 1997, S. 71).

Seitdem ist die Zahl ständig gestiegen: Zu Beginn des 21. Jahrhunderts ermittelte eine empirische Studie ca. 4.500 kommunale Tourismusorganisationen in Deutschland – dabei handelt es sich zu 58 % um Ämter, deren Tätigkeitsbereich sich zumeist auf das Gebiet der Stadt bzw. Gemeinde beschränkt (vgl. BAUR/VOLLE/QUACK 2004, S. 15; NEUMANN 2005, S. 28-29). Die fachliche Arbeit dieser Verkehrsämter wird jeweils durch den *Bürgermeister* gesteuert, da er in der Regel sowohl Vorsitzender des Stadtrats als auch Leiter der Stadtverwaltung und damit direkter Dienstvorgesetzter der Mitarbeiter einer Gemeinde ist. Da es sich bei Bürgermeistern aber um Politiker handelt, die nach Ablauf ihrer Dienstzeit eine Erfolgsbilanz präsentieren möchten und wiedergewählt werden wollen, konzentriert sich ihr Interesse auf die positive wirtschaftliche Entwicklung der eigenen Stadt (vgl. BAUER 2000). Die Zusammenarbeit mit anderen Kommunen hat für sie zumeist nur eine nachgeordnete Bedeutung – obwohl sie im Sinne einer Destinationsbildung zwingend notwendig ist, denn die Nachfrager denken nicht in kleinen administrativen Einheiten, sondern in größeren Natur- und Kulturräumen (z. B. Lüneburger Heide, Harz oder Eifel).

Dieses Problem des Kirchturmdenkens im Tourismus ist nicht nur auf kommunaler Ebene zu beobachten, sondern auch in *größeren Verwaltungseinheiten* wie Landkreisen bzw. Bundesländern, die sich ebenfalls über regionale Organisationen bzw. Ministerien in diesem Wirtschaftszweig verwaltend und fördernd engagieren (vgl. DLT 2011, S. 13-14). Ein deutlicher Beleg für den *hohen Politisierungsgrad des öffentlichen Tourismus* sind die zahlreichen Pressekonferenzen, die von Bürgermeistern, Landräten und Wirtschaftsministern der Bundesländer alljährlich im Rahmen der Internationalen Tourismus-Börse (ITB) in Berlin veranstaltet werden. Für Politiker aller Parteien dient diese weltweit größte Tourismusmesse auch als Bühne der Selbstdarstellung.

▶ **Beispiele für das Kirchturmdenken der Politiker: Prospekterstellung und regionale Kooperation**

Kirchturmdenken bei der Prospekterstellung: Zur Förderung von Tourismus und Weinbau sollte in einem kleinen deutschen Urlaubsgebiet ein *regionaler Prospekt* erstellt werden, in dem u. a. die touristischen Attraktionen von zwei Städten präsentiert wurden. Vor dem Druck erhielten die beiden Bürgermeister eine Entwurfsfassung. Sie zeigten nur geringes Interesse an der inhaltlichen und ästhetischen Qualität des Prospekts, sondern achteten vor allem darauf, ob ihre Städte in gleicher Weise dargestellt wurden – hinsichtlich der Häufigkeit der Erwähnung, der Anzahl von Textzeilen und der Größe der Bilder. Die Sichtweise der Nachfrager blieb dabei völlig außer Acht, denn bei der einen Stadt handelte es sich um ein attraktives, überregional bekanntes Ausflugsziel, bei der anderen eher um ein touristisches „Mauerblümchen".

Kirchturmdenken bei der regionalen Kooperation: Nach einer bundesweiten Imageanalyse kam ein Beratungsprojekt in einem deutschen Mittelgebirge zu dem Ergebnis, dass der Bekanntheitsgrad der Region erheblich gesteigert werden musste. Um dieses Ziel zu erreichen und eine einheitliche, überregional wahrnehmbare Destinationsmarke zu schaffen, war eine intensivere *Zusammenarbeit mehrerer Landkreise* notwendig. In den Abstimmungsgesprächen verwendeten die Landräte dabei immer wieder den Begriff der „grenzüberschreitenden Zusammenarbeit" – damit meinten sie aber nicht gemeinsame Aktivitäten mit den nahegelegenen Regionen in Luxemburg oder Belgien, sondern mit den benachbarten Landkreisen des eigenen Bundeslandes Rheinland-Pfalz.

1.3.2   Konflikte mit bestehenden Organisationen

„Der deutsche Tourismus ist überorganisiert" – so beschrieb BLEILE (2000, S. 103) die touristische Organisationsstruktur zu Beginn des 21. Jahrhunderts. Sie bestand aus einem mehrstufigen, hierarchischen System, das sich ausschließlich an Verwaltungsgrenzen orientierte (Bund, Länder, Regionen, Städte und Gemeinden). Allein auf Landes- und Regionalebene gab es ca. 280 Verbände und Organisationen. Diese verwirrende Vielfalt brachte *mehrere gravierende Nachteile* mit sich:

▦ Es gab *keine landschaftsbezogenen Organisationen*, die aus Sicht des Marktes notwendig waren.

▦ Es mangelte an einer *vernünftigen Aufgabenteilung*, sodass es zu Kompetenzüberschneidungen, Doppelarbeiten, Missverständnissen und unkoordinierten Maßnahmen kam (z. B. bei Messeauftritten und Pressereisen).

▦ Es bestand eine extreme *finanzielle Abhängigkeit* von den öffentlichen Haushalten der Kommunen, Landkreise und Bundesländer.

▦ Es herrschte ein *bürokratisch-kameralistisches Denken* vor, das eine aktive und flexible Marketingarbeit erschwerte.

▦ Es gab *hohe Streuverluste bei der Werbung*, da die einzelnen Organisationen ihre Maßnahmen nicht aufeinander abstimmten.

Zentraler Bestandteil des neuen Destinationskonzepts ist aber die Schaffung einer *schlagkräftigen Destination Management Company* – also einer zusätzlichen Organisation, die sich gegen die vorhandenen Vereine und Verbände durchsetzen muss; diese müssen Kompetenzen, Zuständigkeiten und Aufgaben abgeben, um der neuen Organisationen eine erfolgreiche Arbeit zu ermöglichen. Erfahrungsgemäß zeigen bestehende Organisationen aber eine *äußerst große Beharrungstendenz;* sie sperren sich gegen alle Veränderungen, die ihren Einfluss minimieren: Es geht um die Macht der verantwortlichen Akteure, um Posten von Präsidenten, Vorsitzenden und Geschäftsführern – und nicht zuletzt auch um die Einwerbung und Verteilung öffentlicher Mittel.

Als zusätzliche Schwierigkeit bei der Einrichtung einer neuen Destination Management Company erweist sich der *Querschnittscharakter des Tourismus*. In diesem Bereich sind nicht nur touristische Organisationen aktiv, sondern auch Wirtschaftsförderungs- und Stadtmarketinggesellschaften, Umwelt- und Naturschutzverbände, Kultur- und Verschönerungsvereine, Bürgerinitiativen etc.

Abb. 4: Seit den 1990er Jahren hat sich touristische Organisationsstruktur in der Eifel grundlegend verändert. Während sich damals 35 Organisationen haupt- und nebenamtlich mit dem Tourismus beschäftigten, liegt die Zuständigkeit seit 2002 in Händen der „Eifel Tourismus (ET) GmbH" als zentraler Destination Management Company. Sie gibt u. a. jährlich den „Ferienkatalog" heraus, in dem ca. 600 touristische Betriebe präsentiert werden (Quelle: Archiv Eifel Tourismus GmbH).

Diese komplizierte Gemengelage und der schwierige Weg von zahlreichen öffentlichen Tourismusorganisationen zu einer marktorientierten Destination Management Company soll am *Beispiel der Eifel* kurz erläutert werden. Im Jahr 1993 kam das „Touristische Weißbuch Eifel-Ardennen" des „Europäischen Tourismus Instituts" (ETI) in Trier zu dem Ergebnis, dass es in dieser Region insgesamt 35 Organisationen gab, die sich haupt- bzw. nebenamtlich mit dem Tourismus beschäftigten.

Im Rahmen des „Touristischen Entwicklungs- und Handlungskonzepts für die Eifel" (1995) wurde vom ETI u. a. auch eine organisatorische Straffung vorgeschlagen. Eine besondere Herausforderung bestand darin, dass sich der Natur- und Kulturraum Eifel diesseits und jenseits der rheinland-pfälzischen und nordrhein-westfälischen Landesgrenze erstreckt (und sogar auch in den Ostteil Belgiens).

Erst nach einem langwierigen Beratungs-, Diskussions- und Umstrukturierungsprozess konnte im Winter 2002 der Zusammenschluss der rheinland-pfälzischen „Eifel-Tourismus GmbH" (Prüm) und der nordrhein-westfälischen „Eifel-Touristik Agentur NRW e. V." (Bad Münstereifel) vollzogen werden (vgl. MÜLLER 2004). Seitdem agiert die „Eifel Tourismus (ET) GmbH" als zentrale Management Company dieser Destination – mit dem Ziel der „Förderung des regionalen Tourismus" durch Werbung, Ausarbeitung touristischer Angebote und Kooperation mit benachbarten Tourismusorganisationen. Zu den Gesellschaftern der ET gehören gegenwärtig neun Landkreise und 51 Kommunen – also ausschließlich die öffentliche Hand und keine privatwirtschaftlichen Akteure (www.eifel.info).

1.3.3   Große Vielfalt touristischer Unternehmen

Als Ortsfremde und temporäre Gäste müssen Touristen vor Ort diverse Dienstleistungen in Anspruch nehmen – speziell Übernachtungs-, Verpflegungs- und Transportangebote. In einem Zielgebiet sind zahlreiche Betriebe daran beteiligt, diese spezifische Nachfrage zu befriedigen und damit das Gesamtprodukt „Reise" zu erstellen. Das Spektrum reicht von Beherbergungsbetrieben und Restaurants über Busunternehmen und Unterhaltungseinrichtungen bis hin zu Souvenirshops, Bäckereien und Friseursalons (vgl. FREYER 2011, S. 125-138).

Nicht nur diese große Vielfalt an Unternehmen, sondern auch deren unterschiedlicher Professionalisierungsgrad stellt für das Destinationsmanagement eine *große Herausforderung* dar:

▪ Zum einen hat der touristische Konsum nicht für alle Unternehmen *eine gleich große Bedeutung*. Während z. B. Unterkunftsbetriebe völlig von auswärtigen Gästen abhängig sind, spielen die Ausgaben der Urlauber bei anderen Anbietern wie Einzelhandelsgeschäften, Tankstellen oder Imbissständen eine relativ geringe Rolle (und häufig nur während der Hauptsaison). Aufgrund dieser Tatsache ist auch das Tourismusbewusstsein der einzelnen Akteure unterschiedlich stark ausgeprägt – und damit die Bereitschaft, aktiv an der Entwicklung der Destination mitzuarbeiten (z. B. durch eine finanzielle Beteiligung als Gesellschafter der Destination Management Company, durch die

Mitwirkung an gemeinsamen Werbeaktionen und Messeauftritten oder durch die Verwendung des Markenlogos der Destination).

▪ Eine weitere Herausforderung besteht im *unterschiedlichen Professionalisierungsgrad der einzelnen Betriebe* – wie das Beispiel des Beherbergungsgewerbes zeigt. Die Bandbreite der Betriebsarten reicht von Hotels und Gasthöfen über Pensionen und Hotels garni bis hin zur Parahotellerie – dazu zählen Ferienwohnungen, Jugendherbergen, Campingplätze, Bauernhöfe und Privatzimmer. Zwischen den einzelnen Betriebsarten bestehen zum einen erhebliche Unterschiede hinsichtlich der *Bettenkapazität*: So verfügen Privatvermieter und Landwirte zumeist nur über wenige (preisgünstige) Zimmer; die touristischen Einnahmen stellen für sie nur eine zusätzliche Einnahmequelle dar. Entsprechend gering ist z. B. ihr Interesse, sich an einem provisionspflichtigen EDV-Buchungssystem der Destination zu beteiligen (das aber für eine ständige Präsenz am Markt sehr wichtig ist). Zum anderen gibt es große Unterschiede im Bereich der *Marktkenntnis und Kundenorientierung*: Während professionell geführte größere Hotels längst Maßnahmen des Qualitätsmanagements und der Kundenbindung eingeführt haben, weisen Gasthöfe und Pensionen häufig nur ein niedriges Ausstattungs- und Dienstleistungsniveau auf (nicht zuletzt aufgrund von Personal- und Kapitalmangel). Die Einführung transparenter Qualitätsstandards und die kontinuierliche Einbeziehung möglichst vieler Akteure in die aktuelle Marketingarbeit gehört deshalb zu den zentralen und zugleich besonders schwierigen Aufgaben des Destinationsmanagements.

▪ Durch den *Konzentrationsprozess innerhalb des Beherbergungsgewerbes* entsteht für die Destinationen ein zusätzliches Problem. Traditionell wird der deutsche Hotelmarkt durch mittelständische, privat geführte Familienhotels geprägt, die aufgrund ihrer lokalen Bindung ideale Partner für eine Destinationsbildung sind. Seit den 1990er Jahren hat aber eine rasche *Expansion internationaler Hotelketten* stattgefunden; inzwischen stellen diese Kettenhotels ca. 37 % der Zimmerkapazität (vgl. SEITZ 2002). Die Betriebe von Hotelkonzernen wie „Accor", „InterContinental" oder „Starwood", aber auch von Ferienpark-Unternehmen wie „CenterParcs" werden zentral von der jeweiligen Firmenzentrale gesteuert. Da sie ausschließlich eine unternehmensbezogene Markenstrategie verfolgen, sind sie generell nicht an einer aktiven Einbeziehung in das Destinationsmanagement interessiert. So entwickeln sie z. B. eigene Pauschalangebote für Kurzreisen, die nicht über die jeweilige Destination Management Company vertrieben werden, sondern nur über die unternehmensinterne Homepage bzw. das Call Center.

▶ **Beispiel für die Konkurrenz zwischen internationalen Hotelketten und Destinationen: Pauschalangebot des Hotelkonzerns „Accor" bzw. der „Hamburg Tourismus GmbH"**

Bei der „Accor S. A." handelt es sich um ein französisches Hotelunternehmen, das weltweit ca. 4.400 Hotels mit 530.000 Zimmern betreibt (u. a. die Marken „Formule 1", „Etap Hotel", „All Seasons", „Ibis, „Suitehotel", „Mercure", „Novotel", „Pullman" und „Sofitel").

Zum Produktportfolio gehören eigene Pauschalreisen, die u. a. via Internet vertrieben werden; beim folgenden Angebot können die Kunden den Besuch eines Musicals mit einer Übernachtung in einem „Accor"-Hotel kombinieren:

„Business und Kultur verbinden: Erleben Sie ein unvergessliches Musical-Ereignis auf den zahlreichen Bühnen in ganz Deutschland. Nutzen Sie unser Partner-Angebot und lassen Sie sich mitreißen von der Begeisterung und den Emotionen auf der Bühne. Gleich im Anschluss hebt sich für Sie in einem unserer erstklassigen Hotels der Vorhang zu einem unvergesslichen Aufenthalt. Denn eines unserer Hotels ist immer in der Nähe und erfüllt Ihre Wünsche, egal ob luxuriös und elegant oder komfortabel und preisgünstig" (www.s-leclub.accorhotels.com).

Mit dieser Produkt- und Distributionspolitik treten Hotelketten in direkte Konkurrenz zu Destination Management Companies, die ebenfalls Pauschalreisen entwickeln – wie das Beispiel der „Hamburg Tourismus GmbH" zeigt. Auf ihrer Homepage bietet sie u. a. die Pauschalreise „Disneys Musical Tarzan" an, die folgende Leistungen umfasst: „1 Übernachtung im Hotel Ihrer Wahl (Verlängerungsnächte buchbar) inkl. Frühstück, 1 Musicalticket in gewählter Preiskategorie, 1 Reiseführer Hamburg (pro Zimmer), 1 Hamburg CARD – Ihr Entdeckerticket, Ihr Exklusiv-Vorteil: 15 % Rabatt in ausgewählten Restaurants" (www.hamburg-tourism.de).

1.3.4   Lokalpatriotismus der Bevölkerung

Als weiterer Hemmfaktor bei der Schaffung von Destinationen erweisen sich auch die *unterschiedlichen Dimensionen der Raumwahrnehmung von Touristen und Einheimischen*: Urlauber denken in großflächigen Natur- bzw. Kulturräumen, die ihnen spezielle Erlebnisse und Erfahrungen, einen Prestigegewinn bzw. eine besondere Aktivität ermöglichen. Die einheimische Bevölkerung hat hingegen eine kleinräumige Sichtweise, die sich auf ihre alltägliche Lebenswelt bezieht – also auf ihre Wohnstraße bzw. -viertel (vgl. Steinecke 2001, S. 22-24).

Eine Studie zur Regionalentwicklung im *Biosphärenreservat Rhön* kam z. B. zu dem Ergebnis, dass die Bewohner der hessischen und thüringischen Gemeinden ein starkes Heimatgefühl im Sinne einer emotionalen Bindung an ihren Wohnort aufweisen; sie betrachten ihn als ihr Zuhause, als Ort mit einer überschaubaren sozialen Gemeinschaft und als Ort, in dem man persönliche Spuren hinterlassen kann (z. B. durch eine Vereinstätigkeit). Die Rhön, die aus Sicht des touristischen Marktes eine Destination darstellt und sich deshalb zur Bildung einer regionalen Dachmarke eignet, ist den Einheimischen als Raumkategorie eher fremd. Im Bewusstsein der Bevölkerung spielt sie nur eine untergeordnete Rolle; zu ihrer Beschreibung werden allenfalls von außen vorgegebene Slogans benutzt, die nicht dem Erfahrungs- und Wortschatz der Einheimischen entstammen – z. B. „Land der offenen Fernen", „Berg der Segelflieger" (vgl. CRAMER VON LAUE 1997 sowie SCHULER/REIN 2011 zum Verhältnis von Fremden- und Eigenwahrnehmung der Bekanntheit von Tourismusregionen).

▶ **Beispiele für den Lokalpatriotismus der Bevölkerung: Freie Autokennzeichen für Kommunen**

Im Sommer 2012 hat Bundesverkehrsminister Peter Ramsauer (CSU) dem Bundesrat eine Verordnung vorlegt, nach der die Kommunen künftig ihr Autokennzeichen selbst wählen können. Dieser Vorschlag wurde von einigen Städten und Gemeinden, die im Rahmen der Gebietsreform in den 1970er Jahren zu größeren Verwaltungseinheiten (und damit indirekt auch zu touristischen Destinationen) zusammengelegt worden waren, mit Begeisterung aufgegriffen:

„In Wattenscheid gibt es einen stark ausgeprägten Lokalpatriotismus. Schwer trägt der Wattenscheider bis heute an der kommunalen Gebietsreform: 1975 wurde die einst kreisfreie Stadt Wattenscheid zu einem Bezirk von Bochum. Schon seit einiger Zeit werben überzeugte Wattenscheider mit der Aufkleber-Kampagne ‚Ich will WAT' für die Rückeroberung eines kleines Stücks Selbständigkeit. [...] Auch in Wanne-Eickel (WAN), Castrop-Rauxel (CAS) und Witten (WIT) wünscht man sich die Vergangenheit zurück – der Kreistag des Ennepe-Ruhr-Kreises hat WIT schon gutgeheißen" (Quelle: Frankfurter Allgemeine Zeitung, 22.08.2012).

Für eine dauerhaft erfolgreiche Destinationsbildung ist aber die *Identifikation der einheimischen Bevölkerung mit dem regionalen Markenbegriff* eine unabdingbare Voraussetzung. Andernfalls kann es zu erheblichen Irritationen und Friktionen kommen – wie das Beispiel des *Schweizer Kantons Graubünden* zeigt. Auf Vorschlag einer Werbeagentur sollte eine Umbenennung dieser Region in „Bündner Land" stattfinden. Dieser Begriff war aus externer Sicht durchaus sinnvoll, denn er ermöglichte optimale Synergieeffekte zwischen Tourismus, Landwirtschaft und Einzelhandel (z. B. bei der Vermarktung des „Bündner Fleisches" und anderer „Bündner" Produkte im Rahmen touristischer Angebote). Im Kanton Graubünden löste die Idee hingegen einen Sturm der Entrüstung aus, da er im bisherigen Sprachgebrauch der Einheimischen nicht existierte; aus diesem Grund wurde die historische Bezeichnung beibehalten (vgl. Fremdenverkehrswirtschaft International, 04.05.2001, S. 158).

Ungeachtet dieser unterschiedlichen Hemmnisse stehen alle öffentlichen Zielgebiete vor der Herausforderung, sich künftig als Destinationen – also als strategische Wettbewerbseinheiten – zu verstehen und auf dem (inter)nationalen Tourismusmarkt zu positionieren. Als *wesentliche Triebkräfte* erweisen sich dabei die ständig wachsende Konkurrenz um die Kunden, ein verändertes Nachfrageverhalten der Touristen (speziell die steigenden Ansprüche und die zunehmende Markenorientierung) sowie der Marktauftritt neuer Konkurrenten; dazu zählen z. B. Reiseziele in Mittel- und Osteuropa, aber auch große kommerzielle Freizeit- und Urlaubseinrichtungen, die sich durch den Bau eigener Hotels immer mehr von traditionellen Tagesausflugszielen zu attraktiven Kurzurlaubsreisezielen entwickeln (u. a. auch für Tagungen und Konferenzen).

▶ **Zusammenfassung**

■ Das Destinationskonzept basiert auf einem neuen Grundverständnis der Abgrenzung, Funktion und Aufgaben öffentlicher touristischer Zielgebiete.

■ Öffentliche Destinationen werden danach als strategische Wettbewerbseinheiten im Incoming-Tourismus verstanden, die in ähnlicher Weise agieren sollen wie privatwirtschaftliche Unternehmen.

■ Zentrale Merkmale einer Destination sind: die räumliche Abgrenzung aus Sicht der Nachfrager (nicht der Anbieter), ein aufeinander abgestimmtes Bündel an touristischen Leistungen, die Markt- und Wettbewerbsorientierung sowie eine professionelle Tourismusorganisation (Destination Management Company).

■ Allerdings handelt es sich bei touristischen Zielgebieten um öffentliche Räume, die mehr sind als betriebswirtschaftlich definierte Wettbewerbseinheiten: Lebensräume der Bevölkerung, Wirtschaftsregionen mit nicht-touristischen Akteuren, politische Verwaltungseinheiten und Naturräume mit besonderen ökologischen Merkmalen.

- Aus diesem Grund gibt es mehrere Hemmnisse bei der Schaffung und beim Betrieb von Destinationen: das Kirchturmdenken der Politiker, Konflikte mit bestehenden Organisationen, die große Vielfalt und der unterschiedliche Professionalisierungsgrad der touristischen Unternehmen sowie der Lokalpatriotismus der Bevölkerung.

- Aus der großen Dynamik des (inter)nationalen Tourismusmarkts erwächst jedoch für alle öffentlichen touristischen Zielgebiete die Notwendigkeit, sich trotz dieser Hemmnisse künftig stärker als Destinationen zu verstehen.

▶ Weiterführende Lesetipps

BIEGER, Th./BERITELLI, P. (2013): Management von Destinationen, 8., aktual. u. überarb. Aufl. München

Das betriebswirtschaftliche Standardwerk gibt einen fundierten und umfassenden Überblick über das Thema. Im Mittelpunkt stehen dabei theoretisch-wissenschaftliche Überlegungen, die anhand einiger Fallstudien erläutert werden.

EISENSTEIN, B. (2010): Grundlagen des Destinationsmanagements, München

Aufgrund des verständlichen Stils und der anschaulichen Darstellung eignet sich das Buch gut als ergänzende Einstiegslektüre in das Thema.

WIESNER, K. A. (2008): Strategisches Destinationsmarketing. Erfolgsfaktoren für touristische Organisationen und Leistungsträger, Meßkirch

Inhaltliche Schwerpunkte des Lehrbuchs sind die Herausforderungen und Erfolgsfaktoren von Destinationen, die Informationsgewinnung und -aufbereitung sowie die Strategieumsetzung im operativen Destinationsmarketing.

LUFT, H. (2007): Destination Management in Theorie und Praxis. Organisation und Vermarktung von Tourismusorten und Tourismusregionen, Meßkirch

Das umfangreiche Studienbuch beschäftigt sich im ersten Teil mit dem ordnungspolitischen Rahmen des Destinationsmanagements (Nachfrage, Standorte, Organisationsform etc.) und im zweiten Teil mit der Vermarktungspolitik (Strategie, Marketingmix).

2 Wozu sind Destinationen notwendig?

▶ **Lernziele**

In diesem Kapitel werden folgende Fragen beantwortet:

- Was sind die zentralen Steuerungsfaktoren der touristischen Entwicklung?
- Welche Konsequenzen haben Veränderungen im Nachfrageverhalten für die touristischen Zielgebiete?
- Welche Anbieter drängen auf den Markt und treten als neue Konkurrenten für traditionelle touristische Zielgebiete auf?

In den vergangenen sechs Jahrzehnten hat sich der Tourismus zu einem *wichtigen gesellschaftlichen und wirtschaftlichen Phänomen* entwickelt, das gegenwärtig die ganze Welt umfasst:

- Im Jahr 2011 haben 938 Mio. Menschen andere Länder besucht und dabei 740 Mrd. Euro ausgegeben (vgl. UNWTO 2012, S. 2).
- In Deutschland wurden im Jahr 2011 ca. 70 Mio. Urlaubsreisen unternommen, von denen jede Dritte in ein ausländisches Reiseziel führte. Die Gesamtausgaben der Bundesbürger beliefen sich schätzungsweise auf mehr als 60 Mrd. Euro (vgl. F. U. R. 2012, S. 2).

Darüber hinaus hat sich der Tourismus als *relativ krisensichere Branche* erwiesen: So haben Terroranschläge, Kriege und Naturkatastrophen allenfalls zu einem kurzfristigen bzw. regional begrenzten Rückgang der Nachfrage geführt. Vor diesem Hintergrund sind auch die Prognosen zur künftigen Entwicklung äußerst positiv. Nach Berechnungen der United Nations World Tourism Organization (UNWTO) wird das Volumen des internationalen Tourismus bis zum Jahr 2030 auf ca. 1,8 Mrd. Ankünfte steigen.

Angesichts dieses Wachstums, dieser Stabilität und vor allem dieser enormen ökonomischen Bedeutung wird die Freizeit- und Tourismusbranche auch als *„Leitökonomie der Zukunft"* bezeichnet (vgl. OPASCHOWSKI/PRIES/REINHARDT 2006).

Allerdings erlebt der Tourismus nicht nur auf der Nachfrageseite einen erheblichen Boom; es drängen auch *immer mehr Anbieter* auf diesen Massenmarkt, um an den Ausgaben der auswärtigen Gäste zu partizipieren. Damit verschärft sich aber der Wettbewerb um die Konsumenten:

▨ Da immer mehr Länder ihr touristisches Potenzial nutzen und um Touristen werben, ist eine „stärkere Dezentralisierung des touristischen Angebotes" (KELLER 2011, S. 5) zu beobachten; die Nachfrage wird sich deshalb künftig auf eine größere Zahl von Zielgebieten verteilen. Nach Berechnungen der UNWTO wird z. B. der Marktanteil der TOP 10-Destinationen im internationalen Tourismus von 50,6 % (2000) auf 44,2 % (2020) zurückgehen.

▨ Auch in Deutschland versuchen viele Städte und Gemeinden, Einnahmen aus dem Tourismus zu erzielen. Gegenwärtig finden sich bundesweit ca. 4.500 kommunale Tourismusorganisationen – d. h. mindestens jede dritte Gemeinde bzw. Stadt engagiert sich bereits in dieser Branche. So sind z. B. in Rheinland-Pfalz sogar viele kleine Ortsgemeinden touristisch aktiv, die nur über geringe Finanz- und Personalressourcen sowie Marktkenntnisse verfügen und deshalb kaum wettbewerbsfähig sind: Dort arbeiten 380 touristische Organisationen, obwohl es nur 212 größere Verbandsgemeinden und Städte gibt (vgl. Tourismus- und Heilbäderverband Rheinland-Pfalz 2008).

In dieser ausgeprägten lokalen, nationalen und internationalen Konkurrenzsituation reicht es für traditionelle touristische Zielgebiete nicht mehr aus, ihre touristischen Ressourcen und Angebote nur zu organisieren und zu verwalten; sie müssen sich vielmehr als Destinationen *aktiv auf dem Markt positionieren und ständig behaupten.* Dazu ist es aber notwendig, die Steuerfaktoren sowie die Struktur und die Dynamik des Tourismusmarkts genau zu kennen.

2.1 Steuerungsfaktoren der touristischen Entwicklung

Das bisherige rasante Wachstum der touristischen Nachfrage basierte auf einer günstigen Konstellation aus wirtschaftlicher Entwicklung, politischer Liberalisierung, innovativen Transporttechnologien und neuen Werthaltungen (vgl. BIEGER/LAESSER 2010; STEINECKE 2011, S. 41-44).

2.1.1 Wirtschaftliche Rahmenbedingungen

Als wichtige Motoren des Tourismus haben sich u. a. die positiven *wirtschaftlichen Rahmenbedingungen* erwiesen:

▨ Seit Ende des Zweiten Weltkriegs waren in der Bundesrepublik Deutschland langfristig deutliche Einkommenssteigerungen zu verzeichnen. In diesem Kontext ist das frei verfügbare Einkommen stärker gestiegen als die allgemeinen Lebenshaltungskosten. Als Folge des wachsenden Wohlstands konnten Grundbedürfnisse wie Ernährung, Wohnung, Bekleidung etc. beim überwiegenden Teil der Bevölkerung gedeckt werden. Selbst bei zahlreichen langfristigen Konsumgütern ist ein sehr hoher Versorgungsgrad zu beobachten (Waschmaschinen, Kühltruhen, TV-Geräte etc.).

▨ Außerdem verzeichnete der Tourismus nur relativ geringe Preissteigerungen, die seit 1950 unter der Inflationsrate lagen. Sie waren vor allem eine Folge des freien Wettbewerbs im Flugverkehr und der zunehmenden Konkurrenz der Anbieter.

▨ Die Reiseveranstalter haben durch preisgünstige Urlaubsreisen und eine bequeme Organisation dazu beigetragen, dass auch untere Einkommens- und Bildungsgruppen eine Urlaubsreise unternehmen konnten; es kam zu einer „Demokratisierung des Reisens".

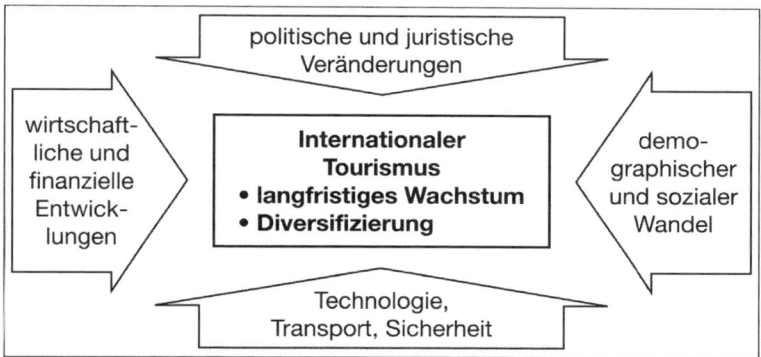

Abb. 5: Das enorme Wachstum des Tourismus seit dem Ende des Zweiten Weltkriegs wurde durch das positive Zusammenwirken mehrerer Einflussfaktoren ausgelöst, deren genaue Kenntnis und ständige Beobachtung zu den Standardaufgaben von Destinationen gehört (Quelle: eigener Entwurf; Grafik: P. Blank).

2.1.2 Politische und juristische Veränderungen

Zu den weiteren Gunstfaktoren des touristischen Booms zählen zahlreiche *politische und juristische Veränderungen*:

▨ Eine wichtige Rolle spielten u. a. die Abschaffung nationaler Reisebeschränkungen (z. B. Visumpflicht) und die Aufhebung von Grenzkontrollen im innereuropäischen Reiseverkehr („Schengener Abkommen", 1995); dadurch wurden Auslandsreisen erheblich erleichtert.

▨ Das bundesdeutsche Reisevertragsgesetz (§ 651a-m BGB) und die Harmonisierung der Gesetzgebung für Flugpassagiere innerhalb der EU haben den rechtlichen Status von Reisenden deutlich verbessert.

▨ Durch die Wiedervereinigung Deutschlands und den politischen Wandel in Mittel- bzw. Osteuropa sind neue Quellmärkte entstanden; außerdem wurden weitere Zielgebiete für den Tourismus erschlossen.

▨ Immer mehr Länder und Regionen nutzen den Tourismus als Instrument der Wirtschaftsförderung; durch die Schaffung von Infrastruktureinrichtungen (Radwege, Thermen etc.) findet eine ständige Ausweitung und Verbesserung des Angebots statt.

▨ Mit der Einführung des Euro in vielen europäischen Ländern hat sich die Preistransparenz deutlich erhöht (obwohl die Einführung dieses einheitlichen Zahlungsmittels aus Sicht der Konsumenten mit Preissteigerungen einherging).

2.1.3   Sozialer und demographischer Wandel

Darüber hinaus hat in Deutschland, aber auch in anderen Industriestaaten ein *sozialer und demographischer Wandel* stattgefunden, der positive Effekte auf die touristische Nachfrage hatte:

▨ In den vergangenen sechs Jahrzehnten verzeichnete die Jahres- und Wochenfreizeit einen deutlichen Anstieg. Mit 30 Urlaubstagen und 10,5 Feiertagen rangiert Deutschland in der Spitzengruppe der europäischen Länder (vgl. IW 2009). Außerdem hatte auch die Einführung flexibler Arbeitszeiten Einfluss auf den Tourismus (speziell auf die Nachfrage nach Kurzurlaubsreisen).

▨ Als zusätzliche Gunstfaktoren sind die Zunahme der Frauenerwerbstätigkeit, das gestiegene Heiratsalter und die relativ späte Familiengründung zu nennen.

▨ Seit den 1960er Jahren ist das Bildungsniveau der bundesdeutschen Bevölkerung deutlich gestiegen; damit haben sich aber auch die Sprachkenntnisse und das Bewusstsein der Reisemöglichkeiten verbessert.

▨ Außerdem hat in den letzten 20 Jahren ein gesellschaftlicher Wertewandel stattgefunden – hin zu Hedonismus, Erlebnisorientierung und Individualismus. Er führte u. a. dazu, dass besonders reisefreudige Gruppen entstanden sind – z. B. berufstätige Paare ohne Kinder (DINKS/Double income, no kids), aber auch die „Neuen Alten".

2.1.4   Technologische Innovationen

Schließlich haben *technologische Innovationen* einen positiven Einfluss auf den Tourismus gehabt:

▨ Seit der Nachkriegszeit hat die individuelle Mobilität erheblich zugenommen. Im Rahmen der massenhaften Motorisierung stieg die Zahl der Personenkraftwagen von 0,5 Mio. im Jahr 1950 auf 42,9 Mio. im Jahr 2012 (FREYER 2011, S. 29; Handelsblatt, 28.01.2012).

▦ Der internationale Tourismus erhielt wesentliche Impulse durch die Entwicklung von Jets (Boeing B 707 und Douglas DC 8 in den 1950er Jahren) und Großraumflugzeugen (Boeing B 747 im Jahr 1970 und Airbus A 380 im Jahr 2007). Durch die höhere Reisegeschwindigkeit und die niedrigeren Reisekosten wurden ausländische Ziele und vor allem Fernreiseziele für ein breites Reisepublikum erschlossen – und damit auch zu neuen Konkurrenten deutscher und europäischer Tourismusregionen. Mit dem Markteintritt der Low-Cost-Carrier nahm vor allem der innereuropäische Wettbewerb zwischen den Großstädten zu (vgl. FREITAG 2009).

▦ Ein verbessertes Kommunikationswesen (Telefon, Fax, Internet), der zunehmende Einsatz von neuen Informations- und Reservierungssystemen (CRS) und vor allem die Einführung des Internets erleichterten und beschleunigten die Buchungsvorgänge. In jüngster Zeit bieten Social Media wie Facebook, Twitter etc. den Konsumenten die Möglichkeit, direkt miteinander zu kommunizieren und persönliche Reiseerfahrungen auszutauschen (vgl. AMERSDORFFER 2010; BEHRENS 2012; SCHULER/HORSTER 2012).

Auch die künftige Entwicklung des Tourismus wird auf nationaler wie internationaler Ebene von der weiteren Dynamik dieser Steuerfaktoren abhängen. Selbst wenn Destinationen *keinen direkten Einfluss auf gesellschaftliche, wirtschaftliche und juristische Veränderungen* haben, so ist es dennoch notwendig, derartige Entwicklungen ständig zu beobachten, um frühzeitig darauf reagieren zu können – z. B. durch die *Konzeption neuer Produkte für wachsende Zielgruppen,* aber auch durch eine *gezielte Öffentlichkeits- und Lobbyarbeit.*

▶ **Beispiele für Reaktionsmöglichkeiten auf veränderte gesellschaftliche Rahmenbedingungen: Produktentwicklung und Öffentlichkeitsarbeit**

Konzeption neuer Produkte für wachsende Zielgruppen: Der demographische Wandel führt dazu, dass die Zahl älterer Menschen (über 60 Jahre), die eine Urlaubsreise unternehmen, künftig stark ansteigen wird – von 13,4 Mio. (2007) auf 15,5 Mio. im Jahr 2020 (vgl. BMWI 2009, S. 23, 30). Destinationen stehen also vor der Herausforderung, sich stärker auf die Erwartungen und bevorzugten Aktivitäten dieser Gäste einzustellen. So sind Senioren besonders interessiert an Natur- und Wanderurlauben, Rund-, Kultur- und Studienreisen, Gesundheitsurlauben etc. Generell suchen sie Bequemlichkeit, Geselligkeit sowie geistige und körperliche Anregungen – und vor allem wollen sie nicht als Senioren behandelt werden. In der Kommunikationspolitik sollte diese Bezeichnung deshalb vermieden werden und stattdessen Begriffe wie Komfort, Tradition, Vitalität, Flair, Service und Sicherheit im Mittelpunkt stehen (vgl. DANIELSSON/LOH-MANN 2003, S. 23-24; SCHRÖDER/WIDMANN/BRITTNER-WIDMANN 2005, S. 118-124).

Gezielte Öffentlichkeits- und Lobbyarbeit: Eine erneute Verlängerung der Wochen- bzw. Jahresarbeit würde z. B. erhebliche Wirkungen auf die Tourismusbranche haben; es käme zu einem Rückgang der Zahl von Tagesausflügen und (Kurz-)Urlaubsreisen. Es ist deshalb im Interesse von Destinationen, entsprechende Planungen seitens der Wirtschaft und Politik durch eine argumentative Öffentlichkeitsarbeit zu konterkarieren. So forderten Vertreter des Bundesverbandes der Deutschen Industrie (BDI) und der Christlich Demokratischen Union (CDU) z. B. im Jahr 2004 eine Reduzierung der Feier- bzw. Urlaubstage sowie eine Wiedereinführung der 40-Stunden-Woche. Als Interessenvertreter zahlreicher deutscher Destinationen reagierte der „Deutsche Tourismusverband" (DTV) umgehend mit der Pressemitteilung „Urlaubs- und Feiertage sichern Arbeitsplätze", in der er aufzeigte, dass die Streichung eines Urlaubstages zu einer Einbuße von 1 Mio. Übernachtungen und 70 Mio. Euro Umsatz führen würde (vgl. NRW-Tournews, 12.07.2004).

Für Destinationen ist es aber nicht nur notwendig, die Dynamik dieser generellen Steuerfaktoren im Rahmen einer *Umfeldanalyse* zu beobachten. Sie müssen auch ständig die Veränderungen der touristischen Nachfrage analysieren, um zeitgemäße und kundengerechte Produkte anbieten zu können (*Marktanalyse*).

2.2 Steigende Ansprüche der Konsumenten

Beim Tourismusmarkt handelt es sich seit langem um einen typischen Käufermarkt, auf dem die Konsumenten aus einem Überangebot an Destinationen, Unterkünften, Aktivitäten etc. auswählen können. Angesichts ihrer breiten (internationalen) Reiseerfahrung treten sie dabei als souveräne und fordernde Kunden auf. Hinsichtlich ihres Reiseverhaltens und ihrer Reisemotive weisen sie dabei widersprüchliche Merkmale auf – deshalb werden sie häufig auch als „hybride Konsumenten" bezeichnet.

2.2.1 Anspruchsdenken und Preissensibilität

Touristische Basisleistungen wie Unterkunft, Gastronomie sowie Kultur-, Freizeit- und Unterhaltungsangebote gelten inzwischen als eine Selbstverständlichkeit. Viele Urlauber erwarten eine ergänzende Zusatzleistung mit einem hohen

emotionalen Erlebniswert; gleichzeitig erweisen sie sich aber auch als sehr preis-
bewusst („Geiz ist geil"-Mentalität). Destinationen müssen also einerseits darauf
achten, dass der Angebotsstandard und auch das Preis-Leistungs-Verhältnis
stimmen; andererseits sollten sie die Erwartungen der Gäste übertreffen – z. B.
durch eine besonders gastfreundliche Atmosphäre, eine persönliche Betreuung
vor Ort oder einzigartige Produkte, die den Touristen das Gefühl vermitteln,
etwas Besonderes erlebt zu haben (über das sie ihren Verwandten, Freunden
und Bekannten nach der Rückkehr aus dem Urlaub berichten können). Im Sinne
einer klaren Profilierung und Schaffung eines Alleinstellungsmerkmals (Unique
Selling Proposition) kommt es dabei vor allem darauf an, die regionalen Besonderheiten der Destination klar herauszustellen.

▶ **Beispiel für die Schaffung eines Alleinstellungsmerkmals
durch innovative, regionaltypische Produkte: Die „Grünkohl-
Akademie" der „Oldenburg Tourismus und Marketing GmbH"**

Die „Oldenburg Tourismus und Marketing GmbH" hat eine eigene Website entwickelt, auf der sie den Grünkohl als regionaltypische Spezialität in
den Mittelpunkt stellt – u. a. mit E-Learning- und Kochkursen sowie Pauschalangeboten; das Projekt wurde im Jahr 2012 für den „Deutschen Tourismuspreis" des „Deutschen Tourismusverbands" (DTV) nominiert:

„Die Oldenburger haben eine sympathische Eigenart: Sie lassen sich von
den Grenzen der Vernunft nicht unbedingt aufhalten. Auf Basis dieses
durchaus souveränen Selbstverständnisses gründete sich am 17. Februar
2003 beim „46. Defftig Ollnborger Gröönkohl-Äten" in Berlin die Grünkohl-Akademie Oldenburg.

Die Akademie ist eine Bildungs- und Forschungseinrichtung höchster Gü-
te. Sie reagiert auf den vielfach geäußerten Wunsch der Bevölkerung, end-
lich die ganze Wahrheit über die Macht und Kraft des Kohls erfahren zu
wollen.

Dafür wurde ein breit gefächertes Studienangebot entwickelt, das keine
Fragen zum Grünkohl und dessen Bedeutung für die Welt offen lässt. Auf
akademische Weiterbildung (auch vor Ort auf dem Felde) wird in der
Grünkohl-Akademie ebenso Wert gelegt wie auf Praktika in Form möglichst vieler Kohltouren. Denn nur Übung macht den Master – Entschul-
digung: den Diplomanden!" (⌖ www.gruenkohl-akademie.de; www. kohl-
tourhauptstadt.de).

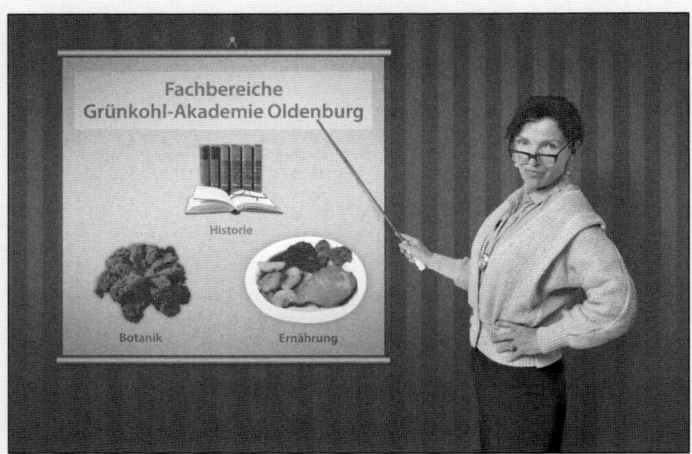

Abb. 6: Fachbereiche der „Grünkohl-Akademie"
(Quelle: Oldenburg Tourismus und Marketing GmbH/Verena Brandt)

2.2.2   Berechenbarkeit und Individualisierung

In dem unüberschaubaren Markt an touristischen Angeboten suchen die Urlau-
ber nach Transparenz, Produktsicherheit und Berechenbarkeit der Leistungen.
Diese Ansprüche bilden zum einen den Hintergrund für die zunehmende Mar-
kenbildung (z. B. bei Reiseveranstaltern) sowie für den Erfolg standardisierter
Angebote im Tourismus (z. B. Kettenhotels). Zum anderen expandiert das
Marktsegment der All-Inclusive-Reisen, bei denen neben der Unterkunft und
Vollpension weitere Leistungen im Preis enthalten sind (Getränke, Sport-, Un-
terhaltungs- und Animationsangebote etc.). Gleichzeitig wächst aber auch das
Bedürfnis jedes einzelnen Kunden, in diesem Massenmarkt als Individuum
angesprochen zu werden und ungewöhnliche Erfahrungen zu machen, die nur
wenigen Touristen vorbehalten ist. Destinationen sollten diesen Wunsch nach
Individualität befriedigen, indem sie exklusive Produkte kreieren (erfahrungsgemäß wird der höhere Preis von den Konsumenten bereitwillig akzeptiert). Als
Vorbilder können dabei Kultureinrichtungen dienen, die diese Form der Ange-
botsdifferenzierung seit einiger Zeit mit Erfolg praktizieren – z. B. durch Fast-
Lane-Zugänge bei Sonderausstellungen, Museumsführungen außerhalb der
üblichen Öffnungszeiten bzw. Empfänge für Theaterbesucher, bei denen die
Schauspieler persönlich anwesend sind (vgl. STEINECKE 2013, S. 69-70).

▶ **Beispiel für ein exklusives touristisches Produkt:**
Das „Gladiatorencamp" der „Tourist-Information
Trier Stadt und Land e. V."

In der ältesten Stadt Deutschlands nutzt die kommunale Tourismusorganisation die Faszination des römischen Erbes, in dem sie – neben den üblichen Stadtführungen und speziellen Erlebnisführungen (mit Schauspielern) – auch ein „Gladiatorencamp" anbietet. Die halbtägige Veranstaltung findet im antiken Amphitheater statt und kostet 149 Euro/Person:

„Gladiator für einen Tag – Das Gladiatorencamp
Sie wollen mehr als nur zusehen?
Sie wollen selbst einmal Gladiator sein?
Sie wollen den Staub der Arena schmecken, das Adrenalin spüren?

Dann ist unser Gladiatorencamp genau das Richtige!
■ Trainieren Sie zusammen mit den Profis von Ars Dimicandi
■ Essen und trinken Sie wie die Gladiatoren der Antike
■ Lernen Sie Kampftechniken und Tricks
■ Spüren Sie Geschichte am eigenen Körper

Abb. 7: Römische Erlebnisführung vor der Porta Nigra in Trier
(Quelle: Tourist-Information Trier Stadt und Land e. V.)

Jan Krüger, einer der wenigen echten Gladiatoren in Deutschland, gibt Ihnen auf eindrucksvolle Weise einen Einblick in Ausrüstung, Kampf und

Training der legendären Kämpfer. Durch probieren und mitmachen erleben Sie Geschichte hautnah und lernen, was es bedeutete, Gladiator zu sein.

Das Aktiv-Erlebnis kann als Ergänzung zur Erlebnisführung mit dem Gladiator Valerius gesehen werden" (⌐ www.trier-info.de/gladiatoren-schule-einzelgaeste).

2.2.3   Kurzfristigkeit und Flexibilität

Spätbuchungen und Last-Minute-Angebote sind deutliche Belege dafür, dass Reiseentscheidungen immer kurzfristiger getroffen werden. Immer mehr Konsumenten erwarten deshalb eine zeitliche Nähe von Reiseentscheidung, Buchung und Reservierungsbestätigung. Vor diesem Hintergrund gewinnen Direktbuchungen immer mehr an Bedeutung – speziell im Internet (vgl. Tab. 2).

Buchungsstellen für Urlaubsreisen mit Vorausbuchung	2005	2011
Reisebüro	44 %	35 %
Reiseveranstalter direkt	8 %	7 %
Internetportale	7 %	15 %
Unterkunftsanbieter direkt	21 %	28 %
Verkehrsträger direkt	13 %	14 %

Tab. 2: Durch die Möglichkeit der Direktbuchung im Internet hat sich das Buchungsverhalten der Deutschen erheblich verändert. Während Reisebüros Marktanteile abgeben mussten, gehören Internetportale und Unterkunftsanbieter zu den Gewinnern. Auch Destinationen sollten diesen Vertriebsweg nutzen, um ihren Kunden einen einfachen und bequemen Buchungsweg zu bieten (Quelle: eigene Darstellung nach Angaben in F. U. R. 2012, S. 4).

Destinationen müssen deshalb über einfache, bequeme Informationswege und schnelle, sichere Distributionsmöglichkeiten verfügen (angesichts der Vielzahl unterschiedlicher Akteure bereitet die Einrichtung einer zentralen Destinationswebsite häufig große Schwierigkeiten). Sie können sich dabei an den Websites von Hotels, Fluggesellschaften oder Mietwagenfirmen orientieren, bei denen die Buchung online oder über ein Callcenter erfolgt und per Kreditkarte bezahlt wird. Neben der Kernleistung können häufig auch weitere touristische Produkte gebucht werden.

2.2.4   Differenzierte Freizeit- und Urlaubsmotive

Während bei den Urlaubern früher ein Hauptmotiv dominierte (z. B. Baden, Wandern oder Land und Leute kennenlernen), zeigen neuere Studien, dass inzwischen ein *Bündel von Reisemotiven* zu beobachten ist. Die Touristen geben sich deshalb nicht mehr mit eindimensionalen Angeboten zufrieden (z. B. der Buchung einer einzelnen Übernachtung oder dem Kauf einer Eintrittskarte), sondern sie wollen die Möglichkeit haben, aus einem breiten Angebot auszuwählen und ihr persönliches Produkt zusammenzustellen – wie an einem Büfett (Multioptionalität). Auf diesen Trend zur „Destination Ich" (WENZEL 2003, S. 47) haben die Reiseveranstalter und Internet-Reisebüros bereits durch die Baukastensysteme und das sog. Dynamic Packaging reagiert, bei dem die Kunden einzelne Komponenten ihrer Urlaubsreise aus verschiedenen Quellen im Internet zu einer eigenen Pauschalreise kombinieren können. Auch für Destinationen besteht die Notwendigkeit, ein multifunktionales und zugleich überschaubares Leistungsangebot bereitzustellen.

Zu den Akteuren des Tourismusmarktes, die von den Destinationen kontinuierlich beobachtet werden müssen, gehören aber nicht nur die Nachfrager, sondern auch die anderen Anbieter. Im Rahmen einer *Konkurrenzanalyse* sind dabei nicht nur die öffentlichen Destinationen mit einem vergleichbaren Angebotsprofil zu untersuchen, sondern auch die neuen kommerziellen Wettbewerber (teilweise auch aus anderen Wirtschaftsbranchen).

2.3   Neue Konkurrenten auf dem Tourismusmarkt

In Zeiten, in denen andere Wirtschaftszweige durch Stagnation und Krisen gekennzeichnet sind, betrachten viele Städte und Regionen den Tourismus als ideales Instrument, das Image nachhaltig zu verbessern, die Einkommenssituation erheblich zu stärken und qualifizierte Arbeitsplätze zu schaffen.

Dabei können zum einen landschaftliche Attraktionen (Strände, Gebirge, Flüsse und Seen etc.) bzw. günstige klimatische Bedingungen touristisch inwertgesetzt werden. Zum anderen lassen sich die endogenen kulturellen Ressourcen (Altstadtquartiere, Schlösser, Kirchen etc.) dazu nutzen, ein klares und unverwechselbares Profil im Sinne eines Alleinstellungsmerkmals zu schaffen. Anhand einiger Beispiele soll das wachsende touristische Engagement öffentlicher, aber auch privater Akteure verdeutlicht werden.

2.3.1   Angebotsdiversifizierung traditioneller Tourismusdestinationen

In der Anfangsphase der touristischen Entwicklung beschränken sich touristische Zielgebiete zumeist auf die Entwicklung von Produkten, für die sie – aufgrund ihrer spezifischen natur- bzw. kulturräumlichen Ausstattung – über besonders gute Voraussetzungen verfügen: So gab es in den alpinen Regionen vor allem Angebote in der Sommersaison – für Wanderurlauber und Naturliebhaber; die Mittelmeerländer haben sich überwiegend auf den Badetourismus konzentriert. Diese Spezialisierung wurde auch dadurch begünstigt, dass bei den Urlaubern lange Zeit *ein* Reisemotiv dominierte (Erholung, Baden etc.).

Mit der zunehmenden Globalisierung des Tourismus haben sich aber immer mehr Zielgebiete auf dem Markt positioniert, die über ähnliche Standortfaktoren verfügen und vergleichbare Produkte anbieten; damit sind viele touristische Angebote austauschbar geworden. Diese Entwicklung wird am Badetourismus besonders deutlich: So stehen *Warmwasser-Destinationen* wie Spanien, Italien, die Türkei, Griechenland, Kroatien, Bulgarien, Ägypten und Tunesien auf den west- und nordeuropäischen Quellmärkten in einem harten Wettbewerb zueinander.

Gleichzeitig führt die Spezialisierung auf *ein* Marktsegment dazu, dass sich die touristische Nachfrage auf wenige Wochen in den Sommermonaten beschränkt. Dadurch entstehen für die Betriebe und Destinationen erhebliche Management-Probleme: Die Unterkunftskapazität, aber auch die aufwändige kommunale Infrastruktur werden nur temporär ausgelastet; außerdem erweist es sich als schwierig, qualifiziertes Personal für die kurze Sommersaison zu gewinnen. Darüber hinaus führt die Konzentration auf einige, besonders attraktive Standorte zu erheblichen ökologischen Belastungen (Flächenverbrauch, Landschaftsschäden, Wasser- und Luftverschmutzung etc.).

Vor diesem Hintergrund verfolgen viele traditionelle Destinationen inzwischen eine *Diversifizierungsstrategie* – mit dem Ziel, über neue Alleinstellungsmerkmale zu verfügen, die touristische Nachfrage saisonal zu entzerren und die Regionen im Binnenland besser zu erschließen:

- So haben z. B. in der *Türkei* in den letzten Jahren erhebliche staatliche Investitionen in allgemeine und touristische Infrastruktureinrichtungen stattgefunden (Flughäfen, Straßen, Marinas etc.), um neue Zielgruppen anzusprechen und einen Ganzjahrestourismus zu entwickeln. Dazu zählen der Wintersporttourismus, der Golftourismus, der Heilbäder- und Wellnesstourismus, der Tagungs- und Kongresstourismus, Langzeitaufenthalte in den Wintermonaten sowie der Kulturtourismus (z. B. religiös ausgerichtete Reisen, Ausbau alter Karawansereien entlang der historischen Seidenstraße).

▦ In *Marokko* wird seit längerem der Trekking-Tourismus im Hohen Atlas verstärkt ausgebaut. Trotz seines relativ geringen Volumens gilt diese sozial- und umweltverträgliche Form des Tourismus als wichtiger Beitrag zu einer endogenen Regionalentwicklung (vgl. POPP 2004).

▦ In *Tunesien* entfielen Anfang der 1980er Jahre ca. 90 % aller Übernachtungen auf den Badetourismus – mit einer ausgeprägten räumlichen Konzentration auf die Orte Sousse-Monastir, Nabeul-Hammamet und Djerba-Zarzis. Zur besseren touristischen Erschließung des Hinterlands wurde seit den 1990er Jahren der Wüstentourismus intensiviert (als Zentrum fungiert dabei die Oase Tozeur, die über einen internationalen Flughafen verfügt). Um die Vor- und Nachsaison zu beleben, versucht das Land außerdem, am globalen Wachstumsmarkt des Golftourismus zu partizipieren (vgl. PFAFFENBACH 2001).

▶ **Beispiel für eine Diversifizierungsstrategie: Spanien**

Unter dem Slogan „España – todo bajo el sol" („Spanien – alles unter der Sonne") hat sich das Land lange Zeit ausschließlich als Reiseziel für Bade- urlauber präsentiert. Damit gehörte es auf dem internationalen Touris- musmarkt zu den typischen Warmwasser-Destinationen, die aufgrund ei- nes vergleichbaren Sonne-Strand-Angebots vorrangig über den Preis mit- einander konkurrieren (Türkei, Tunesien, Marokko, Bulgarien etc.). Unter dem Slogan „Spain – Passion for Life" und mit dem neuen Sonnen-Logo des katalanischen Malers Joan Miró hat die nationale Marketing- organisation „Turespaña" in den 1990er Jahren eine internationale PR- Kampagne gestartet, um ein Massenpublikum auf die kulturelle und regio- nale Vielfalt Spaniens aufmerksam zu machen – und die Nachfrage zeitlich zu entzerren sowie die binnenländischen Regionen touristisch stärker zu erschließen. Auf der „Turespaña"-Website finden potenzielle Urlauber in der Rubrik „Entdecken Sie" aktuelle Reisetipps zu historischen Sehens- würdigkeiten und speziell zum spanischen Weltkulturerbe (⌂ www.spain. info/de/conoce). Darüber hinaus sind auch kommunale Kooperationen entstanden, um die spanischen UNESCO-Welterbestätten aktiv zu ver- markten (z. B. „Ciudades Patrimonio de la Humanidad de España").

Diese Diversifizierungsstrategie traditioneller (Bade-)Destinationen führt aber dazu, dass sich der Wettbewerb in *den* Marktsegmenten erheblich verschärft, auf die sich bislang andere Zielgebiete spezialisiert haben (Kulturtourismus, Wellness- tourismus, Urlaub auf dem Bauernhof, Tagungs- und Kongresstourismus etc.).

2.3.2   Markteintritt neuer Destinationen

Zu einer Verschärfung des Wettbewerbs ist es in den letzten Jahren aber auch durch den Markteintritt neuer Destinationen gekommen; dazu zählen u. a.:

▪ *Mittel- und osteuropäische Länder*, die nach dem Fall des „Eisernen Vorhangs" leichter für internationale Touristen zugänglich wurden (Polen, Tschechien, die Slowakei, die baltischen Staaten sowie die Nachfolgeländer Ex-Jugoslawiens). Diese Transformationsländer nutzen den Tourismus im Rahmen ihrer Wirtschaftspolitik gezielt als Instrument der ökonomischen Entwicklung und des sozialen Wandels (vgl. PAESLER 2007; NIKITSIN 2009). Inhaltliche Schwerpunkte ihrer Tourismusarbeit sind dabei der Heilbäder- und Wellnesstourismus, der Urlaub auf dem Bauernhof und vor allem der Städtetourismus. So verzeichneten bekannte Städte wie Prag, Riga, Warschau und Krakau sowie Bratislava in den vergangenen Jahren eine erhebliche Steigerung der Nachfrage (häufig als Folge einer Kooperation mit westeuropäischen Low Cost Carriern). In Sarajevo – der Hauptstadt von Bosnien-Herzegowina – stieg z. B. die Zahl der Übernachtungen im Zeitraum 2000-2012 von 176.000 auf 447.000 (vgl. BRADIĆ 2012, S. 245).

▪ *Arabische Länder*, die angesichts schwindender Erdölressourcen nach wirtschaftlichen Alternativen suchen und deshalb eine wirtschaftspolitische Diversifizierungsstrategie betreiben. Eindrucksvollstes Beispiel sind sicherlich die Vereinigten Arabischen Emirate (U. A. E.) – und speziell Dubai, das sich innerhalb kürzester Zeit mit gigantischen Bauprojekten erfolgreich als „Übermorgenland" auf der touristischen Landkarte platzieren konnte. Dazu zählt u. a. das Luxushotel „Burj Al Arab", das mit seiner eindrucksvollen Architektur in Form eines riesigen Schiffssegels rasch zu einem touristischen Markenzeichen des Emirats wurde. Zu nennen sind aber auch der „Burj Khalifa" (das derzeit höchste Gebäude der Welt), die riesige künstliche Inselwelt „The Palm" oder die „Mall of the Emirates" – eines der weltweit größten Shopping-Center (vgl. SCHMID 2009; MÜLLER 2010).

▪ *Altindustrielle Regionen*, die ihre Gebäude und Relikte aus der Frühphase der Industrialisierung zunehmend als neue kulturtouristische Attraktionen vermarkten. Treibende Kräfte sind dabei Denkmalschützer, Künstler und Tourismusmanager, die auf den architektonischen, historischen und ästhetischen Wert von Fördertürmen, Stahlwerken und Brikettfabriken, aber auch von Unternehmervillen und Arbeitersiedlungen verweisen (vgl. KRAJEWSKI/ REUBER/WOLKERSDORFER 2006; SCHRÖDER 2007). Neben einer touristischen Nutzung des industriekulturellen Erbes geht es dabei auch um die Stärkung der regionalen Identität (Innenwirkung) und die Verbesserung des regionalen Images (Außenwirkung). Beispiele für solche altindustriellen Räume in Deutschland sind das Ruhrgebiet, das Saarland, das mitteldeutsche Industriedreieck zwischen Dessau, Halle und Altenburg sowie die Lausitz. Als Vorbilder fungieren dabei positive Beispiele wie das schwedische „Ekomuseum Bergslagen" und das britische „Ironbridge Gorge Museum" (vgl. SOYEZ 2009).

▶ Beispiel für den Markteintritt neuer Destinationen: Das Ruhrgebiet

Das Ruhrgebiet war lange Zeit nur ein wichtiges Quellgebiet im deutschen Tourismus. Mit der Aufstellung des „Masterplan für Reisen ins Revier" im Jahr 1997 wurde der Grundstein dafür gelegt, den „Pott" als Tourismusdestination zu positionieren (vor allem für den Tagesausflugsverkehr und für Kurzreisen). Innerhalb des Konzepts spielen der Kulturtourismus und speziell die Nutzung des industriekulturellen Erbes eine herausragende Rolle.

Abb. 8: „Zeche Zollverein" in Essen – ein Ankerpunkt der „Route der Industriekultur" (Quelle: Ruhr Tourismus/Jochen Schlutius)

Ein zentraler Baustein ist dabei die „Route der Industriekultur", die aus einem gestuften System unterschiedlicher Einrichtungen besteht (Besucherzentren, Museen, Aussichtspunkte, Siedlungen etc.); das umfangreiche Kernangebot der 400 Kilometer langen Route wird kleinräumlich durch Themenrouten ergänzt; außerdem werden zahlreiche Orte der Industriekultur als Schauplätze von Events, Ausstellungen etc. genutzt (vgl. BUDDE/HECKMANN 2000). Die industrie- und kulturtouristische Neuorientierung führte konsequenterweise zur erfolgreichen Bewerbung als „RUHR.2010 – Kulturhauptstadt Europas" (vgl. SCHEYTT 2011; KRAJEWSKI 2011).

Dynamik des Tourismusmarkts	Konsequenzen für das Destinationsmanagement
Steuerungsfaktoren	
wachsende Konkurrenz durch Dezentralisierung des Angebots	- klare Profilierung (Markenbildung) - Konzentration auf wenige Märkte
wirtschaftlicher und politischer Wandel	- kontinuierliche Umfeldanalyse - Lobbyarbeit bei drohender Verschlechterung der Rahmenbedingungen
demographischer und sozialer Wandel	- kontinuierliche Umfeldanalyse - Konzeption neuer Produkte für wachsende Zielgruppen (z. B. Senioren)
technologischer Wandel	- zeitgemäße Infrastrukturausstattung - Nutzung diverser Kommunikationswege (Internet, Social Media etc.)
Nachfrage	
Anspruchsdenken und Preissensibilität	- kontinuierliche Marktanalyse - gutes Preis-Leistungs-Verhältnis - Zusatznutzen (einzigartige Produkte, emotionaler Erlebniswert)
Berechenbarkeit und Individualisierung	- überschaubares, standardisiertes Angebot - exklusive Hochpreis-Produkte
Kurzfristigkeit und Flexibilität	- einfache, bequeme Informationswege - schnelle, sichere Distributionswege
differenzierte Freizeit- und Urlaubsmotive	- multioptionales Angebot (Büfett-Situation) - zielgruppengerechte Produkte (Radfahrer, Wanderer, Kultururlauber etc.)
Angebot	
Auftritt neuer, (auch) branchen- fremder Anbieter	- kontinuierliche Konkurrenzanalyse - Nutzung der Erfolgsfaktoren anderer Anbieter

Tab. 3: Die Dynamik des Tourismusmarkts macht es erforderlich, dass Destinationen ständig das gesellschaftliche Umfeld, den touristischen Markt sowie die Konkurrenz analysieren müssen. Auf dieser Grundlage können sie dann kundengerechte Marketingmaßnahmen durchführen (Quelle: eigener Entwurf).

2.3.3   Schaffung multifunktionaler Freizeitgroßeinrichtungen

Seit den 1990er Jahren sind zahlreiche thematische Erlebnis- und Konsumeinrichtungen entstanden, die eine Mischung aus Shopping, Unterhaltung, Kultur
und Bildung bieten (Urban Entertainment Center, Hotel-Resorts, Themenparks
und -hotels, Science Center etc.). Aufgrund ihrer Multifunktionalität und Erlebnisorientierung sprechen sie generell mehrere Zielgruppen mit unterschiedlichen
Interessen an – neben der einheimischen Bevölkerung auch auswärtige Tagesausflügler (vgl. STEINECKE 2009; ROSSMANN 2012).

Traditionell handelte es sich bei diesen kommerziellen Einrichtungen um Ziele
von monofinalen Ausflugfahrten. Um die Aufenthaltsdauer zu erhöhen und
zusätzliche Einnahmen aus Verpflegung, Übernachtung und Unterhaltung zu
erwirtschaften, haben aber einige große Themenparks ihr Angebotsspektrum
um Hotels erweitert und sich dadurch zu Kurzurlaubsreisezielen entwickelt. Der
„Europa-Park" verfügte im Jahr 2010 z. B. über vier Themenhotels, die eine
Auslastungsquote von mehr als 90 % aufwiesen (in der deutschen Hotellerie lag
der Durchschnittswert nur bei 36 %) Inzwischen handelt es sich bei jedem vier-
ten Parkbesucher um einen Mehrtagesgast (vgl. Europa-Park 2011; → 1.2). Mit
diesem Ausbau zu Kurzurlaubsreisezielen werden die Themenparks zu neuen
Konkurrenten der klassischen Anbieter in diesem Segment (den Ferienparks
und -dörfern), aber auch der traditionellen Destinationen.

Darüber hinaus ist weltweit ein *Trend zu großen Resort-Anlagen* zu beobachten, die
eine Mischung aus Unterkunft, Verpflegung, Unterhaltung und Aktivitäten
bieten:

- Unter dem Motto „Erholung ist keine Frage der Entfernung, sondern des
Abstands" wurde im Jahr 2000 in Mecklenburg-Vorpommern das „Land Fleesensee" eröffnet – das bis dahin größte touristische Investitionsprojekt in Mit-
tel- und Nordeuropa (200 Mio. Euro, 1.900 Betten, 550 Hektar Fläche). Der
multifunktionale Urlaubskomplex besteht aus drei Hotels (Radisson/SAS, Ibe-
rotel, Dorfhotel), einem TUI Robinson Club, mehreren Golfplätzen und einer
großen Thermenanlage. Für die Standortwahl war vor allem die Nähe zu den
beiden Ballungsgebieten Berlin und Hamburg verantwortlich: In einem Einzugsbereich von zwei Autostunden leben ca. 10 Mio. Menschen (vgl. FRICKE
2001; STEINGRUBE 2004). Ein ähnliches Großprojekt realisiert die „TUI AG"
gegenwärtig in Italien: das „Toscana Resort Castelfalfi".

▶ **Beispiel für die Schaffung neuer Freizeit- und Urlaubsgroßeinrichtungen: Das „Toskana Resort Castelfalfi" der „TUI AG"**

Abb. 9: „Toscana Resort Castelfalfi" (Quelle: TUI AG)

„Die Entwicklung des Toskana Resort Castelfalfi ist mit der ersten Hotel-
eröffnung einen bedeutenden Schritt vorangekommen. [...]

Castelfalfi ist ein elf Quadratkilometer großes Landgut und ein 800 Jahre
altes Dorf im Herzen der Toskana zwischen Florenz, Pisa und Siena.
Nach der großen Landflucht der 60er Jahre wohnten in dem Dorf nur
noch fünf Personen. Die 26 Bauernhäuser des Ortes waren über die Zeit
zu Ruinen verfallen. Nun wird Castelfalfi in verschiedenen Bauabschnitten
von TUI wieder zum Leben erweckt.

Im weiteren Verlauf der Renovierung und Restaurierung von Castelfalfi
sind zwei weitere Hotels mit 120 beziehungsweise 170 Zimmern geplant.
Darüber hinaus werden Immobilien in traditioneller Bauweise (restaurierte
Gebäude und Neubau) verkauft, die nach den individuellen Bedürfnissen
der zukünftigen Besitzer ausgerichtet sind. Die Sanierung aller Einheiten
erfolgt unter strengen Auflagen des Denkmalschutzes. Die gesamte Be-
bauungsfläche des 1.100 Hektar großen Landgutes liegt bei 0,03 Prozent"
(www.tui-group.com/de/presse/presseinformationen/archiv/2012/20
121008_castelfalfi vom 08.10.2012).

▨ Im Jahr 2012 hat die Region Madrid den Zuschlag für das Projekt „Eurove-
gas" des US-amerikanischen Unternehmens „Las Vegas Sands" erhalten. Auf

einer Fläche von 800 Hektar sollen bis zum Jahr 2022 zwölf Hotels mit 30.000 Zimmern sowie mehrere Kasinos, Theater und Golfplätze gebaut werden. Das Investitionsvolumen beläuft sich auf 17 Mrd. Euro. Auch in der Nähe von Barcelona ist ein touristisches Großprojekt („Barcelona World") geplant – mit 12.000 Hotelbetten, sechs Themenparks und 4,7 Mrd. Euro Gesamtinvestitionen (vgl. Travel One, 14.09.2012).

▪ Die chinesische Sonderwirtschaftszone Macao hat sich nach der Aufhebung des Glücksspielmonopols im Jahr 2001 rasch zu einem „Las Vegas des Ostens" entwickelt. Zu den spektakulärsten Projekten gehört das „Venetian Macao Resort" – das größte Spielkasino und eines der größten Gebäude der Welt (mit 3.000 Zimmern und einer Arena mit 15.000 Sitzplätzen). Am Cotai Strip (einer asiatischen Imitation des Strip in Las Vegas) sollen in naher Zukunft 14 Luxushotels mit 40.000 Zimmern sowie Kasinos und Shopping-Centern entstehen. Bereits durch die bisher realisierten Maßnahmen ist in Macau ein Nachfrageboom ausgelöst worden; so stieg die Zahl der Touristen im Zeitraum 1999-2011 von 7 Mio. auf 28 Mio. (vgl. WENHUI 2012).

2.3.4   Touristisches Engagement branchenfremder Unternehmen

Als relativ krisensicherer Markt mit guten Wachstumsperspektiven erweist sich der internationale Tourismus nicht nur als attraktiv für neue Freizeit- und Tourismusakteure, sondern zunehmend auch für branchenfremde Unternehmen. Als besonders erfolgreich haben sich dabei die Markenerlebniswelten großer Konzerne der Konsumgüterindustrie erwiesen, die auf internationaler Ebene tätig sind (Global Players).

Bei diesen *Brand Lands* handelt es sich um multifunktionale Informations- und Unterhaltungseinrichtungen, die von den Konzernen vor allem als Plattformen der Marken- und Unternehmenskommunikation genutzt werden. Das Spektrum der Branchen reicht von Nahrungs- und Genussmittelbetrieben über Spielwaren- und Bekleidungshersteller bis hin zu Unterhaltungsfirmen (vgl. HERBRAND 2008; STEINECKE 2009).

Der Angebotsmix dieser Einrichtungen besteht aus *Schlüsselkomponenten* wie Dauerausstellungen zur Unternehmensgeschichte bzw. zu Produktionstechniken sowie Sonderausstellungen und Aktionsflächen, Restaurants, Shops und allgemeinen Serviceeinrichtungen für die Besucher. Darüber hinaus gibt es *zusätzliche Angebotselemente* wie multimediale Informationszentren, Experimentierräume, Fahrgeschäfte, Kinos, Kunstobjekte etc. Generell lassen sich dabei *zwei unterschiedliche Typen von Brand Lands* beobachten:

▪ Die *informations- und bildungsorientierten Markenerlebniswelten* basieren auf dem Grundgedanken eines Firmenmuseum – häufig in Kombination mit einer Betriebsbesichtigung. In diesen Einrichtungen werden die Besucher auf unterhaltsame, aber auch lehrreiche Weise über die Geschichte des Unternehmens bzw. der Marke sowie über den Herstellungs- und Vertriebsprozess informiert. Als internationale Beispiele sind das „Guinness Storehouse" in Dublin, die „Dr. Oetker Welt" in Bielefeld oder das „Audi Forum" in Ingolstadt zu nennen.

▶ **Beispiel für den Markteintritt branchenfremder Unternehmen: Die „Autostadt", Wolfsburg**

Abb. 10: „Autostadt" in Wolfsburg – eine multifunktionale Markenerlebniswelt (Quelle: Autostadt Wolfsburg/Marc-Oliver Schulz)

Bei der „Autostadt" in Wolfsburg handelt es sich um die Markenerlebniswelt (Brand Land) der „Volkswagen AG". Auf einer Fläche von 25 Hektar entstand im Jahr 2000 eine multifunktionale Besucherattraktion. Die Konzernmarken „Volkswagen", „Volkswagen Nutzfahrzeuge", „Seat", „Škoda", „Bentley" und „Audi" werden jeweils in eigenen Pavillons präsentiert, die in einer spektakulären Corporate Architecture errichtet wurden. Das Angebot umfasst außerdem 13 Restaurants, mehrere Kinos, ein Museum und ein Kundenzentrum für Selbstabholer. Darüber hinaus finden regelmäßig kulturelle Events statt (z. B. die „Movimentos Festwochen" mit Tanztheater, Konzerten, Lesungen etc.). Seit der Eröffnung verzeichnete die „Autostadt" ca. 24 Mio. Besucher; im Rekordjahr 2011 kamen 2,27 Mio. Gäste (🖱 www. autostadt.de/de/presse).

▪ Die *spaß- und unterhaltungsorientierten Markenerlebniswelten* ähneln in ihrer Angebotsstruktur den traditionellen Freizeit- und Themenparks; es handelt sich um großflächige Anlagen mit Fahrgeschäften, Unterhaltungseinrichtungen, Spielplätzen etc. Zu den erfolgreichen Beispielen zählen u. a. das „Ravensburger Spieleland" in Meckenbeuren, das „Legoland Deutschland" in Günzburg oder der „Playmobil FunPark" in Zirndorf.

Da die Markenerlebniswelten in der Regel über keine eigenen Übernachtungseinrichtungen verfügen, werden sie ausschließlich als Tagesausflugsziele genutzt. Für Destinationen stellen sie deshalb zusätzliche Besucherattraktionen dar, die das regionale Freizeit- und Unterhaltungsangebot nicht nur erweitern, sondern aufgrund ihres zeitgemäßen Angebots- und Dienstleistungsniveaus auch neue Qualitätsstandards setzen. So bleibt die *„Autostadt" in Wolfsburg* bislang noch ein Einzelfall: Auf dem Gelände dieser Markenerlebniswelt der „Volkswagen AG" wurde der bundesweit erste Neubau eines Luxushotels der internationalen „Ritz-Carlton"-Kette errichtet (vgl. STEINECKE 2004).

Das touristische Engagement dieser finanzkräftigen Akteure, aber auch der Markteintritt neuer Destinationen sowie die steigenden Ansprüche der Konsumenten führen zu einer Verschärfung der Konkurrenzsituation im internationalen Tourismus. Die traditionellen öffentlichen Zielgebiete stehen deshalb vor der Herausforderung, ihre Arbeit stärker zu professionalisieren und sich als Wettbewerbseinheiten zu verstehen. Dabei müssen sie *zahlreiche Aufgaben* bewältigen:

▪ das strategische und operative Management,

▪ die Kooperation mit anderen regionalen Unternehmen,

▪ die Interessenvertretung in politischen Gremien,

▪ die Integration der Bevölkerung,

▪ den Schutz der natürlichen Ressourcen.

▶ **Zusammenfassung**

■ Der internationale Tourismus hat sich in den vergangenen sechs Jahrzehnten als wachstumsstarke und relativ krisensichere Branche erwiesen; auch die Prognosen zur künftigen Entwicklung sind positiv.

■ Gleichzeitig hat sich aber der Wettbewerb verschärft, da immer mehr
Anbieter auf diesen lukrativen Markt drängen; so lässt sich bereits eine zunehmende Dezentralisierung von Angebot und Nachfrage feststellen.

■ Das bisherige Wachstum des Tourismus basiert auf einer günstigen
Konstellation unterschiedlicher Steuerfaktoren; dazu zählen die wirt-
schaftliche Entwicklung, die politische Liberalisierung, innovative
Technologien sowie neue Werthaltungen der Konsumenten.

■ Obwohl die Destinationen keinen direkten Einfluss auf diese Steuerfaktoren haben, müssen sie die gesellschaftlichen, politischen und
wirtschaftlichen Entwicklungen kontinuierlich analysieren, um rechtzeitig darauf reagieren zu können – z. B. durch die Entwicklung neuer
Produkte oder eine gezielte Öffentlichkeitsarbeit (Umfeldanalyse).

■ Gleichzeitig kommt es darauf an, die Veränderungen im Reise- und
Konsumverhalten ständig zu beobachten (Marktanalyse). Seit den
1990er Jahren zeichnen sich durchaus widersprüchliche Trends ab –
z. B. Anspruchsdenken und Preissensibilität, Berechenbarkeit und Individualisierung, Kurzfristigkeit und Flexibilität. Um über eine kundengerechte Produktpalette und einfache Informations- sowie Buchungsmöglichkeiten zu verfügen, müssen Destinationen alle Möglichkeiten des Marketingmix nutzen.

■ Darüber hinaus haben Destinationen die Aufgabe, die Aktivitäten anderer Destinationen im Rahmen einer Konkurrenzanalyse genau zu
beobachten – z. B. die Diversifizierungsstrategien traditioneller Zielgebiete, den Markteintritt neuer Destinationen, die Schaffung multi-
funktionaler Urlaubsgroßeinrichtungen sowie das touristische Engagement branchenfremder Unternehmen. Destinationen sollten sich
dabei als lernende Organisationen verstehen, um die Erfahrungen anderer Akteure zu nutzen und die eigenen Qualitätsstandards kontinuierlich zu erhöhen.

▶ Weiterführende Lesetipps

STEINECKE, A. (2011): Tourismus, Braunschweig (Das Geographische Seminar; o. Bd.)

Dieses Lehrbuch vermittelt einen umfassenden Überblick über die Steuerfaktoren, die Struktur und Dynamik sowie die Wirkungen des Tourismus.

F. U. R. (Forschungsgemeinschaft Urlaub und Reisen) (Hrsg.; 2012a): Die Urlaubsreisen der Deutschen. Kurzfassung der Reiseanalyse 2012, Kiel

Die jährliche erscheinende Publikation ist eine wichtige Informationsquelle für Studierende und Praktiker; sie enthält aktuelle Daten zum Urlaubsreisemarkt und zum Reiseverhalten der Bundesbürger.

DSFT (Deutsches Seminar für Tourismus) (Hrsg.; 2012): Wissensportal Tourismus, Berlin (⌂ www.wissen.dsft-berlin.de)

Auf dieser Homepage finden sich zahlreiche aktuelle Publikationen sowie Literaturhinweise zu vielen touristischen Themen (teilweise als PDF-Dateien zum kostenlosen Download).

CONRADY, R./BUCK, M. (Hrsg.; 2012): Trends and Issues in Global Tourism, Berlin/Heidelberg

Die jährlich erscheinenden Sammelbände enthalten die Texte von Vorträgen, die im Rahmen der Internationalen Tourismus-Börse (Berlin) gehalten werden; damit geben sie einen guten Einblick in aktuelle Entwicklungen des internationalen Tourismusmarkts.

3 Welche Aufgaben hat eine Destination?

▶ **Lernziele**

In diesem Kapitel werden folgende Fragen beantwortet:

■ Wie kann sich eine Destination erfolgreich auf dem Tourismusmarkt positionieren?

■ Welche Marketinginstrumente kann eine Destination nutzen, um sich im Wettbewerb zu behaupten?

■ Wie kann eine Destination in einem regionalen Netzwerk mit Partnern aus Wirtschaft, Gesellschaft und Kultur zusammenarbeiten?

■ Auf welche Weise kann eine Destination ihre Interessen in Politik und Verwaltung adäquat vertreten?

■ Wie kann eine Destination dafür sorgen, dass die einheimische Bevölkerung eine positive Einstellung zum Tourismus hat?

■ Was kann eine Destination tun, um die natürlichen Ressourcen zu schützen und eine nachhaltige Tourismusentwicklung sicherzustellen?

Der Grundgedanke des Destinationskonzepts – geographische Räume als touristische Wettbewerbseinheiten – ist einfach und schlüssig, doch die praktische Umsetzung erweist sich als eine Herkulesaufgabe. Touristische Zielgebiete sollen sich zwar als Unternehmen verstehen und entsprechend tätig werden, aber de facto handelt es sich um *öffentliche Räume*; sie sind also weit mehr als nur betriebswirtschaftlich definierte Marktgrößen.

Eine Destination (und speziell eine Destination Management Company) hat deshalb ein gewaltiges *Spektrum an Aufgaben* zu bewältigen (vgl. Abb. 11):

▒ Im Mittelpunkt der Arbeit steht ein *professionelles touristisches Management und Marketing*, dessen Ziele und Maßnahmen sich allerdings – angesichts zahlreicher Hemmnisse – schwerer realisieren lassen als in privatwirtschaftlichen Unternehmen (→ 1.3).

▒ In den Zielgebieten konkurriert die Tourismusbranche mit *anderen Wirtschaftszweigen* um Standorte, Arbeitskräfte, Fördermittel etc. Speziell mit Gewerbe- und Industrieunternehmen kann es dabei zu Konflikten kommen, da sie für ihre Produktionseinrichtungen große Flächen beanspruchen. Durch eine intensive Bebauung werden der ästhetische Wert der Landschaft und damit die touristische Attraktivität gemindert. Gleichzeitig kann eine Destination Management Company aber auch regionale Kooperationspotenziale nutzen – z. B. mit Handwerksbetrieben und Bauernhöfen.

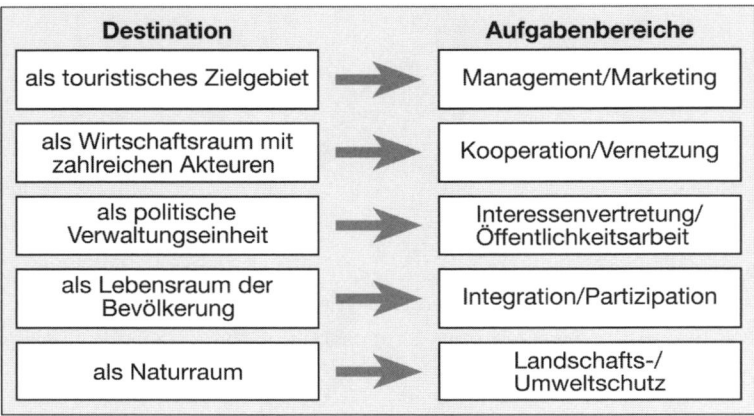

Abb. 11: Touristische Zielgebiete sind öffentliche Räume – und damit weit mehr als nur betriebswirtschaftlich definierte Wettbewerbseinheiten. Zu den Aufgaben einer Destination Management Company gehört deshalb nicht nur ein professionelles Management und Marketing, sondern auch ein vielfältiges gesellschaftliches, politisches und ökologisches Engagement (Quelle: eigener Entwurf auf der Grundlage von BIEGER/BERITELLI 2013, S. 68; Grafik: P. Blank).

▪ Die räumliche Abgrenzung einer Destination basiert ausschließlich auf der Wahrnehmung der Nachfrage (und nicht auf administrativen Einheiten). Aus diesem Grund steht eine Destination Management Company vor der Herausforderung, Akteure aus Politik und Verwaltung (Bürgermeister, Landräte, Ministerialbeamte etc.) von der Notwendigkeit und den Vorteilen einer *grenzüberschreitenden Zusammenarbeit* zu überzeugen.

▪ Touristische Zielgebiete sind auch *Wohn- und Lebensräume der einheimischen Bevölkerung*. Allerdings partizipieren nicht alle gesellschaftlichen Gruppen in gleicher Weise vom Tourismus; außerdem kann es durch ein großes Gäste- und Verkehrsaufkommen zu Belastungen kommen. Um ein hohes Tourismusbewusstsein und eine gastfreundliche Atmosphäre zu schaffen, muss eine Destination Management Company die Bevölkerung vom generellen Nutzen des Tourismus überzeugen und sie in Planungsprozesse einbeziehen.

▪ Eine attraktive Natur- bzw. Kulturlandschaft sowie eine intakte Tier- und Pflanzenwelt sind die Basis jeder touristischen Entwicklung. Eine Destination Management Company muss deshalb auf die touristischen Akteure einwirken, diese *Ressourcen behutsam zu nutzen*. Außerdem sollte sie mit Umwelt- und

Naturschutzverbänden zusammenarbeiten, um den Erhalt der natürlichen Grundlagen für künftige Generationen zu sichern.

Diese unterschiedlichen Tätigkeitsbereiche werden in den folgenden Kapiteln dargestellt; zunächst geht es aber um die *Kernaufgaben einer Destination Management Company* – das strategische und operative Management.

3.1   Strategisches Management

Mit seinen anspruchsvollen Konsumenten, der wachsenden Zahl von Wettbewerbern und erheblichen Interessengegensätzen zwischen den Akteuren stellt der Tourismusmarkt generell ein kompliziertes Geschäftsfeld dar.

Wenn sich Destinationen erfolgreich auf diesem Markt behaupten wollen, dürfen sie nicht in einen konzeptionslosen Aktionismus verfallen (z. B. in Form von unkoordinierten Werbemaßnahmen, Events oder Messeauftritten). Stattdessen sollten sie zunächst ihre Potenziale und Kompetenzen realistisch einschätzen, um auf dieser Basis klare Orientierungsgrößen für die eigene Arbeit bestimmen zu können.

Bestandsaufnahme, Formulierung von Zielvorstellungen sowie eine mittel- bis langfristige Sichtweise sind zentrale Bestandteile des strategischen Managements von Destinationen. Dabei geht es um die Beantwortung mehrerer *grundsätzlicher Fragen* (vgl. Abb. 12):

- Wie verstehen wir uns als Destination insgesamt und speziell als Destination Management Company?
- Welche Ziele wollen wir mit unserer Arbeit erreichen?
- Wie wollen wir uns auf dem touristischen Markt positionieren?
- Welche Märkte und Besuchergruppen wollen wir ansprechen?
- In welche Richtung wollen wir uns künftig entwickeln?

Das strategische Management basiert auf einer umfassenden Untersuchung der aktuellen Marktsituation; zu deren inhaltlichen Schwerpunkten gehört – neben einer selbstkritischen Standortbestimmung der eigenen Destination – vor allem die Analyse der unterschiedlichen *Anspruchsgruppen* (Stakeholder), speziell der Gäste und der Wettbewerber (vgl. THIMM 2011; → 2.2; 2.3).

Gleichzeitig dient das strategische Management aber auch als Basis des *operativen Managements*; dieses umfasst einerseits die Auswahl und den Einsatz der Instrumente des Marketingmix (Leistung, Preis, Distribution, Kommunikation) und andererseits Fragen der Organisation, Koordination und Erfolgskontrolle.

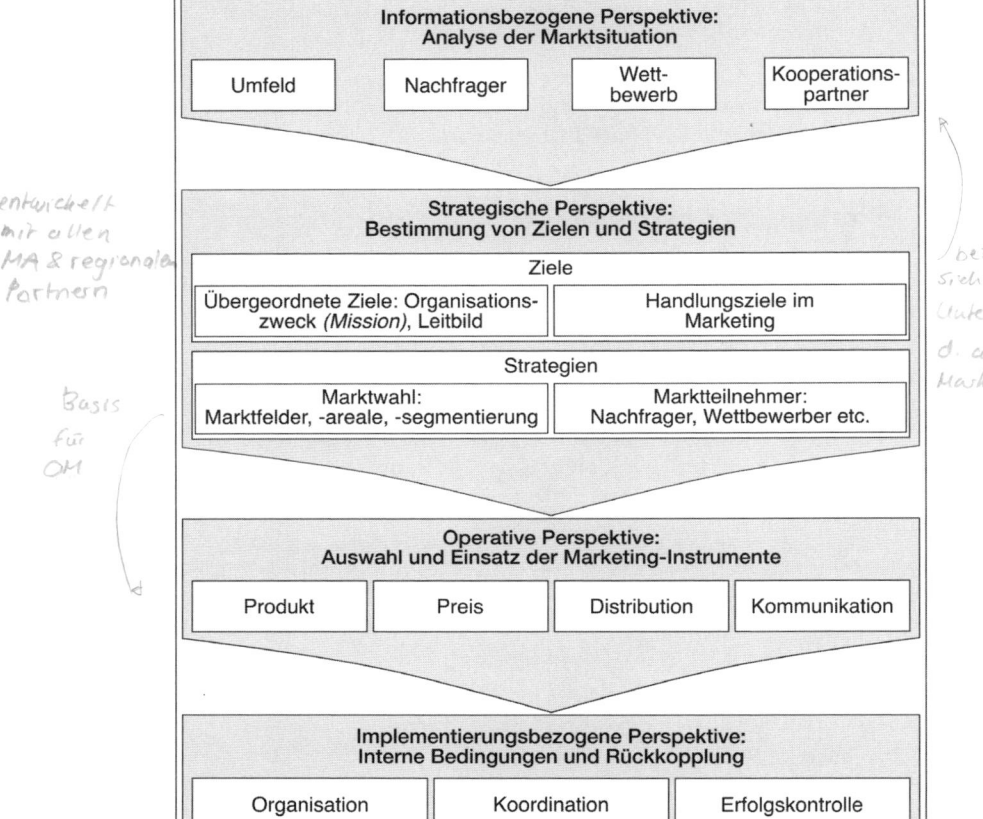

entwickelt mit allen MA & regionalen Partnern

bezieht sich auf Untersuchung d. akt. Marktsituation

Basis für OM

Abb. 12: Der Management- und Marketingprozess besteht aus mehreren Arbeits-schritten – von der Analyse der aktuellen Marktsituation über die Bestimmung von Zielen und Strategien bis hin zur Umsetzung und Kontrolle (Quelle: eigener Entwurf auf der Grundlage von HAUSMANN 2011, S. 42; Grafik: P. Blank).

Das strategische Management einer Destination hat eine mittelfristige Perspektive, die weit über das Tages- und Saisongeschäft hinausreicht. Umso wichtiger ist, dass diese Leitlinien der eigenen Arbeit nicht allein von den Führungskräften einer Destination Management Company festgelegt werden. Um einen einheitlichen und schlagkräftigen Auftritt nach außen zu gewährleisten, sollten die Ziele und Perspektiven vielmehr in einem intensiven Dialog gemeinsam mit allen Mitarbeitern, aber auch mit regionalen Partnern entwickelt werden.

Im gesamten Management- und Marketingprozess gilt es aber, einige *Besonderheiten des touristischen Produkts* und speziell auch von Destinationen zu berücksichtigen.

3.1.1 Besonderheiten des touristischen Produkts

Im Vergleich zu typischen Konsumgütern (Schokolade, Kugelschreiber, Kühl-schrank etc.), die von *einem* Industrieunternehmen hergestellt werden, besteht eine Urlaubsreise immer aus Einzelleistungen, die von *mehreren* Betrieben aus unterschiedlichen Branchen erbracht werden – z. B. Hotels, Restaurants, Trans-portunternehmen, Freizeit- und Kultureinrichtungen. Erst durch die individuelle Auswahl der Konsumenten entsteht das Gesamtprodukt „Urlaubsreise", das mehrere typische Merkmale aufweist (vgl. EISENSTEIN 2010, S. 100-106):

▪ *Immaterialität:* Bei touristischen Angeboten handelt es sich überwiegend um Dienstleistungen, die nicht lager- bzw. transportfähig sind. Der Kunde er-wirbt bei der Buchung ein Leistungsversprechen, das für ihn mit einem ho-hen Risiko behaftet ist, da er die Qualität zunächst nur auf der Grundlage des Images und Leistungspotenzials eines Anbieters beurteilen kann. Um für eine Markttransparenz zu sorgen und bei den potenziellen Gästen das notwendige Vertrauen zu erzeugen, können Destinationen unterschiedliche kommunika-tions- und produktpolitische Instrumente einsetzen; dazu gehören u. a. die Bildung einer attraktiven Marke, eine sachgerechte Information in Katalogen und auf Websites, die Einführung von Gütesiegeln sowie die Klassifikation der Unterkünfte (vgl. Abb. 13).

Abb. 13: Die Buchung einer Urlaubsreise ist für die Konsumenten mit einem hohen Risiko verbunden, da es sich um ein immaterielles Produkt handelt, dessen Qualität nicht vorab überprüft werden kann. Um für eine größere Markttransparenz zu sorgen, können Destinationen Gütesiegel entwickeln, mit denen ein bestimmtes Angebots-niveau signalisiert wird – wie z. B. der „Rothaarsteigverein" mit seinem Gütesiegel „Qualitätsbetrieb" (Quelle: Rothaarsteigverein e. V., Schmallenberg).

- *Potenzialorientierung:* Aufgrund der fehlenden Lager- und Transportfähigkeit touristischer Dienstleistungen entstehen für die touristischen Anbieter hohe Bereitstellungs- und Sicherungskosten – unabhängig von der tatsächlichen Nachfrage (so müssen z. B. Hotels ihr gesamtes Leistungs- und Serviceangebot vorhalten, auch wenn sie nur wenige Übernachtungsgäste haben). In diesem Bereich ist der Handlungsspielraum einer Destination Management Company sehr begrenzt, da sie nicht direkt als touristischer Leistungsträger auftritt. Sie kann aber die Unternehmen in der Region ermuntern, durch neue Vertriebswege, ein umsatzorientiertes Management und preispolitische Maßnahmen bessere Auslastungsquoten zu erzielen – z. B. durch strategische Allianzen mit anderen Partnern, thematische Sonderveranstaltungen oder Preisnachlässe in nachfrageschwachen Zeiten.

- *Uno-Actu-Prinzip:* Der Konsument ist direkt in den touristischen Leistungsprozess integriert; die Bereitstellung und die Nutzung der Dienstleistung finden also zur gleichen Zeit und am gleichen Ort statt (z. B. bei einem Essen in einem Restaurant). Dabei kommt es zu zahlreichen Interaktionen zwischen den Touristen und den Mitarbeitern/-innen. Das Qualitätsmanagement erweist sich in der Tourismusbranche als besonders schwierig, denn zum einen lassen sich diese heterogenen Point-of-Service-Situationen nicht vollständig standardisieren (im Gegensatz zu Sachgütern), zum anderen wünschen viele Kunden einen persönlichen Service. Dennoch kann eine Destination Management Company auf ein breites Instrumentarium an Kontroll- und Verbesserungsmaßnahmen zurückgreifen, um die Qualität der Dienstleistungen zu steigern (z. B. Checks durch Mystery Guests/Silent Shoppers, Weiterbildung der Betriebsinhaber).

- *Leistungsketten/-bündel:* Eine Urlaubsreise besteht aus einer Abfolge von zahlreichen Informations- und Konsumhandlungen – z. B. Kataloganfrage, Buchung, Anreise, Übernachtung, Besichtigung, Freizeitaktivität etc. Die Unzufriedenheit der Touristen mit *einem* Element der Leistungskette kann aber die Gesamtzufriedenheit entscheidend beeinflussen. Durch Öffentlichkeitsarbeit und Trainingsmaßnahmen kann eine Destination Management Company die unterschiedlichen Akteure anregen, sich auf gemeinsame Standards zu einigen, um ein stimmiges Gesamtprodukt mit einem einheitlichen Qualitätsniveau zu erstellen.

- *Standortgebundenheit:* Destinationen sind extrem standortgebundene Wettbewerbseinheiten, denn ihre Produktpalette wird durch die natur- und kulturräumliche Ausstattung weitgehend determiniert (Klima, Landschaft etc.). Besonders deutlich werden diesen Grenzen beim Badetourismus, der nur in Küstenregionen mit angenehmen Wasser- und Lufttemperaturen möglich ist, oder beim Skitourismus, der auf schneesichere Hochgebirgsregionen beschränkt ist. Nur mit einem großen finanziellen und technischen Aufwand können die touristischen Akteure versuchen, derartige Standortnachteile auszugleichen – z. B durch den Betrieb von Beschneiungsanlagen in Wintersportorten oder den Bau von Thermen in Seebädern, um die kurze Saison zu verlängern.

Angesichts dieser Besonderheiten des touristischen Produkts, aber auch der zahlreichen Aufgabenbereiche muss eine Destination Management Company über einen *Kompass* verfügen, der allen regionalen Akteuren den Weg weist: Wohin wollen wir uns gemeinsam entwickeln? Welchen Anspruch stellen wir an uns selbst? Auf welchen Grundsätzen basiert unsere Zusammenarbeit? Die Beantwortung dieser Fragen steht im Mittelpunkt des normativen Managements.

3.1.2 Normatives Management: Vision und Leitbild

Das normative Management hat vor allem einen qualitativen Charakter: Es geht darum, generelle Zielvorstellungen zu entwickeln, die Organisations- und Destinationsphilosophie festzulegen sowie einen gemeinsamen Arbeitsstil zu vereinbaren. Wichtige Bestandteile sind dabei die Vision und das Leitbild.

3.1.2.1 Vision

Unter einer Vision wird das anschauliche Wunschbild *der* Zukunft verstanden, die vom Führungsteam und den Mitarbeitern einer Destination Management Company, aber auch von allen regionalen Akteuren angestrebt wird. Im Gegensatz zu einer vagen Utopie besteht eine Vision aus strukturierten Überlegungen, die schriftlich formuliert werden. Vorbilder für Destinationen können dabei große Konzerne sein, die ihr Selbstverständnis und ihre Ziele häufig als knappes *Vision Statement* oder *Mission Statement* auf ihren Homepages bzw. im Eingangsbereich ihrer Verwaltungsgebäude platzieren.

Aufgrund dieser zukunftsorientierten Festlegung soll die Vision bereits in der Gegenwart eine *Veränderung im alltäglichen Handeln* auslösen. Sie dient dazu:

- verkrustete Strukturen und Denkweisen aufzubrechen,
- vorhandene Selbstzufriedenheit abzubauen,
- eine anhaltende Aufbruchsstimmung bei allen Akteuren zu erzeugen,
- neue Horizonte der Zusammenarbeit aufzuzeigen.

Darüber hinaus kann die Vision dazu genutzt werden, unterschiedliche Zielvorstellungen innerhalb einer Tourismusorganisation bzw. einer Destination aufeinander abzustimmen und neue Richtungen vorzugeben (vgl. ECKRICH 2005).

▶ **Beispiel für eine touristische Vision: die „Markenvision 2020"
    der „Allgäu GmbH – Gesellschaft für Standort und Tourismus",
    Kempten**

Um das Allgäu als touristisches Zielgebiet stärker zu profilieren, wurde
zunächst die touristische Dachmarke „Allgäu" entwickelt. Künftig soll das
positive Image dieser Marke auf andere Produkte und Unternehmen in der
Destination übertragen werden. Dazu wurde folgende Vision formuliert:

„Das Allgäu setzt durch verantwortungsvollen Umgang mit seinen natürlichen und kulturellen Ressourcen sowie dem Erfindergeist seiner Menschen und Unternehmen leistungsstarke Akzente für nachhaltiges Wirtschaften und abwechslungsreiches Leben. Das macht das Leben und Urlauben im Allgäu so unvergleichlich. Von der Nutzung einer starken Marke Allgäu profitieren alle beteiligten Akteure und Partner in der Region.
[...]

Das Markenversprechen

Das Allgäu wird im Jahr 2020 in Deutschland als führender, leistungsstar-
ker und zukunftsorientierter Gestaltungsraum für Leben, Arbeiten und
Urlauben im ländlichen Raum wahrgenommen! Es zeichnet sich durch
Verantwortung für nachhaltiges Wirtschaften und gesundes Leben aus.

Die Allgäu-Vision ist ein Qualitätsversprechen an die Bürger, Urlauber
und Kunden des Allgäus und setzt voraus, dass alle Unternehmen, Dienstleistungen und Produkte, die die Marke Allgäu nutzen, diese Qualität
durch nachhaltiges Wirtschaften unterstützen" (www.extranet.allgaeu.
info/marke/markenprozess/markenvision).

3.1.2.2 Leitbild

Das Leitbild stellt eine handlungsorientierte Konkretisierung der Vision dar; es
beschreibt den institutionellen Rahmen, in dem sich die zielorientierten Aktivitäten des Führungsteams, der Mitarbeiter und der Partner bewegen sollen. Außerdem gibt es Auskunft über die Maßnahmen, die notwendig sind, um diese Ziele
zu erreichen (allerdings muss angemerkt werden, dass die Trennlinie zwischen
Vision und Leitbild in der Praxis teilweise recht unscharf ist).

Ein *zeitgemäßes Leitbild* sollte Aussagen zu folgenden Aspekten einer Destination
bzw. Destination Company beinhalten (vgl. HAUSMANN 2011, S. 47):

▫ zum Charakter und zu den primären Leistungen der Organisation,

▫ zu den zentralen Aufgaben der Organisation,

▦ zur Art und Weise, wie die Beteiligten miteinander arbeiten wollen,

▦ zu den Zielgruppen, die mit dem Angebot erreicht werden sollen.

Die Formulierung einer Vision und die Erarbeitung eines Leitbildes gehören zu den strategischen Hausarbeiten, die von Destinationen erledigt werden müssen; sie erfolgen zumeist im Rahmen der touristischen Entwicklungsplanung bzw. der Erstellung eines Tourismuskonzepts.

▶ **Definition**

Touristisches Leitbild: „Ein touristisches Leitbild ist eine Orientierungshilfe für Kommunen und Regionen und enthält eine grundlegende Idealvorstellung über die touristische Entwicklung einer Kommune oder Region. Das Leitbild beschreibt aber nicht nur den erwünschten zukünftigen Zustand, sondern auch die momentane Situation. [...] Ein Ziel des Leitbildes ist somit, dass alle beteiligten Personen zusammenarbeiten und alle so handeln, dass die gemeinsamen Ziele erreicht werden" (LEHMANN/HEINEMANN 2009, S. 5).

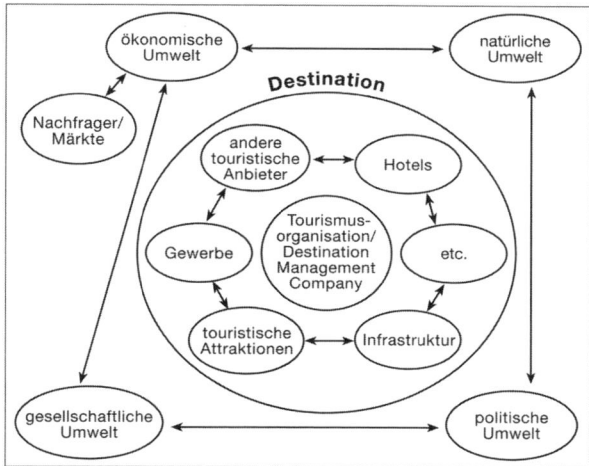

Abb. 14: Im Leitbild wird die Idealvorstellung der künftigen touristischen Entwicklung einer Destination festgelegt. Um eine möglichst breite Akzeptanz zu erzielen, sollte es in einem öffentlichen Diskussionsprozess erarbeitet werden, an dem sich alle Anspruchsgruppen beteiligen können (Quelle: eigener Entwurf nach BIEGER/ BERITELLI 2013, S. 62; Grafik: P. Blank).

Generell sollten Destinationen über zwei Leitbilder verfügen, die inhaltlich aufeinander abgestimmt werden müssen:

▪ zum einen ein *Unternehmensleitbild*, das von den Führungskräften einer Destination Management Company gemeinsam mit allen Mitarbeitern formuliert wird;

▪ zum anderen ein *touristisches Leitbild*, das in einem öffentlichen Diskussionsprozess mit Vertretern aller Anspruchsgruppen entwickelt wird; dazu zählen u. a. Hoteliers, Pensionsinhaber, Gastronomen, Besitzer von Verkehrsbetrieben, Geschäftsführer von Besucherattraktionen und Kultureinrichtungen, Vorsitzende von Natur- und Umweltschutzverbänden – und nicht zuletzt auch die einheimische Bevölkerung (vgl. Abb. 14).

▶ **Beispiel für ein Unternehmensleitbild einer Destination Management Company: „Tourismusverband Sächsische Schweiz", Pirna**

„Der Tourismusverband Sächsische Schweiz e. V. ist ein dynamisches, engagiertes, junges, kooperatives, professionelles Dienstleistungsunternehmen. Er ist offen für Neues und wächst mit seinen Aufgaben. [...]

Unser Selbstverständnis

Der Tourismusverband Sächsische Schweiz e. V.

■ geht neue Projekte konsequent an, um ein hohes Qualitätsniveau und nachhaltige wirtschaftliche Effekte zu erreichen

■ fühlt sich der Umsetzung und Fortschreibung des Tourismusleitbildes Sächsische Schweiz verpflichtet und sieht in ihm die strategische Grundlage seiner Arbeit

■ sieht sich als der Koordinator bei der Realisierung des Tourismusleitbildes und benötigt dazu die Unterstützung vieler Partner

■ ist der federführende Dachverband, der sich für die touristischen Interessen auf allen Ebenen einsetzt, für Institutionen, Unternehmen und Organisationen sowie für jeden Einzelnen in der Sächsischen Schweiz

■ ist ein starker Partner für die Verwaltung, andere Branchen und touristische Strukturen auf Landes- und Bundesebene

■ agiert politisch neutral und setzt sich aktiv für Weltoffenheit, Toleranz und Gastfreundlichkeit in der Region ein" (www.saechsische-schweiz.de).

Das schriftlich fixierte Leitbild dient allen Akteuren in einer Destination mittel-fristig als verbindlicher Maßstab für die praktische Arbeit. Speziell bei umstritte-nen Projekten können sich die Betroffenen auf die generellen Ziele beziehen, die bei der Erarbeitung des Leitbilds vereinbart worden sind (z. B. Ansiedlung von Feriengroßprojekten, Durchführung von Mega-Events).

3.1.3 Positionierung von Destinationen

„Es gibt von allem viel zuviel, denn alles ist schon da " – so hat der Schweizer Konsum- und Trendforscher BOSSHART (1997, S. 32) die Konsumgüter- und Dienstleistungsmärkte bereits Ende der 1990er Jahre beschrieben. Für die Ur-lauber ist es also nicht leicht, sich in dieser unübersichtlichen „Zuvielisation" zu orientieren und – angesichts ihres knappen Zeit- und Geldbudgets – für das Passende zu entscheiden.

Gleichzeitig besteht für Destinationen die enorme Herausforderung, in diesem nahezu ubiquitären Angebot von den potenziellen Kunden überhaupt wahrge-nommen zu werden – und diese dann davon zu überzeugen, dass sie die richtige Wahl als Reiseziel darstellen. Eine *erfolgreiche Positionierung* basiert auf zwei Grundprinzipien:

- Zum einen müssen Destinationen ein *klares und attraktives Profil* aufweisen, das den Konsumenten einen besonderen Nutzen verspricht – z. B. neue Erlebnisse und Erfahrungen, ungezwungene Geselligkeit, eine angenehme Atmosphäre bzw. die Möglichkeiten, sportliche Aktivitäten auszuüben.

- Zum anderen sollten Destinationen *Alleinstellungsmerkmale* entwickeln, um sich von anderen öffentlichen und privaten Wettbewerbern deutlich abzu-grenzen – z. B. durch spektakuläre Besucherattraktionen, kulturelle Events, ungewöhnliche Pauschalpakete bzw. regionale Produkte. Diese *Unique Selling Propositions* bieten ihnen die Möglichkeit, aus der breiten Masse der touristi-schen Angebote wie weithin sichtbare Leuchttürme herauszuragen.

Grundsätzliches Ziel von Destinationen sollte es dabei sein, einen Weg aus dem *gesättigten Käufermarkt* zurück zum *knappen Verkäufermarkt* zu finden, in dem sie – als Anbieter – wieder die Regeln bestimmen. Dazu können sie auf mehrere *Wettbewerbsstrategien* zurückgreifen, die den Konsumenten entweder Leistungs- oder Kostenvorteile bieten (vgl. Tab. 4).

Märkte/ Vorteile	Leistungs- vorteile	Kosten- vorteile
Gesamtmarkt (allgemeines Ziel)	Qualitätsführerschaft (Differenzierung)	Kostenführerschaft
Teilmarkt (enges Ziel)	Nischenstrategie: Produkt-/Markt- Kombination (gezielte Differenzierung)	Niedrigpreisstrategie (Kosten im Mittelpunkt)

Tab. 4: Im gesättigten Käufermarkt stehen Destinationen vor der Herausforderung, den Weg zurück zum knappen Verkäufermarkt zu finden, in dem sie wieder die Regeln bestimmen. Dazu können sie unterschiedliche Wettbewerbsstrategien verfolgen, die den Konsumenten entweder Leistungs- oder Kostenvorteile bieten (Quelle: eigene Darstellung auf der Grundlage von PORTER 1993, S. 61).

▨ Bei der *Qualitätsführerschaft* geht es darum, den eigenen Leistungsvorteil (im Vergleich zu den Konkurrenten) zu betonen. Diese strategische Option können Destinationen nutzen, wenn sie über einzigartige natürliche oder kulturelle Attraktionen bzw. über ein besonders hochwertiges touristisches Angebot verfügen. Beispiele für derartige Fünf-Sterne-Destinationen sind Tourismusorte wie Kampen auf Sylt, Davos und St. Moritz (Schweiz) oder Portofino (Italien); eine Qualitätsführerschaft streben auch Länder wie Dubai, Mauritius, Botswana und die Seychellen an (vgl. Abb. 15).

Abb. 15: Mit zahlreichen Luxushotels (wie dem „Atlantis The Palm") und spektakulären Gebäuden (wie dem „Burj Khalifa") verfolgt das Emirat Dubai die Strategie einer Qualitätsführerschaft. Bei ihr geht es darum, den eigenen Leistungsvorteil im Vergleich zu Konkurrenzdestinationen zu betonen (Quelle: eigenes Foto).

▨ Die Strategie einer *Kostenführerschaft* im Gesamtmarkt bzw. in Teilmärkten können Destinationen nur verfolgen, wenn sie im Vergleich zu anderen Wettbewerbern erhebliche Kostenvorteile haben – z. B. aufgrund niedriger Arbeits-, Produkt- oder Materialkosten. Sie ist z. B. von Ländern der Dritten Welt (Kenia, Dominikanische Republik) und von Transformationsländern (Bulgarien, Rumänien), aber auch von mediterranen Zielgebieten wie Mallorca, Jugoslawien und Tunesien genutzt worden, um sich rasch auf dem internationalen Markt zu positionieren. Mittelfristig kann sie sich allerdings als Sackgasse erweisen, denn das einmal erworbene Image als Billigreiseziel erschwert ein späteres Upgrade zu einem Qualitätsreiseziel (so musste Mallorca große Anstrengungen unternehmen, um nicht mehr als „Putzfraueninsel" zu gelten). Aufgrund der hohen Arbeits- und Beschaffungskosten können deutsche Destinationen diese Strategie generell nicht einsetzen.

▨ Bei der *Nischenstrategie* versuchen Destinationen, sich durch eine Spezialisierung auf einzelne Segmente (Produkt-Markt-Kombination) als Marktführer zu positionieren – z. B. im Wellnessurlaub, Wanderurlaub oder Radurlaub, bei Golf- oder Kulturreisen bzw. im Messe-, Tagungs- und Kongresstourismus. Angesichts ihrer extremen Standortgebundenheit (und damit begrenzter Handlungsoptionen bei der Entwicklung einer Produktpalette) verfolgen die meisten deutschen Destinationen eine derartige *Spezialisierungsstrategie*. So nutzen z. B. viele Städte ihre infrastrukturellen, architektonischen oder kulturellen Ressourcen, um sich auf einen touristischen Teilmarkt zu konzentrieren – als Messestädte (Hannover, Düsseldorf), Musicalstädte (Bochum, Hamburg) oder Kunst- und Kulturstädte wie Bayreuth und Dresden (vgl. JAGNOW/ WACHOWIAK 2000).

▶ **Beispiel für die Nischenstrategie einer Destination:**
Wandertourismus im Müllerthal (Luxemburg)

Beim Müllerthal handelt es sich um eine Hügel- und Felslandschaft im Großherzogtum Luxemburg, die aufgrund ihrer landschaftlichen Attraktivität im Volksmund und auch in der Tourismuswerbung als „Kleine Luxemburger Schweiz" bezeichnet wird. Um dieses natürliche touristische Potenzial professionell zu nutzen, wurde im Jahr 2008 der „Müllerthal Trail" geschaffen – ein 110 Kilometer langer Wanderweg, der aus drei Routen besteht.

Neben einer klaren, einheitlichen Beschilderung setzte die regionale Tourismusorganisation zahlreiche produkt- und kommunikationspolitische Instrumente ein, um den „Müllerthal Trail" als Marke zu positionieren – von einem neu geschaffenen Logo und Wanderkarten/-führer über saisonale

Events und Messeauftritte bis hin zu Informationsreisen für Journalisten. Darüber hinaus ermunterte sie die Unterkunftsbetriebe in der Region, sich als „Wanderhotels" zu spezialisieren. Um das entsprechende Gütesiegel zu erhalten, müssen sie bestimmte Kriterien erfüllen – u. a. wanderkundige Mitarbeiter, Kartenmaterial zur Ansicht, ein gesundes Frühstück, eine Unterbringung auch für einzelne Nächte, Ablagemöglichkeiten für Wanderschuhe in den Zimmern sowie Säuberungs- und Trocknungsmöglichkeiten für Wanderkleidung (⌂ www.mullerthal-trail.lu).

▶ **Zusammenfassung**

■ Touristische Zielgebiete sind öffentliche Räume mit zahlreichen gesellschaftlichen Anspruchsgruppen; dazu zählen Unternehmen aus anderen Branchen, Politik und Verwaltung, die einheimische Bevölkerung sowie Umwelt- und Naturschutzorganisationen.

■ Zu den Aufgabenbereichen einer Destination Management Company gehört deshalb nicht nur das touristische Management und Marketing, sondern auch die Kooperation und Vernetzung, die Interessenvertretung und Öffentlichkeitsarbeit, die Integration der Einheimischen sowie der Erhalt von Landschaft und Umwelt.

■ Die Formulierung der generellen Entwicklungsziele einer Destination steht im Mittelpunkt des strategischen Managements. Als Grundlage dient dabei eine selbstkritische Bestandsaufnahme der aktuellen Position im Wettbewerb.

■ Zentrale Elemente des strategischen Managements sind zum einen die Vision (also das Wunschbild der angestrebten Position im Tourismusmarkt), zum anderen das Leitbild, das allen Akteuren als verbindlicher Maßstab für die praktische Arbeit dient.

■ Vision und Leitbild sollten in einem öffentlichen Diskussionsprozess – unter Einbeziehung aller Mitarbeiter und Anspruchsgruppen – entworfen werden.

■ Im gesamten Management- und Marketingprozess müssen die Besonderheiten des touristischen Produkts beachtet werden: Immaterialität, Potenzialorientierung, Uno-Actu-Prinzip, Leistungsketten sowie Standortgebundenheit.

▶ **Weiterführende Lesetipps**

LEHMANN, M./HEINEMANN, A. (2009): Touristische Leitbilder. Der strategische Planungsprozess von Destinationen, Berlin (Heilbronner Reihe Tourismuswirtschaft; 6)

Neben einem Überblick über die theoretischen Grundlagen enthält der Band auch einen praxisorientierten Leitfaden zur Erarbeitung touristischer Leitbilder (Vorbereitungs-, Erarbeitungs- und Umsetzungsphase).

PECHLANER, H./FISCHER, E./HAMMANN, E.-M. (Hrsg.; 2006): Standortwettbewerb und Tourismus. Regionale Erfolgsstrategien, Berlin

Die Beiträge in diesem Reader beschäftigen sich mit den theoretischen Aspekten und – anhand einiger Fallbeispiele – den praktischen Anforderungen an das Management von Regionen und Destinationen.

3.2 Operatives Management

Im Mittelpunkt des operativen Managements von Destinationen steht die Beantwortung folgender Fragen:

▨ Wie können wir unseren *Marktauftritt* so attraktiv gestalten, dass wir in der Fülle der Angebote überhaupt von den potenziellen Konsumenten wahrgenommen werden (Markenbildung; → 3.2.1)?

▨ Welche *Instrumente* können wir verwenden, um unser Angebot zeitgemäß und zielgruppengerecht zu gestalten (*Marketingmix*; → 3.2.2-3.2.5)?

▨ Wie können wir sicherstellen, dass unsere Angebotsqualität den Erwartungen der Gäste entspricht (*Qualitätsmanagement*; → 3.2.6)?

▨ Was können wir tun, um unser Angebot ständig den sich verändernden Marktbedingungen anzupassen (*Management des Wandels*; → 3.2.7)?

Angesichts der großen Dynamik des internationalen Tourismusmarkts reicht es nicht aus, den einmal erlangten Status quo nur zu sichern. Destinationen stehen vielmehr vor der Herausforderung, diese grundsätzlichen Fragen immer wieder neu zu beantworten. Nach dem Motto „Wir wollen besser werden" sollten sie sich als *lernende Organisationen* verstehen, die ihre Gäste immer wieder mit neuen Ideen und ungewöhnlichen Aktionen überraschen und begeistern.

Generell handelt es sich beim operativen Management um einen *mehrstufigen Prozess*, der aus drei Phasen besteht (vgl. FREYER 2011, S. 275-279; Abb. 16):

▨ In der *Potenzialphase* werden den potenziellen Nachfragern alle Leistungs-aspekte der Destination vermittelt. Von entscheidender Bedeutung ist dabei ein überzeugender Marktauftritt: Er dient dazu, Vertrauen zu schaffen, Neu-gier zu wecken und zu einem Besuch anzuregen.

▨ Die *Prozessphase* umfasst die tatsächliche Leistungserbringung – von der Ge-staltung der Website und dem Empfang der Besucher in der Tourist-Information über Gästeführungen und Veranstaltungen bis hin zu Buchun-gen und zum Verkauf von Tickets, Informationsmaterial, Merchandising-Produkte etc. Durch das operative Management sollten bestimmte Stan-dards innerhalb der Destination generell und speziell der Destination Ma-nagement Company sichergestellt werden – z. B. klare Orientierung, ver-ständliche Informationen, freundliches Personal etc.

▨ In der *Ergebnisphase* wird die erbrachte Leistung kontrolliert und bewertet – zum einen aus Sicht der Besucher, zum anderen aber auch aus Sicht der Mit-arbeiter. Diese externe und interne Evaluation sollte in regelmäßigen Abstän-den erfolgen; nur auf diese Weise lassen sich frühzeitig Defizite feststellen und entsprechende Verbesserungsmaßnahmen einleiten.

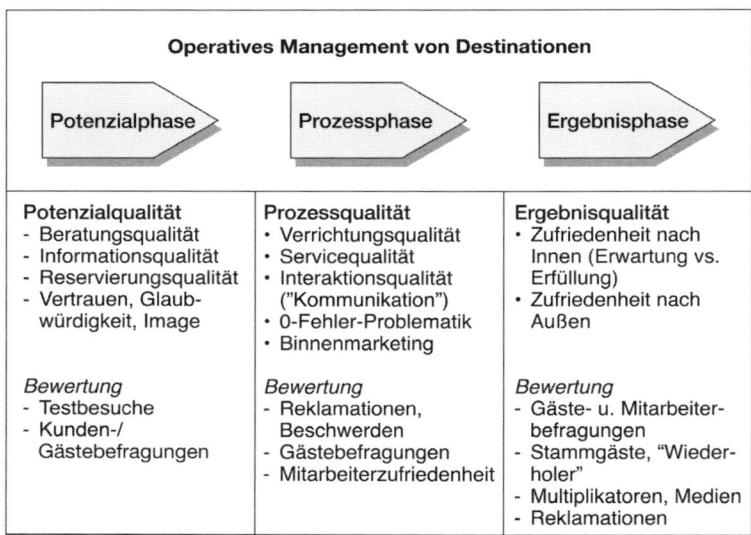

Abb. 16: Das operative Management von Destinationen besteht aus drei Phasen: In der Potenzialphase geht es um Vertrauensbildung und Information, in der Prozesspha-se um eine kundengerechte Leistungserbringung und in der Ergebnisphase um die Erfolgskontrolle (Quelle: eigener Entwurf nach FREYER 2011, S. 277; Grafik: P. Blank).

3.2.1   Marktauftritt von Destinationen

Aufmerksamkeit erregen, einen hohen Nutzen signalisieren und ein unwider-stehliches Begehren wecken – das sollten die generellen Kommunikationsziele jeder Destination sein. Nur wenn sie über einen hohen Bekanntheitsgrad und ein positives Image verfügt, wird sie von den Nachfragern bei der Reiseent-scheidung überhaupt berücksichtigt.

Für eine Destination ist es deshalb unabdingbar, sich frühzeitig auf der *Mental Map* bzw. im *Evoked Set* der Urlauber zu platzieren – so werden die spezifischen Wahrnehmungsmuster bezeichnet, die bereits vor Beginn der Reise in den Köp-fen der Besucher vorhanden sind (vgl. SCHERHAG 2011). Eine immer größere Bedeutung erhält dabei die *Markenbildung (Branding)* von Destinationen – also die Kennzeichnung mit Hilfe einer rechtlich geschützten Bild-/Textmarke.

3.2.1.1   Markenbildung von Destinationen

Aus dem Konsumgüterbereich sind Markenartikel den Nachfragern hinlänglich vertraut, denn inzwischen gibt es nahezu keine Produkte mehr, die nicht mit einem Logo bzw. Slogan versehen sind. So beläuft sich die Zahl der rechtlich geschützten Marken in Deutschland gegenwärtig auf mehr als 760.000. Das Spektrum reicht dabei von Papiertaschentüchern („Tempo") über Hautcremes („Nivea") bis hin zu Turnschuhen („Adidas").

▶ **Definition**

Marke: „Eine Marke ist ein Name, ein Begriff, ein Zeichen, ein Symbol, eine Gestaltungsform oder eine Kombination aus diesen Bestandteilen, die bei den relevanten Nachfragern bekannt ist und im Vergleich zu Konkur-renzangeboten ein differenzierendes Image aufweist, das zu Präferenzen beim Konsumenten führt" (SCHERHAG 2003, S. 45).

Für diese enorme Popularität von Marken sind zwei Ursachen zu nennen – zum einen die generelle *Marktsättigung*: Es gibt einfach viel zu viele Taschentücher, Hautcremes, Turnschuhe etc.; deshalb versuchen die Hersteller, ihre Artikel durch die Markierung aus der Masse hervorzuheben. Zum anderen spielt die zunehmende *Austauschbarkeit* der Produkt eine wichtige Rolle, da zwischen den einzelnen Artikeln längst keine qualitativen Unterschiede mehr zu erkennen sind. Diese Marktsituation besteht auch im Tourismus; die *Markenbildung* (Branding) kann von Destinationen deshalb dazu genutzt werden (vgl. GÜNTER 2011, S. 38):

- ein attraktives Profil zu entwickeln und sich dadurch von anderen Wettbewerbern zu unterscheiden (*Differenzierungsfunktion*) und
- ein besonders hohes Leistungsniveau zu signalisieren (*Qualitätsverdeutlichungsfunktion*).

Der hohe internationale Bekanntheitsgrad einiger Luxus- und Kultmarken wie „Apple", „Abercrombie & Fitch" oder „Nike" macht deutlich, dass Markenprodukte weitaus mehr bieten als Orientierung und Transparenz:

- Aufgrund ihres positiven, teilweise exklusiven Images vermitteln sie den Konsumenten einen besonderen Status; durch den Kauf erhalten die Kunden also das Gefühl, etwas Besonderes zu sein und sich von Anderen zu unterscheiden (*Image-Übertragungsfunktion*).
- Zugleich signalisiert das sichtbare Markenzeichen aber auch die Zugehörigkeit zu einer Gruppe von Gleichgesinnten, die ähnliche ästhetische Vorstellungen haben und bestimmte Werte teilen – also die „feinen Unterschiede" im Sinne von Pierre Bourdieu pflegen (*Gruppenzugehörigkeitsfunktion*).

Im Vergleich zur Konsumgüterindustrie haben Tourismusunternehmen generell und speziell auch Destinationen erst relativ spät damit angefangen, die Möglichkeiten einer professionellen Markenbildung zu nutzen. Entsprechend gering war lange Zeit auch das touristische *Markenbewusstsein* der Konsumenten: In einer empirischen Untersuchung konnten die Befragten Ende der 1990er Jahre allenfalls die Markennamen einiger Reiseveranstalter und Fluggesellschaften nennen; nur 3,5 % erinnerten sich an den Markenbegriff von Reisezielen bzw. Zielgebieten (vgl. SCHERHAG 2003, S. 149-153).

Inzwischen wird das Markenkonzept aber von vielen Destinationen genutzt, um sich klar auf dem Tourismusmarkt zu positionieren; dabei lassen sich zwei *Strategien der Markenbildung* unterscheiden (vgl. STEINECKE 2009, S. 274-275):

- *Nutzung traditioneller Landschaftsnamen:* Die Mehrzahl der Destinationsmarken basiert auf den historisch vorgegebenen, authentischen Landschaftsnamen (Harz, Bodensee, Tirol etc.; vgl. Abb. 17). Diese traditionellen Regionsbezeichnungen sind den Konsumenten bereits hinlänglich vertraut – z. B. aus dem Geographieunterricht, aus den Medien sowie aus Erzählungen von Freunden und Bekannten. Auf der Mental Map der Nachfrager findet sich ein vager Mix aus Bildern und Begriffen, Fakten und Emotionen, die mit diesen großflächigen Natur- und Kulturräumen assoziiert werden. Eine erfolgreiche Markenbildung nutzt diese diffusen Vorstellungen und verdichtet sie in einem aussagekräftigen Logo bzw. Slogan – z. B. „Eifel – Natur pur erleben" oder „Luzern: Die Stadt. Der See. Die Berge" (vgl. WIDMANN/WAGENSEIL/STUTZ 2012).

■ *Entwicklung neuer thematischer Dachmarken:* Zunehmend finden sich aber auch Destinationsmarken, deren Logo und Bezeichnung auf berühmten Persönlichkeiten bzw. typischen regionalen Produkten basiert. So agieren die ostschweizerischen Regionen Sarganserland, Walensee und Wartau seit 1997 unter der Dachmarke *„Heidiland"*; sie nutzen dabei den hohen Bekanntheitsgrad der „Heidi"-Romane von Johanna Spyri, die in dieser Bergwelt spielen (vgl. FILK/SCHATZMANN/HERZIG GAINSFORD 2011). Die Region zwischen Genf und Basel, in der zahlreiche renommierte Uhrenmanufakturen ihren Standort haben, firmiert seit 2000 unter der Bezeichnung *„Watch Valley – das Land der Präzision"*. Im Talkessel von Schwyz wurde im Jahr 2002 die Destinationsmarke *„Swiss Knife Valley "* gegründet, mit der die Initiatoren von der Popularität des weltbekannten Unternehmens „Victorinox" touristisch profitieren wollen.

▶ **Beispiel für die Markenbildung von Destinationen: Tirol**

Abb. 17: Logo des österreichischen Bundeslandes Tirol
(Quelle: Tirol Werbung, Innsbruck)

Zu den Vorreitern der touristischen Markenbildung zählt das österreichische Bundesland Tirol, das bereits im Jahr 1974 ein touristisches Logo entwickelt hat. Es wird in den wichtigen internationalen Quellmärkten, aber auch bei Sport- und Kulturevents verwendet, um auf Tirol aufmerksam zu machen und für die Destination zu werben. Außerdem nutzen zahlreiche regionale Unternehmen das Logo im Rahmen ihrer Kommunikationspolitik und ihres Merchandisings. Seit 2010 wird ein inhaltlicher Relaunch der Marke vorgenommen; dazu wurde u. a. für das Jahr 2030 die Markenvision formuliert: „Tirol ist der begehrteste Kraftplatz der alpinen Welt" (vgl. Tirol Werbung 2012).

3.2.1.2   Grundprinzipien der Markenbildung

Generell handelt es sich bei der Markenbildung um einen aufwändigen, langfristig angelegten Prozess, bei dem mehrere Regeln zu beachten sind (vgl. GIATAS/ HUNDT 2008, 62-67):

- *Einmalige Markenidee formulieren:* Die Markenidee steht am Anfang und ist der zentrale Bezugspunkt für alle weiteren Aktivitäten. Bei der Formulierung sollten folgende Fragen beantwortet werden: Was ist das Besondere an unserer Destination? Wofür stehen wir? Wodurch unterscheiden wir uns von anderen?

- *Markenidee erkennbar umsetzen:* Mit Hilfe eines unverwechselbaren Logos bzw. Slogans müssen die besonderen Merkmale der Destination klar, einheitlich und durchgängig kommuniziert werden – z. B. in Werbemitteln, auf Merchandising-Artikeln und bei Events (vgl. NÖRPEL/WAGNER 2013).

- *Unverzichtbare Kompetenz definieren:* Was sind unsere besonderen Alleinstellungsmerkmale? Was können wir besonders gut? Was würde fehlen, wenn es unsere Destination nicht gäbe? Die Beantwortung dieser Fragen führt zum spezifischen Nutzen, den eine Destination für die Besucher hat – also dem Markenkern.

- *Erlebbarkeit schaffen:* Um der Destination den notwendigen Bekanntheitsgrad zu verschaffen und sie mit einem positiven Image zu versehen, bedarf es einer intensiven Kommunikation, bei der möglichst viele Berührungspunkte mit den potenziellen Gästen genutzt werden. Neben klassischen Kommunikationsmitteln (Flyer, Presseartikel etc.) sollten Destinationen auch neuartige und ungewöhnliche Formen der Kundenansprache entwickeln – z. B. gemeinsame Werbemaßnahmen mit Partnern (Kultureinrichtungen, Einzelhandel), direkte Information der Kunden (Mailings) oder spektakuläre Events.

- *Selbstähnlichkeit wahren:* Marken versprechen Qualität, bieten Transparenz und schaffen Vertrauen. In unübersichtlichen Konsumsituationen wirken sie wie weithin sichtbare Leuchttürme, die den Nachfragern den Weg weisen. Um diese Verlässlichkeit sicherzustellen, sollten sie nur gelegentlich und behutsam modifiziert werden – diese Tatsache gilt für das äußere Erscheinungsbild (Logo), aber auch für die Produktpalette von Destinationen, die über einen längeren Zeitraum hinweg eine inhaltliche Stringenz aufweisen sollte (vgl. Abb. 18).

3.2.1.3   Anforderungen an die Gestaltung von Marken

Obwohl eine Marke weit mehr ist als nur ein Logo bzw. Slogan, spielen Erkennbarkeit, Verständlichkeit und Attraktivität des Logos eine zentrale Rolle in der Marken- und Kommunikationspolitik von Destinationen.

Hinsichtlich der graphischen bzw. bildlichen Gestaltung des Logos gibt es vielfältige Möglichkeiten – von reinen Wortmarken über Logos mit geometrischen,
architektonischen oder figurativen Elementen bis hin zu Logos mit inhaltlich
assoziierten Fotos oder Symbolen (vgl. hierzu ausführlich und mit zahlreichen
Beispielen aus dem Kulturbereich PROKOP 2008, S. 93-113).

Im Logo sollte sich die spezifische *Corporate Culture* einer Destination widerspie-
geln – also deren Organisationsphilosophie, Selbstverständnis und Wertorientierung. Gleichzeitig ist darauf zu achten, dass das Logo in ein umfassendes *Corporate Design* eingebunden ist – es sollte in allen Formen der Außendarstellung
verwendet werden (Geschäftspapier, Website, Plakate, Anzeigen, Merchandising-Artikel etc.).

Aufgrund dieser zahlreichen Verwendungsmöglichkeiten ist es notwendig, folgende praktische Anforderungen an Logos zu berücksichtigen:

- gewisse Zeitlosigkeit im Design (Kontinuität, kein zu rascher Wechsel),
- vertretbare Umsetzungs- und Nutzungskosten (Farb- bzw. Schwarz-Weiß-
  Reproduktion auf Drucksachen, Fax etc.),
- Flexibilität in der Anwendung (Größe, Platzierbarkeit).

▶ **Beispiel für die Wahrung der Selbstähnlichkeit bei der
   Markenbildung: „St. Moritz – Top of the World"**

Abb. 18: Logo des Kur- und Verkehrsvereins St. Moritz (Quelle: Engadin St.
Moritz Public Relations)

„Der magische Klang des Namens „St. Moritz – Top of the World" und
die Substanz dieser Marke vermitteln Sicherheit, Qualität, Leistungs-
konstanz, Vertrauen, Beständigkeit, Tradition, Kompetenz und Glaubwürdigkeit. [...]

Die St. Moritzer Markenzeichen Sonne und Schriftzug dienen seit über 80
Jahren zur Erkennung der weltweit bekanntesten Winterferien-Desti-
nation. [...] Die Sonne wurde bereits 1937 in vier Varianten gesetzlich ge-

schützt, der Schriftzug 1986 – als erster Ortsname der Welt, der als solcher registriert werden konnte. [...]

1987 kamen zu Sonne und Schriftzug die heraldischen St. Moritzer und „Ferienfarben" gelb und blau dazu sowie der Positionierungsslogan „Top of the World", der auf die International Management Group IMG (USA) zurückgeht. Dieses blieb unverändert bis 2010 im Einsatz. [...]

Im Rahmen einer neuen Markenstrategie wird im Juni 2010 das St. Moritzer Logo leicht aufgefrischt: Die berühmte St. Moritzer Sonne rückt künftig noch mehr ins Zentrum. Um die Einheit von Schriftzug, Sonne und Claim zu verdeutlichen, wird auf den trennenden Stich unter dem Schriftzug verzichtet. Die Wortmarke erstrahlt neu in edlem Dunkelblau" (⌘ www.stmoritz.ch/sommer/village/marke-geschichte/marke.html).

▶ **Weiterführende Lesetipps**

SCHIRMBECK, K. (2006): Markenbildung für Regionen. Dachmarkenkonzepte im deutschen Regionalmarketing, Stuttgart (Schriftenreihe der School of International Business; 1)

Die Autorin geht zunächst auf theoretische Aspekte der Markenbildung von Regionen ein (Definition, Rahmenbedingungen, Implementierung) und präsentiert dann Ergebnisse einer empirischen Studie, in der u. a. auch Hemmnisse und Erfolgsfaktoren erfasst wurden.

KURZHALS, F. G./LANGER, Chr. (Hrsg.; 2007): StadtLandMarke. Strategische Markenführung als Erfolgsfaktor im Location-Branding, Hamburg

Neben einigen grundlegenden Beiträgen zum Thema enthält der Reader zahlreiche Fallstudien zum Standortmarketing (Köln, Münster, Dresden, Mecklenburg-Vorpommern, Friuli Venezia Giulia, Schleswig-Holstein, Hamburg und Ruhrgebiet).

Generell dient die Markenbildung also dazu, eine Destination als unverwechselbare Wettbewerbseinheit auf dem Tourismusmarkt zu positionieren. Es reicht jedoch nicht aus, nur über einen derartigen medialen Leuchtturm zu verfügen; vielmehr muss die Destination ständig neue Signale aussenden und das damit verbundene Produkt- und Qualitätsversprechen auch einlösen.

Dazu steht ihr grundsätzlich das klassische Instrumentarium des Marketingmix zur Verfügung – die Kommunikations-, Leistungs-, Preis- und Distributionspolitik (vgl. Abb. 12). Allerdings sind die Handlungsmöglichkeiten einer Destination Management Company beschränkt, da es sich bei ihr um ein virtuelles Unternehmen handelt. So verfügt sie z. B. nicht über eigene Unterkunfts-, Verpflegungs- bzw. Transportkapazitäten, sondern koordiniert die Leistungen anderer

Betriebe (Hotels, Restaurants, Verkehrsunternehmen etc.); deshalb ist auch ihr Einfluss auf die Preisgestaltung sehr gering (vgl. Tab. 5).

Marketing-instrumente	Bedeutung für das Destinations-marketing	Einfluss der Destination Management Company	Marketing-instrumente
Kommu-nikation	groß (Wettbewerb um Aufmerksamkeit)	zahlreiche Handlungs-möglichkeiten (bei ausreichendem Budget)	▪ Werbung ▪ Information vor Ort ▪ Verkaufs-förderung ▪ Öffentlichkeits-arbeit
Leistung	sehr groß (anspruchsvolle, reiseerfahrene Gäste)	nur indirekte Einfluss-möglichkeiten (keine eigenen Angebotskapazitäten)	▪ Beratung der Leistungsträger ▪ Qualitäts-management ▪ Gästeinformation/ -betreuung
Distribution	groß (kurzfristige Reiseentscheidungen)	mittelgroß (Konkurrenz mit Buchungsplattformen und Reservierungs-systemen)	▪ Buchungen vor Ort ▪ eigenes Reservie-rungssystem ▪ Kooperation mit Reiseveranstaltern
Preis	unterschiedlich groß (bei Standard-produkten sehr groß)	sehr gering (nur indirekte Einfluss-möglichkeiten)	▪ Beratung der Leistungsträger (Preisdisziplin) ▪ Preisgestaltung für eigene Angebote

Tab. 5: Eine Destination Management Company verfügt über keine eigenen Angebots-kapazitäten, sondern koordiniert die Leistungen zahlreicher Einzelbetriebe. Im Marke-tingmix liegen ihre direkten Einflussmöglichkeiten deshalb vor allem in der Kommuni-kations- und Distributionspolitik (Quelle: eigene Darstellung auf der Grundlage von BIEGER 2008, S. 194-195).

Hinsichtlich der Instrumente des Marketingmix ergibt sich ein klares Ranking: Dabei steht die Kommunikationspolitik an erster Stelle, gefolgt von der Distri-butionspolitik. Die Leistungs- und die Preispolitik sind hingegen von nachgeordneter Bedeutung; in diesen Bereichen kann eine Destination Management Company allenfalls beratend tätig sein (vgl. BIEGER 2008, S. 194).

3.2.2 Kommunikationspolitik

Aufmerksamkeit erlangen (**A**ttention), Interesse wecken (**I**nterest), ein Bedürfnis schaffen (**D**esire) und eine Kaufhandlung auslösen (**A**ction) – im *AIDA-Modell* sind die Grundprinzipien der Kommunikationspolitik von Unternehmen formuliert worden. Das AIDA-Modell gilt auch für die Bearbeitung des touristischen Marktes (vgl. FREYER 2011a, S. 207-208); dabei steht jede Destination Management Company vor zwei Herausforderungen:

▨ Zum einen verfügt sie nur über *begrenzte finanzielle Mittel* für Werbemaßnahmen auf nationaler bzw. internationaler Ebene. Um Streuverluste zu vermeiden, muss sie also eine zielgerichtete und zielgruppenorientierte Kommunikationspolitik betreiben.

▨ Zum anderen sollte eine Destination innovative Formen der Kommunikation entwickeln, um sich – angesichts des generellen *Information Overload* – von anderen Wettbewerbern zu unterscheiden.

Generell können Destinationen ein breites Instrumentarium an *Informationsmaßnahmen* nutzen – von der Presse- und Öffentlichkeitsarbeit über die Online-Kommunikation bis hin zur Verkaufsförderung. Im Folgenden sollen einige Maßnahmen exemplarisch erläutert werden:

▨ *Kontinuierliche Presse- und Öffentlichkeitsarbeit:* „Wer nicht wirbt, der stirbt" – so hat der amerikanische Unternehmer Henry Ford (1863-1947) einmal auf drastische Weise die Grundregel der Kommunikationspolitik von Unternehmen formuliert. Auch Destinationen müssen in der öffentlichen Wahrnehmung ständig präsent sein und immer wieder auf sich aufmerksam machen – durch regelmäßige Pressemitteilungen, die zu Meldungen, Reportagen und Interviews führen. Darüber hinaus sollte versucht werden, auch zu den Kunden eine dauerhafte Beziehung aufzubauen und zu pflegen – z. B. durch den regelmäßigen Versand von Newslettern per E-Mail oder Briefpost. Dazu ist es notwendig, über die Kontaktdaten der Besucher zu verfügen, die u. a. durch Anfragen in der Tourist-Information, die Teilnahme an Preisausschreiben oder im Rahmen von Besucherbefragungen erfasst werden können.

▨ *Kreative Kommunikationsmaßnahmen:* Drei von vier Bundesbürger verfügten im Jahr 2012 über einen Internetzugang und knapp 74 % der Internetnutzer haben bereits Informationen über Urlaubsreiseziele im Internet gesucht (vgl. F. U. R. 2012, S. 82). Inzwischen gibt es wohl keine Destination mehr, die dieses kostengünstige, komfortable und schnelle Medium nicht verwendet, um potenzielle Kunden zu informieren, zu animieren und an das eigene Zielgebiet zu binden. Eine Website und ein elektronisches Gästebuch zählen bereits zu den klassischen Formen der Online-Kommunikation. Künftig wird es vor allem darum gehen, innovative Maßnahmen zu entwickeln, bei denen Informationen spielerisch und vor allem interaktiv vermittelt werden. Dabei sollten soziale Netzwerke wie *Facebook*, *Twitter* oder *Google plus* genutzt werden, die – aufgrund der persönlichen Empfehlungen der Nutzer – eine immer größere Bedeutung als indirekte Werbeträger erhalten (vgl. Abb. 19).

▶ **Beispiel für innovative Kommunikationsmaßnahmen: „Oberstaufen Tourismus Marketing GmbH"**

Abb. 19: „Laptop, iPad, Lederhosen" – unter diesem Motto hat Oberstaufen („Deutschlands digitalster Kurort") im Herbst 2012 den traditionellen Almabtrieb multimedial präsentiert. Per Videochat konnten sich acht Gäste aus aller Welt live in das Event einschalten; außerdem wurde das Geschehen via YouTube, Google plus und Facebook publik gemacht (Quelle: Oberstaufen Tourismus Marketing GmbH).

Der Bekanntheitsgrad und auch die Beliebtheit von Besucherattraktionen werden zunehmend im virtuellen Raum gesteuert. So erlangen z. B. *Reisebewertungsportale* eine immer größere Bedeutung – z. B. „Holidaycheck" (mit 12,9 Mio. Nutzern) und „Tripadvisor" (mit 6 Mio. Nutzern). Im Rahmen eines *Viral Marketing* können nicht nur die Touristen, sondern auch die Einheimischen als Multiplikatoren aktiviert werden. Darüber hinaus kann eine Destination Management Company weitere alternative Kommunikationsformen einsetzen – z. B. *Guerilla Marketing* (Kampagnen mit Happening-

Charakter), *Alternative Ambient Media* (ungewöhnliche Medienformate) und *Ambush Marketing* (Nutzung von Events anderer Anbieter zur Präsentation eigener Produkte; vgl. LANG/SCHRÖDER/SCHULER 2011; KAGERMEIER 2011; NIEMEYER 2012).

■ *Einsatz von Testimonials:* In der Konsumgüterindustrie setzen immer mehr Unternehmen in ihrer Kommunikationspolitik auf den Ausstrahlungseffekt von Prominenten aus Sport, Medien und Kultur: So stieg der Anteil von Werbespots mit Testimonials seit Anfang der 1990er Jahre von 3 % auf 15 % (vgl. FAZ, 04.11.2004). Die Tourismusbranche hat erst mit einem deutlichen Zeitverzug auf diesen Trend reagiert; Vorbilder waren dabei einige Reiseveranstalter – z. B. „Neckermann" mit Rudi Völler als Testimonial (2000) oder die „TUI AG" mit Joachim Löw als Protagonisten (2011). Gegenwärtig nutzt das Unternehmen „Unister", das u. a. die Buchungsplattformen „fluege.de" und „ab-in-den-Urlaub.de" betreibt, den hohen Bekanntheitsgrad von Reiner Callmund und Michael Ballack. Aufgrund des großen finanziellen Aufwands ist es für Destinationen schwierig, A-Prominente als Partner zu gewinnen (so investierte z. B. „Neckermann" mehrere Millionen Euro in die damalige TV-Kampagne). Für Destinationen besteht aber die Möglichkeit, spezielle Zielgruppen wie Mountainbiker, Wanderer, Skifahrer etc. anzusprechen, indem sie mit Persönlichkeiten kooperieren, die in den jeweiligen Szene bekannt sind – wie z. B. die österreichischen Tourismusorte Saalfelden und Leogang mit dem Mountainbiker Markus Pekoll oder die „Rheinland-Pfalz Tourismus GmbH" mit Manuel Andrack (TV-Moderator und Autor von Wanderbüchern) als Testimonial für ihr Produkt „WanderWunder" (vgl. Abb. 20). Aktuelle Studien zeigen, dass speziell Sportler als besonders glaubwürdig, ehrlich und authentisch gelten. Aufgrund ihrer Vorbildfunktion sind sie deshalb ideale Testimonials (vgl. MediaAnalyzer 2012).

■ *Auftritt auf Tourismusmessen:* Einen direkten Zugang zu den Konsumenten, aber auch zu Fachvertretern und Journalisten bieten Reise- und Tourismusmessen, auf denen Destinationen ihre Produktpalette präsentieren können. Zu den wichtigsten Veranstaltungen zählen die „Internationale Tourismus-Börse" (ITB) in Berlin (die weltweit größte Tourismusmesse), die „Reisen Hamburg", die „CTM" in Stuttgart und die „f.re.e" in München; außerdem gibt es zahlreiche Reise- und Verbrauchermessen auf regionaler Ebene. Darüber hinaus kann es zielführend sein, auf ausländischen Tourismusmessen vertreten zu sein: In deutschen Mittelgebirgsdestinationen (Eifel, Sauerland etc.) spielen niederländische und belgische Gäste eine wichtige Rolle. Um diese Quellmärkte besser zu erschließen, präsentiert z. B. die „Touristikzentrale Paderborner Land e. V." (Büren) ihre Produkte regelmäßig auf Messen in Amsterdam und Brüssel (⌂ www.paderborner-land.de). Angesichts der hohen Kosten von Messeauftritten ist es dabei sinnvoll, dass kleinere Destinationen mit anderen Anbietern kooperieren und sich auf Gemeinschaftsständen präsentieren.

Abb. 20: Die „Rheinland-Pfalz Tourismus GmbH" hat die große Popularität von Manuel Andrack (TV-Moderator und Autor von Wanderbüchern) dazu genutzt, Werbung für ihr Produkt „WanderWunder" zu machen (Quelle: Natalie Glatter www.wandermagazin.de).

▪ *Informationsmaßnahmen in der Destination:* Bei einem Teil der auswärtigen Gäste handelt es sich um Tagesausflügler und um Touristen, die sich spontan für einen Besuch entschieden haben (speziell im Städtetourismus). Um diese „vagabundierenden Zielgruppen" (vgl. BURI 2011, S. 250) über das aktuelle Angebot zu informieren und sie zu einem Besuch von Sonderausstellungen, Events etc. zu animieren, können Destinationen vielfältige Vor-Ort-Maß-nahmen einsetzen – z. B. Banner, Plakate und City-Light-Poster am Ortseingang, an Bahnhöfen und Flughäfen sowie in der Innenstadt, Auslage von Prospektmaterial in Tourist-Informationen, Hotels etc., Außenwerbung an Zügen, Bussen etc. sowie Replikate spektakulärer Exponate an zentralen Orten (vgl. Abb. 21).

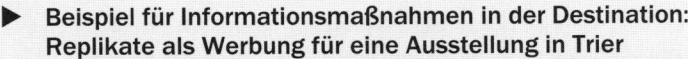

▶ **Beispiel für Informationsmaßnahmen in der Destination: Replikate als Werbung für eine Ausstellung in Trier**

Abb. 21: Replikat eines Exponats der Trierer Ausstellung „Konstantin der Große" (Quelle: eigenes Foto)

Im Jahr 2007 fand in Trier die Ausstellung „Konstantin der Große" statt. Während der Regierungszeit dieses römischen Kaisers (306-337) begann der Aufstieg des Christentums zur wichtigsten Religion im Imperium Romanum. Zu den zentralen Exponaten gehörten Teile einer 12 Meter hohen Büste aus Marmor. Die Veranstaltungsgesellschaft ließ Replikate des Kopfes und Fußes herstellen, die nicht nur im Trierer Stadtraum auf die Veranstaltung aufmerksam machten, sondern auch vor dem Brandenburger Tor in Berlin – ein ideales Fotomotiv für Tagesbesucher und Touristen. Aufgrund der professionellen Kommunikationspolitik wurde die Ausstellung ein großer Erfolg: Statt der prognostizierten 250.000 Besucher kamen mehr als 350.000 Gäste (vgl. KAGERMEIER 2010, S. 25-26).

Als wichtige Grundlage der Kommunikationspolitik dienen dabei regelmäßige Besucherbefragungen, in denen – neben der Zufriedenheit mit dem Angebot – auch die Motive und Interessen sowie vor allem die regionale Herkunft der Gäste erfasst werden (→ 3.2.6.1). Auf diese Weise kann der *Einzugsbereich der Destination* ermittelt werden, in dem eine effiziente Werbung betrieben werden kann. Außerdem können die Ergebnisse dazu genutzt werden, die Kommunikationspolitik thematisch exakt zu steuern – z. B. durch die direkte Information einzelner Zielgruppen oder durch die Ansprache von Fachjournalisten.

Um eine erfolgreiche Kommunikationspolitik betreiben zu können, benötigt eine Destination Management Company jedoch nicht nur ein entsprechend großes Budget zur Durchführung der einzelnen Maßnahmen, sondern vor allem attraktive Produkte – von spektakulären Sehenswürdigkeiten und herausragenden Events über ein breites Angebot an Übernachtungs- und Verpflegungsmöglichkeiten bis hin zu hochwertigen Freizeit- und Kultureinrichtungen.

Da an der Bereitstellung dieser Produkte zahlreiche Unternehmen und Organisationen beteiligt sind, fungiert eine Destination Management Company in der Leistungspolitik vor allem als Impulsgeber und Berater. Allenfalls bei der Gästeinformation (→ 3.2.3.2), der Gästebetreuung (→ 3.2.3.3) und der Zusammenstellung von *Packages/Pauschalangeboten* (→ 3.2.3.4) kann sie selbst unternehmerisch tätig werden.

3.2.3   Leistungspolitik

Was können wir unseren Gästen bieten? Um diese einfache Frage geht es bei der Konzeption touristischer Produkte im Rahmen der Leistungspolitik. Um sie zu beantworten, ist zunächst eine selbstkritische *Bestandsaufnahme* des eigenen Angebots notwendig. Dazu bedarf es eines Perspektivwechsels, denn von entscheidender Bedeutung sind die Erwartungen der potenziellen Nachfrager – und nicht die Sichtweise der Anbieter (in der Tourismusberatung gibt es dazu den treffenden Satz: „Das Heu muss der Kuh schmecken und nicht dem Bauern").

Das touristische Angebot setzt sich aus mehreren Elementen zusammen (vgl. STEINGRUBE 2007, S. 444-446; EISENSTEIN 2010, S. 119-125; Abb. 22):

▪ Neben der geographischen Lage stellt vor allem die *naturräumliche Ausstattung* das Basispotenzial jeder touristischen Entwicklung dar (mit Ausnahme kommerzieller Erlebnis- und Konsumwelten, die weitgehend standortungebunden sind). Die grundsätzlichen Positionierungs- und Handlungsmöglichkeiten einer Destination werden weitgehend durch Faktoren wie Klima, Landschaft, Vegetation etc. bestimmt – z. B. hinsichtlich der Erreichbarkeit (bei Binnenstandorten oder Inseln), der Tourismusformen (im Bade- oder Wintersporttourismus) oder der Saisonalität (ein- oder zweisaisonale bzw. Ganzjahres-Destinationen).

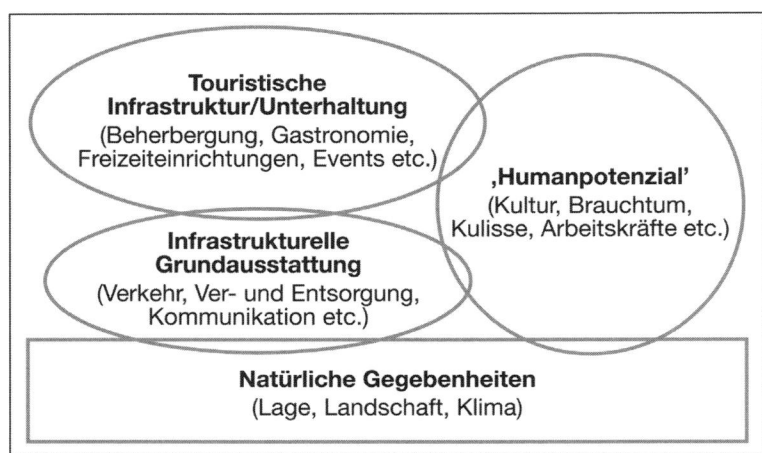

Abb. 22: Grundlage der leistungspolitischen Maßnahmen einer Destination ist eine Bestandsaufnahme der eigenen touristischen Standortfaktoren; dazu gehört die natürliche und infrastrukturelle Ausstattung, das Humanpotenzial sowie das spezielle touristische Angebot (Quelle: eigener Entwurf nach STEINGRUBE 2007, S. 444; Grafik: P. Blank).

▓ Zum Basisangebot gehört auch die *generelle Infrastruktur* in Form technischer, kultureller und sozialer Einrichtungen, die grundsätzlich für die einheimische Bevölkerung bereitgestellt wurden, aber nun auch von Touristen genutzt werden (z. B. Verkehrswege, Kultur- und Bildungseinrichtungen, Ver- und Entsorgungseinrichtungen).

▓ Außerdem ist das *Humanpotenzial* als wichtiger touristischer Standortfaktor zu nennen: Einerseits können Kultur, Brauchtum und Sprache der Bevölkerung als besondere Attraktionen dienen; andererseits sind die Einheimischen zentrale Akteure innerhalb der touristischen Entwicklung – als Arbeitskräfte und als Unternehmer.

▓ Darüber hinaus muss dieses urprünglich vorhandene Angebot durch spezifische Einrichtungen für auswärtige Besucher ergänzt werden. Zum sog. *abgeleiteten Angebot* zählen Unterkunft- und Verpflegungsbetriebe, Sport- und Vergnügungseinrichtungen, Thermenanlagen etc.

Die Bestandsaufnahme des eigenen Angebots kommt in vielen deutschen Destinationen zu einem vergleichbaren Ergebnis: Fast alle verfügen über landschaftliche Attraktionen, Rad- und Wanderwege, Schwimmbäder und Minigolfplätze sowie kulturelle Sehenswürdigkeiten (Burgen, Kirchen, Museen etc.) – und nahezu überall finden sich auch Hotels und Restaurants. Touristische Zielgebiete sind deshalb lange Zeit wie *Gemischtwarenläden* aufgetreten: In der Werbung haben sie die Breite ihres Angebots betont, um möglichst viele Zielgruppen anzusprechen (Wanderer, Kultururlauber, Familien, Senioren etc.). Diese undifferenzierte Vorgehensweise hat aber zu einer großen *Austauschbarkeit von Destinationen* geführt, denn inzwischen gibt es einfach viel zu viele Regionen, die sich um die gleichen Gästegruppen bemühen bzw. in denen man beliebte Urlaubsaktivitäten ausüben kann.

Angesichts des zunehmenden Wettbewerbs auf dem Tourismusmarkt kommt es aber immer mehr darauf an, ein eigenes *Profil* zu entwickeln und sich mit Hilfe einer klaren strategischen Ausrichtung von anderen Anbietern zu unterscheiden (Qualitäts- oder Preisführerschaft, Nischenstrategie; vgl. Tab. 4). Dabei steht die Frage im Mittelpunkt: *Was können wir besonders gut?* – und nicht: Was können wir alles?

3.2.3.1 Themenmarketing von Destinationen

Destinationen sollten sich in ihrer Leistungspolitik also auf wenige Schwerpunkte konzentrieren (*Produkt-Markt-Kombinationen*), für die sie aufgrund ihrer gesamten Angebotsstruktur besonders gut geeignet sind (*Kernkompetenzen*) und in denen ein hohes Nachfragepotenzial besteht. An zwei Beispielen soll das *Themenmarketing von Destinationen* erläutert werden:

- Seit 2009 verfügt das Bundesland *Nordrhein-Westfalen* über den „Masterplan Tourismus", in dem vier zentrale Themenbereiche definiert wurden: Business, Gesundheit, Kultur und Sport/Aktiv. Parallel dazu konnten fünf wachstumsstarke Zielgruppen abgegrenzt werden, die sich speziell für diese touristischen Themen interessieren: junge Singles und Paare, erwachsene Paare, Familien und aktive sowie bodenständige Best Ager. In einem weiteren Schritt wurden für jede Zielgruppe spezifische Angebote vorgeschlagen – im Themenbereich „Sport" z. B. Outdoor-Events und Funsport für junge Paare und Singles, Fahrrad fahren und Golf spielen für erwachsene Paare sowie Wandern und Nordic Walking für die aktiven Best Ager (vgl. Tourismus NRW 2009). Durch die Konzentration auf wenige Geschäftsfelder und Zielgruppen können die vorhandenen Ressourcen effizient genutzt werden; außerdem kann sich Nordrhein-Westfalen in diesen Themenfeldern klarer profilieren.

- Die *„Bayern Tourismus Marketing GmbH"* (München) hat u. a. die Produktlinie *„Kinderland®-Bayern"* entwickelt, mit der Familien als Zielgruppe angesprochen werden sollen. Unter dieser Marke betreibt sie Werbung für familienfreundliche Unterkunftsbetriebe, Freizeiteinrichtungen und Tourismusorte, die insgesamt 85 Qualitätskriterien erfüllen müssen; der jeweilige Standard wird den Kunden durch drei bis fünf Bärchen-Symbole signalisiert. Die Zielgruppe der

kulturinteressierten Urlauber wird mit den „*Sightsleeping*®*-Hotels*" angesprochen; diese Unterkunftsbetriebe müssen besondere ästhetische Lage- und
Ausstattungsmerkmale aufweisen – nach dem Motto „Schlafen für Augen-
menschen". Weitere bayerische Produktlinien sind die Wellnessmarke „*Well-
Vital*® " und die Tagungsmarke „*Gipfeltreffen*® " (vgl. ADAM/SPANTIG 2009).

Die Beispiele zeigen, dass Destinationen bei ihrem Themenmarketing generell
auf die vorhandene naturräumliche bzw. infrastrukturelle Ausstattung zurückgreifen können. Als besonders geeignet erweist sich aber *Kultur* als touristische
Ressource, da es sich bei historischen Bauwerken sowie kulturellen Einrichtungen und Traditionen in der Regel um authentische, einzigartige und damit nicht
austauschbare Attraktionen handelt. Erfahrungsgemäß stoßen folgende Themen
bei einem breiteren Publikum auf besonders großes Interesse (vgl. STEINECKE
2013, S. 51-52):

▦ *Lokale bzw. regionale Besonderheiten:* Zwei von drei Bundesbürgern interessieren
   sich für die Kultur ihrer Ferienregion. Destinationen sind deshalb gut beraten, wenn sie ihre lokalen bzw. regionalen Besonderheiten in Kunst, Musik
   bzw. Wirtschaft herausstellen – z. B. antike Relikte, ländliches Brauchtum,
   typische Agrarprodukte oder das industriekulturelle Erbe (vgl. Abb. 23). Speziell die regionale Baukultur wird zunehmend als Erfolgsfaktor einer nachhaltigen Tourismusentwicklung betrachtet (vgl. ROMEIß-STRACKE 2008; PECH-
   LANER/SCHÖN 2010).

▦ *Historische Ereignisse und kunstgeschichtliche Epochen:* Aus touristischer Sicht sind
   vor allem spektakuläre Geschehnisse von Interesse (Kongresse, Schlachten,
   Hochzeiten etc.), die eine große politische Bedeutung hatten oder mit denen
   ungewöhnliche Geschichten verbunden sind (*Storytelling-Prinzip*). Ähnliches
   gilt für das kunstgeschichtliche Erbe, bei dessen Vermittlung auf das Einmalige und Ungewöhnliche abgehoben werden sollte.

▦ *Leben und Wirken berühmter Persönlichkeiten:* „Die aufregendste Sehenswürdig-
   keit für Menschen ist immer noch der Mensch" – nach diesem Motto können
   Destinationen auch thematische Produkte zu bedeutenden historischen Persönlichkeiten (Literaten, Musiker, Maler, Politiker etc.), aber auch Stars der
   Pop-Kultur entwickeln.

► **Beispiel für ein kulturtouristisches Themenmarketing: die Markensäulen in Sachsen-Anhalt**

Abb. 23: Logo der Markensäule „Gartenträume®" in Sachsen-Anhalt (Quelle: Gartenträume – Historische Parks in Sachsen-Anhalt e. V.)

Das Bundesland Sachsen-Anhalt verfügt über ein breites Spektrum an kulturtouristischen Ressourcen – u. a. historische Altstadtquartiere, Kirchen und Klöster, Park- und Gartenanlagen sowie Erinnerungsorte der Barockmusik. Um dieses umfangreiche und vielfältige Angebot klarer zu profilieren und besser kommunizieren zu können, wurden mehrere Markensäulen definiert, deren Bezeichnung rechtlich geschützt ist:

■ *„Straße der Romanik®"*: Unter diesem Begriff wurde seit 1992 eine kulturtouristische Themenstraße konzipiert (die erste in den Neuen Bundesländern), mit der bedeutende Denkmäler der Romanik in mehreren Routen miteinander verknüpft werden (Burgen, Klöster, Kirchen etc.).

■ *„Gartenträume®"*: In Sachsen-Anhalt finden sich ca. 1.000 denkmalgeschützte Garten- und Parkanlagen (u. a. die UNESCO-Welterbestätte „Gartenreich Dessau-Wörlitz"), die seit 2006 gemeinsam vermarktet werden. Sie verzeichnen jährlich mehr als 2,5 Mio. Besucher.

■ *„Himmelswege®"*: Diese Themenstraße führt zu vier archäologisch bedeutenden Orten – u. a. nach Nebra (dem Fundort einer 3.600 Jahre alten Bronzescheibe) und Goseck mit einem rekonstruierten steinzeitlichen Sonnenobservatorium (vgl. ANTZ 2011; www. www.sachsen-anhalt-tourismus.de/xxl/de).

Diese kulturellen Themen können entweder als dauerhafte *Produktlinien* angeboten werden (wie die kulturtouristischen Markensäulen in Sachsen-Anhalt) oder in Form zeitlich begrenzter *Events* und *Kampagnen*:

▦ *Events*: Mit der Durchführung thematischer Events können Destinationen auf dem Tourismusmarkt immer wieder Aufmerksamkeit erzeugen – und damit neue Gäste gewinnen bzw. frühere Urlauber zu einem erneuten Besuch animieren. Destination sollten sich also generell als *Bühnen* verstehen, auf denen – neben dem Standardprogramm (Sehenswürdigkeiten, Museen etc.) – immer wieder neue Stücke aufgeführt werden: Sonderausstellungen, Festspiele und Festivals, Open-Air-Konzerte sowie Kunst-, Traditions- und Brauchtumsveranstaltungen (Fasnet, Almabtrieb etc.). Typische Merkmale von Events sind u. a. die Einmaligkeit (im Sinne des Einzigartigen), die Einbeziehung der Teilnehmer und der positive Erinnerungswert für die Besucher (vgl. HOLZBAUR u. a. 2005, S. 6).

▶ **Beispiel für ein touristisches Event:**
   „Bundesgartenschau 2011 – Koblenz verwandelt"

Abb. 24: Der TV-Entertainer Thomas Gottschalk zu Besuch auf der Bundesgartenschau 2011 in Koblenz (Quelle: Buga Koblenz 2011 GmbH)

Im Jahr 2011 fand in Koblenz die „Bundesgartenschau" (BUGA) statt; diese Events werden seit 1951 in zweijährigem Turnus an unterschiedlichen Standorten durchgeführt. Sie dienen dazu, die Leistungsfähigkeit der Gartenbauwirtschaft zu präsentieren, zusammenhängende Grün- und Erholungsflächen zu schaffen und einen Beitrag zur Umweltinformation der Besucher zu leisten. Die Veranstaltungsorte können sie nutzen, um ihren Bekanntheitsgrad zu steigern, zusätzliche Einnahmen aus dem Tagesausflugsverkehr und Tourismus zu erwirtschaften und lokale Infrastrukturmaßnahmen zu finanzieren (vgl. Kobernuß 2005). Die BUGA in Koblenz war ein voller Erfolg: Statt der prognostizierten 2 Mio. Besucher kamen 3,6 Mio. Gäste. Die Stadt Koblenz, aber auch benachbarte Tourismusorte verzeichneten eine deutliche Steigerung der Übernachtungszahlen (⌖ www.buga2011.de).

Selbst wenn die Organisation von Events mit einem großen Aufwand verbunden ist, kann eine Destination Management Company auch einen beträchtlichen Nutzen daraus ziehen – direkt durch eine Steigerung des Bekanntheitsgrades, der Gästezahlen und der Einnahmen; indirekt durch die regionalen Gesamtwirkungen, denn Events tragen zur Imageverbesserung bei, beleben die lokale Wirtschaft und erhöhen die Attraktivität (auch für die einheimische Bevölkerung). Eine Destination Management Company kann u. a. auf diese monetären und nicht-monetären Effekte verweisen, um ihre Arbeit gegenüber politischen Akteuren und privatwirtschaftlichen Partnern zu legitimieren (vgl. STEINECKE 2013, S. 108).

■ *Kampagnen:* Während Events zumeist nur wenige Tage dauern, handelt es sich bei Kampagnen um ein- bzw. mehrjährige Veranstaltungsreihen zu einem bestimmten Thema. An diesen Marketingaktionen nehmen zahlreiche touristische Betriebe, aber auch Akteure aus Wirtschaft, Kultur und Gesellschaft teil. Initiative, Koordination und Organisation liegen in Händen der Destination Management Company. Bereits seit Mitte der 1980er Jahre haben vor allem ländliche Destinationen thematische Kampagnen durchgeführt – z. B. Ostbayern mit dem „Asam-Jahr" oder dem „Bauernjahr", Schleswig-Holstein mit dem „Schleswig-Holstein Musik-Festival" oder das Münsterland mit dem „Westfälischen Jahrzehnt". Auf nationaler Ebene organisiert die „Deutsche Zentrale für Tourismus" (DZT) regelmäßig Jahreskampagnen zu unterschiedlichen Themen. Wesentliche Erfolgsfaktoren von Kampagnen sind die zentrale Steuerung durch *eine* Organisation, die Nutzung von Synergieeffekten, die Einbeziehung der Bevölkerung, die marktgerechte Aufbereitung des Themas sowie die partielle Finanzierung durch Sponsoren (vgl. STEINECKE 2007, S. 242-245). Die Organisation von Kampagnen und Events zählt zu den klassischen *Netzwerk-Aufgaben* einer Destination Management Company (→ 3.3).

▶ **Beispiel für touristische Kampagnen: die Themenjahre der „Deutschen Zentrale für Tourismus" (DZT), Frankfurt a. M.**

Die „Deutsche Zentrale für Tourismus" (DZT) wirbt im Auftrag der Bundesregierung für das Reiseland Deutschland im Ausland; sie arbeitet seit langem mit dem Konzept der Themenjahre. Durch eine Bündelung regionaler Angebote und spezielle Werbemaßnahmen wird der Fokus der internationalen Aufmerksamkeit in diesen Kampagnen jeweils auf touristische Besonderheiten der Destination Deutschland gelenkt – z. B. „Geschäftsreiseziel Deutschland" sowie „Weinkultur und Natur in Deutschland" (2012), „Junges Reisen nach Deutschland" (2013) und „UNESCO-Welterbe in Deutschland" (2014). Für Bundesländer, regionale Destinationen und einzelne Anbieter aus Tourismus, Kultur und Wirtschaft stellen die Themenjahre eine Möglichkeit dar, sich im Verbund mit anderen Akteuren auf Auslandsmärkten erfolgreich zu positionieren (🖰 www.germany.travel/de).

▶ **Weiterführender Lesetipp**

PECHLANER, H./FISCHER, E. (Hrsg.; 2009): Strategische Produktentwicklung im Standortmanagement. Wettbewerbsvorteile für den Tourismus, Berlin

Im ersten Teil des Sammelbandes beschäftigen sich mehrere Beiträge mit den theoretischen Grundlagen der strategischen Produktentwicklung von Regionen. Im zweiten Teil werden Fallstudien vorgestellt (u. a. Bayern, Österreich und die Eifel). Abschließend finden sich praxisorientierte Checklisten (Wertorientierung, Akteure, Marketingstrategien etc.).

Beim Themenmarketing kann eine Destination Management Company allenfalls als kreativer Ideengeber, kompetenter Berater und verlässlicher Koordinator fungieren. Ihr eigenes unternehmerisches Handlungsfeld beschränkt sich auf die Information und Betreuung der Gäste sowie die Konzeption von Packages/Pauschalpaketen.

3.2.3.2   Tourist-Information

Für Tagesausflügler und Urlauber, die sich spontan zu einer Reise entschlossen haben, ist die lokale *Tourist-Information* häufig die erste Anlaufstelle. Dort erhalten sie z. B. kostenlose Beherbergungsverzeichnisse und Stadtpläne, aktuelle Flyer zu Sehenswürdigkeiten, Ausstellungen, Events etc. und eine persönliche Beratung. Außerdem können sie Unterkünfte buchen sowie Tickets und Souvenirs erwerben.

Da die Tourist-Information häufig am Anfang der touristischen Leistungskette steht, sollte eine Destination Management Company darauf achten, dass dieser erste Eindruck besonders positiv ausfällt. Es geht darum, das gesamte Konzept einer Tourist-Information aus *Sicht der Gäste* zu entwickeln; dabei sind folgende Aspekte zu berücksichtigen (vgl. BOERGEN/GLADOW/NOLL 2011, S. 10.1):

- eine klare Ausschilderung innerhalb der Destination,
- eine freundliche äußere Gestaltung (Fassade, Blumenschmuck etc.),
- eine angenehme Atmosphäre (Farben, Licht, Spiel-Ecke für Kinder etc.),
- ein umfangreiches Informationsangebot (Prospekte, Flyer, Touch Screens etc.)
- freundliche und hilfsbereite Mitarbeiter (möglichst mehrsprachig),
- kundengerechte Öffnungszeiten (auch an Wochenenden).

Abb. 25: Zertifizierte Tourist-Information in Überlingen (Quelle: eigenes Foto)

Um den Gästen die hohe Qualität einer Tourist-Information zu signalisieren und einheitliche Standards zu garantieren, hat der „Deutsche Tourismusverband" (DTV) bereits im Jahr 1961 die *„i-Marke"* eingeführt. Diese Auszeichnung erhält eine Tourist-Information nur, wenn sie 15 Mindestkriterien und 49 weitere Anforderungen erfüllt.

Dazu zählen zum einen infrastrukturelle Merkmale – z. B. Pkw-Parkplätze und öffentlich zugängliche Toiletten in der Nähe sowie die barrierefreie Erreichbarkeit. Zum anderen werden die räumliche Ausstattung, die Qualifizierung der Mitarbeiter und die Beratungsleistungen überprüft. Die Auszeichnung *„i-Marke"* wird jeweils nur für drei Jahre vergeben; dann muss sich die Tourist-Information erneut dem umfangreichen Check unterziehen (www.deutschertourismusverband.de/klassifizierung/i-marke).

Für eine Destination Management Company ist die Tourist-Information nicht nur ein wichtiger *Point-of-Information,* sondern zunehmend auch ein unverzichtbarer *Point-of-Sale:* In den letzten Jahren sind viele öffentliche Fremdenverkehrsämter/-vereine in privatwirtschaftliche Marketingorganisationen umgewandelt worden (mit der Rechtsform einer Gesellschaft mit beschränkter Haftung). Selbst wenn diese neuen Unternehmen weiterhin hohe Zuschüsse der Städte und Gemeinden erhalten, so stehen sie doch unter dem Druck, einen Teil ihres Budgets selbst zu erwirtschaften.

Abb. 26: Durch den Verkauf von Souvenirs kann eine Destination Management Company neue Einnahmequellen erschließen; damit wird sie unabhängiger von öffentlichen Fördermitteln. So bietet z. B. die Lutherstadt Wittenberg in ihrem Souvenirshop zahlreiche Merchandising-Artikel an – u. a. die „Luthersocke" (Quelle: Tourist-Information Lutherstadt Wittenberg).

Neue Einnahmequellen sind dabei *Provisionen,* die bei der Buchung von Unterkünften und Tickets erhoben werden, sowie Erlöse aus dem Verkauf von Souvenirs und regionalen Produkten (vgl. Abb. 26). Aufgrund dieser unternehmerischen Tätigkeit kann es allerdings zu Konflikten mit dem lokalen Einzelhandel und Incoming-Agenturen kommen, weil eine Destination Management Company nun als direkter Konkurrent auftritt (und sich nicht mehr auf Informations- und Koordinationsleistungen beschränkt).

3.2.3.3   Gästebetreuung/-führungen

Zum leistungspolitischen Kerngeschäft einer Destination Management Company gehört – neben dem Betrieb der Tourist-Information – auch die Betreuung der Gäste vor Ort. Dazu zählen u. a.:

- die Begrüßung neuer Urlauber,
- die Ehrung langjähriger Stammgäste,
- die Koordination bzw. Durchführung von Ausstellungen und Unterhaltungsveranstaltungen (Trachten- und Shanty-Abende, Blaskonzerte, Tanzveranstaltungen etc.),
- die Organisation von Gästeführungen.

Durch eine intensive Betreuung wird das Urlaubserlebnis der Gäste gesteigert, die Kundenbindung gestärkt und die Wiederbesuchsabsicht gefördert; außerdem fungieren begeisterte Gäste als glaubwürdige (und kostenlose) Multiplikatoren.

▶ **Beispiel für Gästebetreuung: Langenargen am Bodensee**

Die Tourist-Information in Langenargen am Bodensee kümmert sich intensiv um Erstbesucher und langjährige Stammgäste. Einmal wöchentlich findet eine offizielle Begrüßung statt – verbunden mit einem kurzen Rundgang durch den Ort und einer kleinen Stärkung. Außerdem werden langjährige Besucher im Rahmen der Gästebegrüßung geehrt:

„In dieser Woche konnte Herr Frank Jost, Leiter der Tourist-Information in Langenargen, Gäste ehren, die ihren 10. und 25. Aufenthalt in Langenargen verbrachten. Als Dankeschön erhielten die Gäste Blumen, Bodensee-Wein, eine Langenargen DVD, ein Langenargen Badetuch und einen Gutschein vom Langenargener Museum. [...]

Willi und Gisela Ploeger aus Wülfrath sind zum 25. Mal in Langenargen. „Wir genießen das schöne Wetter am Bodensee und unternehmen gerne eine Schifffahrt", so Frau Ploeger" (⌖ www.langenargen-tourismus.de/veranstaltungen/regelmaessigeveranstaltungen/gaesteehrung.html).

Innerhalb der Gästebetreuung spielen *Gästeführungen* eine zentrale Rolle (speziell im Städtetourismus). Sie bieten nicht nur die Chance, die Besucher auf unterhaltsame Weise über die Geschichte und Kultur der Zielregion zu informieren, sondern können auch dazu genutzt werden, eine persönliche, emotional geprägte *Beziehung der Gäste zur Destination* zu schaffen.

Da die Urlauber inzwischen über breite Reiseerfahrungen verfügen und kundenorientierte Angebote kennengelernt haben (vor allem in den angloamerikanischen Ländern), sind ihre Ansprüche auch in diesem Bereich gestiegen – und zugleich differenzierter geworden.

Eine Destination Management Company sollte deshalb neben den üblichen *Überblicksführungen,* die vor allem für Erstbesucher von Interesse sind, ein breites Spektrum an *Führungen zu speziellen Themen* konzipieren. Auf diese Weise können unterschiedliche Alters- und Neigungsgruppen angesprochen und damit neue Märkte erschlossen werden; außerdem wird ein zusätzlicher Anreiz geschaffen, die bereits bekannte Destination erneut zu besuchen.

Abb. 27: Stadtrundfahrt mit Oldtimerzug in der slowakischen Hauptstadt Bratislava (Quelle: eigenes Foto)

In zahlreichen Städten sind in letzter Zeit *neue Modelle der Informationsvermittlung* entwickelt worden – sowohl hinsichtlich der Themen als auch der Methoden (vgl. WEIER 2005, S. 245-252; STEINECKE 2007, S. 302-304); dazu zählen:

- *thematische Innovationen bei Gästeführungen:*
  - ungewöhnliche Schauplätze (Katakomben, Kanalisationssysteme etc.),
  - außergewöhnliche Zeiten (Nacht- bzw. Vollmondführungen etc.),
  - Lebenswelten sozialer bzw. religiöser Gruppen (Arbeiter, Juden etc.)
  - unterschiedliche Fachgebiete (Architektur, Literatur, Ökologie etc.);

methodisch-didaktische Innovationen bei Gästeführungen:
- Aktivierung der Teilnehmer (Rallyes, kriminalistische Führungen etc.),
- Ansprache aller Sinne (haptische Führungen, Jogging-Führungen etc.),
- bestimmte Zielgruppen (Kinder, Teenager, Blinde etc.),
- animative Elemente (Kostüm- bzw. Dialektführungen);

technische Innovationen bei Führungen:
- unterschiedliche Transportmittel (Segway, Oldtimer etc.; vgl. Abb. 27),
- neue Kommunikationsmittel (CD- bzw. GPS-Führungen etc.).

▶ **Weiterführender Lesetipp**

SCHMEER-STURM, M.-L. (2012): Reiseleitung und Gästeführung. Professionelle Organisation und Führung, München

Wie lassen sich Führungen spannend und kommunikativ gestalten? Wie können die Inhalte auf unterschiedliche Zielgruppen angepasst werden? Diese Fragen werden in dem Standardwerk umfassend und anschaulich beantwortet.

3.2.3.4   Packages

Ein wesentliches Merkmal von Destinationen ist die Bereitstellung einer Vielzahl an touristischen Leistungen, die von unterschiedlichen Anbietern erbracht werden (→ 1.1). Um den potenziellen Gästen die Auswahl zu erleichtern, kann eine Destination Management Company mehrere Angebotselemente in Form von *Packages/Pauschalangeboten* bündeln. Neben der Bequemlichkeit bieten solche Gesamtpakete den Kunden zumeist auch einen Preisvorteil. Mit dieser Tätigkeit übernimmt eine Destination Management Company die Funktionen eines typischen Reiseveranstalters.

▶ **Definition**

Pauschalreise: „Reise, die von einem Reiseveranstalter organisiert wird und in der Regel aus einer Kombination von Transport-, Unterkunfts- und Verpflegungsleistungen besteht, die als ein Paket gebucht wird [...]. Dabei werden die Preise für die einzelnen Leistungen i. d. R. nicht getrennt ausgewiesen, sondern die Reise wird nur zu einem Pauschalpreis verkauft" (FUCHS/MUNDT/ZOLLONDZ 2008, S. 508).

Bei der *Konzeption von Packages* sind mehrere Aspekte zu berücksichtigen (vgl. BIEGER/BERITELLI 2013, S. 226-227):

- Zu den *organisatorischen Elementen* gehören die Buchungsart (Direktbuchung bzw. via Reisebüro bzw. Reiseveranstalter), der Buchungszeitpunkt sowie die einzelnen touristischen Leistungen.
- Die *wirtschaftlichen Elemente* umfassen den Reisepreis sowie Buchungskosten und Provisionen.
- Darüber hinaus gibt es *rechtliche Bestandteile*: Haftung, Rücktrittsrecht, Garantien.
- Schließlich sind *soziale Elemente* zu beachten – z. B. Beratung, Betreuung, Gruppengröße etc.

▶ **Beispiel für ein klassisches Pauschalangebot einer Destination: „Schinkel in Berlin"**

Anlässlich einer großen Sonderausstellung hat die „Berlin Tourismus & Kongress GmbH" im Winter 2012/13 ein Package angeboten, das in mehreren Varianten gebucht werden konnte (mit Übernachtung in Hotels unterschiedlicher Kategorien):

„Erleben Sie die Ausstellung „Karl Friedrich Schinkel – Geschichte und Poesie" in Berlin

Sehen und bestaunen Sie die Künste von Karl Friedrich Schinkel im Kupferstichkabinett! Berlin feiert das Allroundgenie als Architekten, Zeichner, Bühnenbildner und Designer mit 300 Exponaten in einer einzigartigen Schau. [...] Mit dem Pauschalangebot „Schinkel in Berlin" erhalten Sie:

- 1 Übernachtung inkl. Frühstück
- freie Fahrt für 48 Stunden mit S- und U-Bahn
- mindestens 25 % Ermäßigung bei mehr als 200 Berliner Sehenswürdigkeiten wie Theatern, Museen, Opern, Stadt- oder Schiffsrundfahrten, Zoologischem Garten, Restaurants und vielen weiteren Attraktionen
- 1 Eintrittskarte mit bevorzugtem Einlass in die Sonderausstellung „Karl Friedrich Schinkel – Geschichte und Poesie" am zweiten Reisetag um 11 Uhr sowie in das Kulturforum

Entdecken Sie Schinkel – als einflussreichsten Stadtplaner von Berlin!

Ab 89 € pro Person im DZ"

(🖰 www.visitberlin.de/de/artikel/schinkel-in-berlin).

Eine Destination Management Company kann nicht nur klassische Packages entwickeln (die aus einem festgelegten Gesamtpaket bestehen), sondern auch mit einem *Baukastensystem* arbeiten, bei dem die Konsumenten die Reise nach ihren eigenen Vorstellungen aus einem Set an standardisierten Bausteinen zusammenstellen. Diese flexible Angebotsform entspricht dem Wunsch der Urlauber nach mehr Flexibilität und Individualisierung, aber auch nach Preistransparenz und Berechenbarkeit (→ 2.2).

3.2.4   Distributionspolitik

Wie können die Konsumenten unsere Leistungen kaufen – also Unterkünfte, Gästeführungen, Pauschalangebote etc. buchen bzw. Merchandising-Artikel und Tickets erwerben? Um diese Frage geht es bei der Distributionspolitik einer Destination Management Company.

Generell lassen sich drei Vertriebswege unterscheiden: der *Direktvertrieb* an den Endkunden, der *indirekte Vertrieb* über Reisemittler bzw. -veranstalter sowie einzelne *Verkaufsförderungsaktionen* (vgl. LUFT 2007, S. 363-371; HAUSMANN 2011, S. 57-58).

3.2.4.1   Direktvertrieb

Beim direkten Vertrieb verkauft eine Destination Management Company ihre Leistungen an die Endverbraucher, ohne einen Mittler einzuschalten. Traditionell hat sie sich auf die Vermittlung von Unterkünften sowie den Verkauf von Tickets und Informationsmaterial (Karten, Reiseführer etc.) in der lokalen Tourist-Information beschränkt.

Mit der rasanten Verbreitung des Internets sind neue Möglichkeiten entstanden, touristische Leistungen auf regionaler, nationaler und internationaler Ebene abzusetzen. Neben dem stationären Internet werden künftig mobile Websites und Applications (Apps) für Smartphones eine immer größere Rolle spielen, denn speziell jüngere Urlauber wollen sich während der Reise nicht nur über das aktuelle Angebot informieren, sondern auch spontan Buchungen und Einkäufe tätigen. Dabei werden sie sich auf die Empfehlungen von Freunden und Bekannten verlassen, mit denen sie in sozialen Netzwerken wie Facebook, Twitter, Google plus etc. kommunizieren.

Um diese neuen Absatzwege erfolgreich nutzen zu können, müssen die umfassenden Ansprüche der Kunden adäquat befriedigt werden: ein richtiges Maß an Information und Service, Transparenz, Schnelligkeit, Einfachheit, niedrige Gebühren, Sicherheit bei der Buchung sowie eine zeitliche und örtliche Ungebundenheit (vgl. BURZINSKI 2012; NIEMEYER 2012).

Für eine Destination Management Company sind Aufbau, Pflege und Betrieb eines elektronisch gestützten *Informations- und Reservierungssystems (IRS)* mit einem hohen finanziellen und organisatorischen Aufwand verbunden. Vor allem in der Anfangsphase müssen dabei Widerstände einzelner Leistungsträger überwunden werden; speziell Inhaber von preisgünstigen Unterkünften (Pensionen, Privatzimmer etc.) tun sich häufig schwer damit, Provisionszahlungen für Buchungsleistungen zu entrichten.

Gleichzeitig muss es aber Ziel einer Destination Management Company sein, im Unterkunftsverzeichnis bzw. auf der Website ein *möglichst umfangreiches Angebot* präsentieren zu können – und nicht nur als Notlösung zu dienen, wenn die Gäste bei der direkten Suche nach einer Unterkunft erfolglos waren.

Außerdem muss die Destination Management Company sicherstellen, dass das lokale bzw. regionale Informations- und Reservierungssystem (IRS) den Kunden die Möglichkeit bietet, nicht nur allgemeine Informationen zu erhalten sowie Vakanzanfragen durchzuführen können, sondern online auch verbindliche Buchungen und Bezahlungen vorzunehmen. Eine empirische Studie in Niedersachsen kam z. B. zu dem Ergebnis, dass dieser Service bislang nur von einem Teil der befragten Destinationen angeboten wurde (vgl. CIESLACK/WEITHÖRNER 2002).

Angesichts der Vielzahl von Tourismusorganisationen (Städte und Gemeinden, Regionen, Bundesländer) besteht auch in informationstechnologischer Hinsicht in Deutschland eine fragmentierte, uneinheitliche Struktur – mit unterschiedlichen Systemen und Programmen diverser Anbieter. Allerdings bietet das Internet inzwischen die Chance, diese bisherigen *„Insellösungen"* durch Links miteinander zu verknüpfen.

Auch auf dem Markt der elektronisch gestützten Informations- und Buchungssysteme (IRS) herrscht seit mehreren Jahren ein harter Wettbewerb; zu den Akteuren gehören u. a.:

- *Globale Distributionssysteme* (GDS) bzw. *Computerreservierungssysteme* (CRS), die bereits in den 1970er Jahren entwickelt wurden, um Reisebüros die Buchung von Flügen, Hotels, Mietwagen etc. auf internationaler Ebene zu ermöglichen – z. B. „Amadeus", „Galileo" und „Sabre" (vgl. ECHTERMEYER 1998).

- *Hotelbetriebe und vor allem Hotelgesellschaften/-kooperationen*, die nicht nur ihre Unterkunftskapazität, sondern auch eigene Pauschalangebote über Websites direkt vermarkten („Accor", „Best Western", „InterContinental", „Starwood", „Maritim" etc.);

- *Transportunternehmen* wie die „Deutsche Bahn", die „Lufthansa" oder „Ryanair", die ihren Kunden nach dem Kauf eines Online-Tickets auch die Möglichkeit bieten, weitere touristische Leistungen zu buchen;

■ spezielle *Buchungsplattformen für Hotels und Ferienwohnungen* („HRS", „hotel.de", „Interhome", „Casamundo" etc.);

■ *Online-Reisebüros* („weg.de", „Expedia", „Opodo" etc.) und *Online-Reiseveranstalter* („FTI", „TUI", „alltours" etc.), bei denen die Urlauber entweder Pauschalreisen buchen können oder ihre Reise aus einzelnen Bausteinen selbst am PC zusammenstellen können (Dynamic Packaging/Dynamic Bundling).

Für eine Destination Management Company handelt es sich bei diesen Anbietern nicht zwangsläufig nur um Konkurrenten, sondern – beim indirekten Vertrieb – auch um *potenzielle Partner*. So arbeitet z. B. die Tourismusorganisation „Tourismus NRW e. V." bei der Vermittlung von Unterkünften mit den Plattformen „HRS", „hotel.de" u. a. zusammen (www.hotel.nrw-tourismus.de).

▶ **Beispiel für ein touristisches Informations- und Reservierungssystem: „Tiscover"**

Das Unternehmen „Tiscover" (Innsbruck) wurde im Jahr 1991 als „TIS GmbH" gegründet; es entwickelte das erste elektronische Tourismus-Informations-System Österreichs. Im Jahr 1995 wurde Tis@Web freigeschaltet – eine der ersten Reisewebsites weltweit. Inzwischen hat sich „Tiscover" von einem nationalen Informations- und Buchungssystem zu einer internationalen Buchungsplattform für den Alpenraum entwickelt; es gehört zur „HRS – Hotel Reservation Service Robert Ragge GmbH" und beschäftigt ca. 80 Angestellte und 40 freie Mitarbeiter:

„www.tiscover.com, das Urlaubsportal für den Alpenraum, bietet über 25.000 buchbare Unterkünfte in allen Kategorien. Umfangreiche Informationen zu über 2.000 Urlaubsregionen und -orten, rund 800 Skigebieten und 700 Badeseen ermöglichen dem Gast die individuelle Planung des Alpenurlaubs. Services wie Wetter- und Schneeberichte, Live-Cams, Routenplaner und Bildergalerien runden das Angebot ab. Eine wesentliche Entscheidungshilfe bei der Wahl der richtigen Unterkunft stellen auch die zahlreichen, durch User generierten Unterkunftsbewertungen dar. Wer das passende Angebot gefunden hat, bucht unkompliziert via Internet oder auch telefonisch über die Buchungshotline unter der Nummer 00800 tiscover = 00800 847 26 837" (www.tiscover.com).

3.2.4.2   Indirekter Vertrieb

Beim indirekten Vertrieb nutzen Destinationen *externe Partner*, um ihre Leistungen abzusetzen (gegen Zahlung einer Provision):

▨ Zum einen kann der Vertrieb von Einzelleistungen bzw. Packages einer Destination dabei über *Reisebüros* – als Mittler – erfolgen. Lange Zeit hat dieser Vertriebsweg für deutsche Anbieter und Zielgebiete eine sehr geringe Rolle gespielt; inzwischen buchen aber 16 % der Bundesbürger ihren Deutschlandurlaub in einem Reisebüro – vor allem Ferienwohnungen, Hotels der höheren Kategorien, Städtekurzreisen und Wellness-Angebote (vgl. LUFT 2007, S. 369).

▨ Eine weitere indirekte Vertriebsmöglichkeit sind *Reiseveranstalter*. Neben den großen Generalisten („TUI AG", „Thomas Cook", „Rewe Touristik" etc.) kommen dabei auch kleinere Busreiseveranstalter als Partner in Frage – speziell bei Tagesausflügen und Kurzreisen: Von den knapp 5.000 deutschen Busbetrieben treten ca. 1.000 Unternehmer auch als Reiseveranstalter auf, indem sie regelmäßig eigene Kataloge mit Pauschalangeboten auf den Markt bringen (⌐ www.bdo-online.de/zahlen-fakten/bustouristik).

▶ **Beispiel für indirekten Vertrieb: Der „TUI"-Sonderkatalog Harz**

„Der Harz, das nördlichste Mittelgebirge Deutschlands, liegt insbesondere bei Kurzurlaubern im Trend. Dies belegen auch die aktuellen TUI-Buchungszahlen: „Der Harz hatte einen sehr guten Buchungsstart in die Sommersaison und liegt aktuell 22 Prozent über den Vorjahreswerten", freut sich Gerald Schmidt, Leiter TUI Produktmanagement Deutschland. Weiterer Gästezuwachs verspricht sich Schmidt durch eine bundesweite Marketingkampagne in Kooperation mit dem Harzer Tourismusverband und der Stadt Braunlage. Die Kampagne wirbt aktuell in über 6.800 Reisebüros für Urlaub im Harz.

Passend dazu bringt TUI heute den neuen Sonderkatalog Harz in die Reisebüros. Bereits zum 14. Mal präsentiert Deutschlands führender Reiseveranstalter diese beliebte Urlaubsregion exklusiv auf 52 Seiten. Die Unterteilung in die drei Themenwelten Spaß, Natur und Kultur erleichtern die Urlaubswahl und bieten für jede Zielgruppe passende Angebote. Ein umfangreicher Veranstaltungskalender und viele Ausflugstipps runden das Harzprogramm ab" (⌐ www.naturfreude-erleben.de).

3.2.4.3   Verkaufsförderungsaktionen

Darüber hinaus kann eine Destination Management Company publikumswirksame Einzelaktionen durchführen, um den potenziellen Gästen ihr Leistungsangebot näher zu bringen und sie zu einer Buchung zu animieren; dazu zählen z. B.:

- spezielle Informationsveranstaltungen in Reisebüros (Vorträge, Info-Tage, Werbematerialien),
- gemeinsame Aktionen mit lokalen Tageszeitungen (Leser-Service-Veranstaltungen mit Schaltung von Anzeigen und redaktioneller Begleitung),
- Info-Stände in Innenstädten und Shopping-Centern,
- Roadshows mit Info-Bussen in wichtigen Quellmärkten (vgl. Abb. 28).

Derartige Maßnahmen der Verkaufsförderung bieten *mehrere Vorteile* (vgl. BIEGER/BERITELLI 2013, S. 187):

- die direkte Kommunikation mit den Konsumenten,
- den Aufbau einer intensiven Bindung der Kunden an die Destination,
- die Konzentration auf ausgewählte Zielgruppen,
- eine hohe öffentliche Aufmerksamkeit,
- die Förderung der Zusammenarbeit mit Partnern aus der Tourismusbranche und anderen Wirtschaftszweigen (Multiplikatoren).

Abb. 28: Mit einem Infomobil haben die „Tourismuszentrale Rostock und Warnemünde" und die „Rostocker Gesellschaft für Tourismus und Marketing" im Jahr 2012 Werbung für die touristischen Attraktionen (und auch Jobchancen) in der Hansestadt gemacht. Die Roadshow führte in 18 Städte in Deutschland, Polen und der Schweiz (Quelle: Rostock Marketing).

3.2.5 Preispolitik

Da die einzelnen touristischen Leistungsträger für die Preisgestaltung zuständig sind, verfügt eine Destination Management Company in diesem Bereich nur über *wenige Handlungsoptionen*:

▦ Zum einen kann sie die Akteure hinsichtlich der preispolitischen Strategien beraten und – gemeinsam mit den Branchenorganisationen – Empfehlungen für das generelle Preisniveau, Rabattaktionen etc. formulieren.

▦ Zum anderen kann sie für ihre eigenen Produkte (Gästeführungen, Packages, Merchandising-Artikel etc.) eine marktgerechte Preisstruktur entwickeln.

Innerhalb der Preispolitik stehen einer Destination Management Company, aber auch den touristischen Unternehmen grundsätzlich *mehrere Strategien* zur Verfügung, die teilweise auch zur Steuerung der touristischen Nachfrage genutzt werden können:

▦ Bei der *Preispositionierung* geht es um die grundlegende Festlegung der Preise – z. B. in Form einer Hoch,- Mittel- oder Niedrigpreisstrategie. Ausschlaggebend für die strategische Ausrichtung ist dabei das generelle Qualitäts- und Leistungsniveau einer Destination (z. B. die Standards der Hotels und Restaurants sowie die Ausstattung mit Freizeit-, Unterhaltungs- und Sporteinrichtungen).

▦ Bei der *Preisdifferenzierung* handelt es sich um ein klassisches (sozialpolitisch begründetes) Instrument, das traditionell vor allem von Kultureinrichtungen eingesetzt wird: Finanziell schwachen Bevölkerungsgruppen wird ein Preisnachlass gewährt – z. B. Schülern, Rentnern oder Familien. Destinationen können die Preisdifferenzierung nutzen, um den Zielgruppen-Mix zu steuern und die touristische Infrastruktur besser auszulasten.

▦ Die *Preisvariation* besteht aus temporären Rabattaktionen bzw. Preiserhöhungen. Sie kann von Destinationen als Instrument verwendet werden, um den zeitlichen Verlauf der Nachfrage zu steuern – durch günstige Angebote in der Vor- und Nachsaison bzw. ein höheres Preisniveau in der Hauptsaison oder anlässlich besonders attraktiver, zeitlich begrenzter Events (Festspiele, Ausstellungen, Messen etc.). Speziell durch eine Strategie der gezielten Verknappung des Angebots können Destinationen eine emotional aufgeladene *Musthave-Atmosphäre* kreieren, in der die Konsumenten eine niedrige Preiselastizität aufweisen – denn was nicht jederzeit und für Jeden verfügbar ist, gilt als besonders begehrenswert. Auf diese Weise entsteht wieder die Situation eines Verkäufermarkts, in dem die Destinationen die Preise bestimmen können: Sie verfügen nun über ein einmaliges Angebot, mit dem sie öffentliche Aufmerksamkeit erregen und sich klar von Konkurrenten abgrenzen. Generelle Voraussetzungen für eine solche *Limitierungsstrategie* sind ungewöhnliche Produkte, die bei einem breiten Publikum auf Interesse stoßen – z. B. „Once-in-a-lifetime"-Ausstellungen oder Festivals mit Auftritten international bekannter Künstler (vgl. STEINECKE 2013, S. 66-70).

■ Die *Preisbündelung* erfolgt zumeist in Form von *Kombi-Tickets* bzw. *Destination Cards*, bei denen zahlreiche Leistungen miteinander verknüpft werden (z. B. „Bodensee-Erlebniskarte", „Berlin WelcomeCard"; vgl. Abb. 29). Mit dem Erwerb dieser Karten erhalten die Gäste freie bzw. reduzierte Eintritte in zahlreichen Unterhaltungs- und Kultureinrichtungen; außerdem können sie die öffentlichen Verkehrsmittel kostenlos nutzen (vgl. BORCHERT 2010, S. 76-96). Mit dieser Preis- und Produktbündelung kann eine Destination ein umfangreiches und zugleich berechenbares Angebot „aus einer Hand" bieten – und sich damit im Wettbewerb mit den multifunktionalen kommerziellen Erlebnis- und Konsumenten behaupten. Die Entwicklung einer Destination Card gehört zu den typischen Netzwerk-Aufgaben einer Destination Management Company (→ 3.3.2).

▶ **Beispiel für eine Destination Card: „Berlin WelcomeCard"**

Abb. 29: Touristinnen mit der „Berlin WelcomeCard" am U-Bahnhof Brandenburger Tor (Quelle: visitBerlin; Philipp Koschel)

Die „Berlin WelcomeCard" wird in drei Varianten angeboten (48 Stunden, 72 Stunden oder 5 Tage); bei intensiver Nutzung der beteiligten Einrichtungen bietet sie den Kunden erhebliche Kostenvorteile (⌖ www.press. visitberlin.de):

	ohne WelcomeCard	mit WelcomeCard
WelcomeCard 72 Stunden		€ 25,90
3x VBB-Tageskarte für Berlin	€ 20,40	
Stadtrundfahrt	€ 20,00	€ 15,00
The Story of Berlin	€ 10,00	€ 7,50
Fat Tire Bike Tours	€ 20,00	€ 15,00
Fesselballon am Checkpoint Charlie	€ 19,00	€ 13,30
Dalí – Die Ausstellung	€ 11,00	€ 8,25
Aquadom & Sea Life Berlin	€ 16,95	€ 11,87
Wintergarten Varieté	€ 61,50	€ 43,60
Cheers Karaoke Bar	€ 3,00	€ 0,00
Jüdisches Museum	€ 7,00	€ 3,50
Summe	€ 188,85	€ 142,92
Ersparnis		€ 45,93

▶ **Weiterführender Lesetipp**

PECHLANER, H./ZEHRER, A. (Hrsg.; 2005): Destination-Card-Systeme. Entwicklung – Management – Kundenbindung, Wien (Management und Unternehmenskultur; 11)

Die Beiträge in dem Sammelband beschäftigen sich mit der Rolle und Bedeutung von Destination Cards, Kundenclubs und Bonuspunktesystemen, gehen auf unterschiedlichen Methoden, Konzepte etc. ein und berichten über praktische Erfahrungen beim Einsatz von Destination Cards.

Der gesamte Marketingmix (Kommunikations-, Leistungs-, Distributions- und Preispolitik) bildet traditionell den *Kernbereich des operativen Managements* einer Destination Management Company. Angesichts des zunehmenden Wettbewerbs und der steigenden Erwartungen der Gäste ist in den letzten Jahren aber eine weitere Aufgabe immer wichtiger geworden – das *Qualitätsmanagement* innerhalb einer Destination.

3.2.6   Qualitätsmanagement

Touristen sind schwierige Konsumenten – anspruchsvoll, aber auch preissensibel. Es ist also schwer, sie zufriedenzustellen und zu begeistern. Doch alle Anstrengungen eines Qualitätsmanagements lohnen sich aus zwei Gründen:

▨ Zufriedene Urlauber sind zugleich auch wichtige und vor allem kostenlose *Werbeträger*. Sie berichten Verwandten, Freunden und Bekannten von ihren positiven Erfahrungen und animieren sie dadurch zu einem eigenen Besuch; im Durchschnitt werden auf diese Weise pro Gast zwei neue Kunden gewonnen (vgl. PAULUS 2011, S. 313).

▨ Unzufriedene Gäste lösen hingegen eine enorme *Mund-zu-Mund-Propaganda* aus: Zwar äußern nur vier Prozent ihren Unmut, doch in der Regel gibt jeder verärgerte Kunde seine negativen Erfahrungen an zehn Personen weiter.

Diese Zahlen sind deutliche Belege für die generelle Notwendigkeit eines kontinuierlichen Qualitätsmanagements von Destinationen. Im Kern geht es dabei um die einfache Frage: Wie wird unser Angebot von den Gästen wahrgenommen und bewertet? Zur Beantwortung ist es notwendig, *sämtliche Bestandteile der touristischen Leistungskette* zu analysieren:

▨ das natürliche Angebot,

▨ die generelle infrastrukturelle Ausstattung,

▨ die touristische Infrastruktur,

▨ das Dienstleistungsniveau innerhalb der Tourismusbranche und anderer Wirtschaftszweige,

▨ die Einstellung der Bevölkerung zum Tourismus.

Beim Qualitätsmanagement von Destinationen geht es vor allem um die Beantwortung folgender Fragen:

▨ Was ist bei der *Erfassung der Besucherzufriedenheit* besonders zu beachten (→ 3.2.6.1)?

▨ Wie kann die *Qualifizierung der Mitarbeiter* erfolgen (→ 3.2.6.2)?

▨ Wie kann eine Destination den Konsumenten ihren *Qualitätsstandard* signalisieren (→ 3.2.6.3)?

▶ **Weiterführender Lesetipp**

PECHLANER, H./FISCHER, E. (Hrsg.; 2006): Qualitätsmanagement im Tourismus. Kundenorientierung, Kundenbindung und Kundenzufriedenheit, Wien (Management und Unternehmenskultur; 15)

Die Texte in dem Reader stellen die Grundlagen des Qualitätsmanagement dar, gehen auf unterschiedliche Konzepte ein (Benchmarking, Mitgliederzufriedenheit etc.) und berichten über Erfahrungen aus der touristischen Praxis.

3.2.6.1   Erfassung der Besucherzufriedenheit

Angesichts der raschen Veränderungen im Reise- und Konsumverhalten kommt regelmäßigen Besucherbefragungen im Qualitätsmanagement eine herausragende Bedeutung zu. Die Ergebnisse bieten ein gute Grundlage, bestehende Angebotsdefizite abzubauen; außerdem dienen sie als Basis für Marketingmaßnahmen, die ohne allzu große Streuverluste für unterschiedliche Zielgruppen im Einzugsbereich der Destination durchgeführt werden können.

Die Kritik der Gäste sollte dabei nicht als etwas Negatives verstanden werden, sondern vielmehr als Chance, eigene Fehler zu entdecken und Verbesserungen vorzunehmen. Es ist also wichtig, den Besuchern zu signalisieren, dass sich die Destination Management Company als eine lernende Organisation versteht.

Das Spektrum der Erhebungsmethoden reicht dabei von persönlichen (informellen) Gesprächen bis hin zu aufwändigen empirischen Erhebungen:

▨ Zu den preisgünstigen Formen der Besucherforschung gehört das direkte *Gespräch mit den Gästen* – z. B. in der lokalen Tourist-Information, aber auch in den Unterkunftsbetrieben. Hat es Ihnen bei uns gefallen? Worüber haben Sie sich geärgert? Was können wir künftig besser machen? Mit solchen einfachen Fragen können Destinationen ihren Besuchern signalisieren, dass sie an deren Meinung interessiert sind. Die Antworten sollten kurz schriftlich festgehalten und im Rahmen regelmäßiger Besprechungen ausgewertet werden.

▨ Unabdingbar sind allerdings auch regelmäßige *Gästebefragungen*, die in einem zwei- bis dreijährigen Rhythmus durchgeführt werden sollten. Sie dienen einerseits dazu, Veränderungen der Besucherstruktur zu erfassen; andererseits ermöglichen sie eine Evaluation der eigenen Arbeit – speziell der Maßnahmen des Qualitätsmanagements (vgl. MENKE-ZUM FELDE 2012). Dabei sollte dabei u. a. die regionale Herkunft der Gäste erfasst werden, um exakte Kenntnisse über den Einzugsbereich der Destination zu erlangen. Durch ein spezielles Set an Fragen können außerdem unterschiedliche Typen von Touristen abgegrenzt werden (differenziert nach Reisemotiven bzw. Interesse an kulturellen bzw. sportlichen Aktivitäten). Diese Informationen lassen sich für eine präzise Zielgruppenorientierung sowie für die generelle Verbesserung der Leistungs- und Kommunikationspolitik nutzen. Um die Kosten für die aufwändigen Befragungen zu minimieren, sollte eine Destination Management Company mit Universitäten bzw. Fachhochschulen kooperieren (entsprechende Untersuchungen können z. B. im Rahmen von Abschlussarbeiten durchgeführt werden). Im Sinne eines Benchmarking ist es dabei sinnvoll, neben der eigenen Destination auch andere Zielgebiete in die Untersuchung einzubeziehen; auf diese Weise kann die eigene Position im regionalen, nationalen bzw. internationalen Wettbewerb bestimmt werden (Stärken und Schwächen, Chancen und Risiken).

Angebots-aspekte	Ausländische Gäste	Deutsche Gäste
Kunst-/Kulturangebot	1,8	2,2
Atmosphäre/Flair	1,8	1,8
Veranstaltungs-/Unterhaltungsangebot	1,9	2,2
Orts-/Stadtbild	1,9	2,0
Landschaft/Natur	2,1	1,9
Sportangebot	2,1	2,3
Wellness-/Schönheits-/Gesundheits-/Kurangebot	2,1	1,8
Barrierefreiheit	2,1	2,3
Schlechtwetterangebot	2,3	2,6
Angebot und Betreuung für Kinder	2,4	2,3

Tab. 6: Im „Qualitätsmonitor Deutschland-Tourismus" werden deutsche und ausländische Urlauber zu ihrem Reiseverhalten und ihrer Zufriedenheit mit einzelnen Angebotsaspekten befragt. Mit diesem Instrument können vorhandene Schwachstellen identifiziert werden (1 = äußerst begeistert/6 = eher enttäuscht; vgl. DZT 2012, S. 7).

▶ **Beispiel für Gästebefragungen: „Qualitätsmonitor Deutschland-Tourismus" der „Deutschen Zentrale für Tourismus"**

Beim „Qualitätsmonitor Deutschland-Tourismus" handelt es sich um eine bundesweite empirische Erhebung, die von der „Europäischen Reiseversicherung" (ERV) und der „Deutschen Zentrale für Tourismus" (DZT) im Jahr 2007 initiiert wurde. In der bundesweiten Untersuchung werden in- und ausländische Übernachtungsgäste (Urlauber und Geschäftsreisende) zu ihrem Reiseverhalten befragt (Informationsquellen, Buchungswege, Urlaubsorganisation, Aktivitäten etc.). Außerdem werden die Gesamtzufriedenheit und die Zufriedenheit mit einzelnen Angebotsaspekten erfasst; speziell diese Daten liefern wichtige Hinweise für das künftige Qualitätsmanagement (vgl. Tab. 6).

▪ Auch die *Einbeziehung der örtlichen Bevölkerung* kann hilfreich sein, mögliche Defizite der komplexen touristischen Leistungskette zu identifizieren. Durch Aufrufe in der Lokalpresse können die Einwohner dazu angeregt werden, als freiwillige Qualitäts-Scouts zu fungieren und offenkundige Mängel des Angebots zu melden. Eine solche Vorgehensweise fördert außerdem das Wir-Gefühl; sie trägt zur besseren Integration einer Destination Management Company in das öffentliche Leben bei. Neben der Bevölkerung können auch die Gäste aktiv in das Qualitätsmanagement eingebunden werden – wie z. B. beim „Mängeldetektiv" der „Tourismus Zentrale Saarland" (vgl. Abb. 30).

▶ **Beispiel für ein interaktives Qualitätsmanagement: „Mängeldetektiv" der „Tourismus Zentrale Saarland GmbH"**

Abb. 30: „Mängeldetektiv" der „Saarland Touren App"

Die „Tourismus Zentrale Saarland GmbH" hat eine „Saarland Touren App" entwickelt, die iPhone- und Android-Nutzern kostenlos zur Verfügung gestellt wird. Sie enthält Beschreibungen aller Wander- und Radrouten sowie Hinweise auf Sehenswürdigkeiten und Gastronomiebetriebe. Eine besondere Funktion – der „Mängeldetektiv" – ermöglicht es den Nutzern, Wegeschäden, fehlende Schilder etc. von unterwegs direkt der „Tourismus Zentrale" zu melden und damit die Instandhaltung des Wegenetzes zu unterstützen. Die Aktion wurde im Jahr 2012 mit dem „Deutschen Tourismuspreis" ausgezeichnet – als „sehr gutes Beispiel für direktes und unmittelbares Beschwerdemanagement" (www.tourismus.saarland.de/de/saarland-touren-app).

Als weitere Methode der Besucherforschung ist schließlich der *Einsatz von Testkunden* (Mystery/Silent Shopper) zu nennen, die anonym und ohne spezielle Ankündigung eingesetzt werden. Bei ihrem Besuch der Destination bewerten sie die einzelnen Dimensionen der Leistungskette anhand eines standardisierten Rasters. Diese Vorgehensweise ermöglicht einen kritischen Blick von außen. Damit ist sie ein gutes Mittel gegen die eigene Betriebsblindheit; mit ihrer Hilfe können Angebotsdefizite identifiziert werden. Allerdings handelt es sich um eine Methode, die sehr sensibel eingesetzt werden sollte: Den Mitarbeitern und Partnern muss vorab vermittelt werden, dass es nicht um Kontrolle bzw. Überwachung des Einzelnen geht, sondern um eine Verbesserung des gesamten Angebots. Anderenfalls kann es zu erheblichen Irritationen und auch Konflikten innerhalb des Mitarbeiterteams bzw. der Destination kommen.

▶ Weiterführende Lesetipps

SEITZ, E./MEYER, W. (2006): Tourismusmarktforschung. Ein praxisorientierter Leitfaden für Touristik und Fremdenverkehr, 2., vollst. überarb. Aufl. München

Das Lehrbuch vermittelt auf anschauliche Weise umfassende Kenntnisse zu den Rahmenbedingungen touristischer Marktforschung, zur Sekundar- und Primärforschung sowie zur Online-Marktforschung und kontinuierlichen Tourismusforschung.

FREYER, W./GROß, S. (2006): Gästebefragungen in der touristischen Marktforschung. Leitfaden für die Praxis, Dresden (Schriftenreihe Tourismuswirtschaft; o. Bd.)

Im ersten Teil werden die Grundlagen und Methoden der touristischen Marktforschung erläutert; der zweite Teil besteht aus einem praxisorientierten Leitfaden für die Durchführung einer Gäste-

befragung auf Destinationsebene. Im dritten Teil findet sich eine vergleichende Darstellung empirischer Erhebungen in Deutschland.

3.2.6.2   Qualifizierung der Mitarbeiter

„Die schönsten Wochen des Jahres" – dieses Werbeversprechen eines Reiseveranstalters aus den 1970er Jahren ist längst zum Synonym für Urlaubsreisen geworden. Der Slogan bringt die Sache auf den Punkt, denn die Gäste suchen nach einer interessanten Abwechslung vom Alltag, wünschen sich eine entspannte Atmosphäre und möchten eine erlebnisreiche Zeit mit dem Partner bzw. der Familie verbringen.

Diese „schönsten Wochen" für die Gäste zu gestalten, das sollte auch das zentrale Ziel aller Leistungsträger in einer Destination sein. Dazu müssen Führungskräfte und Mitarbeiter vor allem die spezifischen Kundenerwartungen genau kennen, um sie adäquat erfüllen zu können. Dieses Wissen ist aber in vielen Destinationen nicht flächendeckend vorhanden, da im *Personalbereich* mehrere Probleme bestehen:

- der *unterschiedliche Professionalisierungsgrad der touristischen Leistungsträger* – z. B. Privatzimmervermieter vs. Manager von Kettenhotels (→ 1.3.3),

- die *große Zahl von Quereinsteigern ohne Berufserfahrung* (auch bei den Unternehmern) – aufgrund der relativ niedrigen Zugangsbarrieren der Tourismusbranche (vgl. STEINECKE 2010, S. 187),

- der *hohe Anteil von Teilzeit- und Saisonarbeitskräften ohne spezielle Fachkenntnisse* – so handelt es sich bei den Beschäftigten im Gastgewerbe zu 41,4 % um Teilzeitkräfte und 38,7 % verfügen über keinen formalen Berufsabschluss (vgl. AGHZ Online 2012),

- der *Einsatz fachfremder Arbeitskräfte in öffentlichen Tourismusorganisationen* – z. B. durch die Abordnung von Verwaltungsmitarbeitern aus dem Ordnungs- oder Friedhofsamt in die kommunale Tourist-Information.

Eine Destination Management Company steht also vor der Herausforderung, nicht nur ihre Mitarbeiter, sondern auch die touristischen Akteure durch interne bzw. externe Schulungsmaßnahmen zu qualifizieren. Dabei sind zwei inhaltliche Schwerpunkte zu unterscheiden:

- Um das operative Management erfolgreich steuern zu können, sollten die Führungskräfte einer Destination Management Company über fundierte und aktuelle Kenntnisse des Tourismusmarktes und des Marketings verfügen (Strategien, Techniken, Instrumente etc.).

▨ Alle touristischen Leistungsträger und speziell auch das Personal in der Tourist-Information sollten im Umgang mit den Gästen geschult werden – von der freundlichen Begrüßung über eine fachkundige Beratung und Betreuung während des Aufenthalts bis hin zu einer stimmungsvollen Verabschiedung (und nicht zuletzt in der angemessenen Reaktion auf Beschwerden).

In diesem Zusammenhang ist noch einmal ausdrücklich der Aspekt der touristischen Leistungskette zu betonen: *Eine* negative Erfahrung der Gäste kann deren Gesamtzufriedenheit entscheidend beeinflussen – und damit auch die Bereitschaft zur Weiterempfehlung bzw. zu einem erneuten Besuch (→ 3.1.1).

Angesichts der großen Dynamik des Tourismusmarkts ist deshalb eine *ständige Weiterbildung* aller Beteiligten notwendig – z. B. durch:

▨ die Lektüre von Fachzeitschriften und -büchern,

▨ die Nutzung öffentlicher und privater Weiterbildungsangebote,

▨ die Teilnahme an brancheninternen Tagungen, Kongressen etc.,

▨ die Organisation von Informationsveranstaltungen für Leistungsträger,

▨ die Durchführung von Schulungsmaßnahmen für Mitarbeiter.

▶ **Beispiel für ein touristisches Weiterbildungsangebot: Das „Deutsche Seminar für Tourismus" (DSFT), Berlin**

Das DSFT wurde bereits im Jahr 1964 als zentrale Weiterbildungseinrichtung der Tourismuswirtschaft gegründet; es organisiert jährlich mehr als 150 Seminare für touristische Fach- und Führungskräfte. Die Bandbreite der Themen reicht dabei von Kommunikation, Verkauf und Vertrieb über Marketing und Produktentwicklung bis hin zu Service und Kundenorientierung (⌐ www.dsft-berlin.de).

„Die Menschen sind auf der Suche nach dem Once-in-a-lifetime-Event": Dieser Satz von Earl A. Powell, dem Direktor der „National Gallery" in Washington, sollte nicht nur Kultureinrichtungen, sondern auch Destinationen als zentraler Bezugspunkt bei der Qualifizierung der Mitarbeiter dienen. Sie sollten mit aller Kraft versuchen, solche einmaligen Urlaubserinnerungen zu produzieren – eben „die schönsten Wochen des Jahres".

3.2.6.3   Klassifikationen und Gütesiegel

„Tue Gutes und sprich darüber" – nach diesem Motto sollten Destinationen nicht nur ein hohes Qualitätsniveau sicherstellen, sondern es den potenziellen Kunden auch klar und deutlich signalisieren. Als erfolgreiche Instrumente haben sich dabei *Zertifizierungen* und *Gütesiegel* sowie *Klassifikationen* erwiesen, die im Folgenden anhand von Beispielen dargestellt werden sollen:

▪ *Zertifizierungen und Gütesiegel*: Mit dieser Form der Kennzeichnung wird den Konsumenten eine berechenbare Qualität und Leistung versprochen. Für die Zertifizierung müssen die Betriebe bzw. Organisationen jeweils ein bestimmtes Set an Kriterien erfüllen:

- So hat der „Deutsche Tourismusverband" (DTV) bereits vor mehr als 50 Jahren die „i-Marke" eingeführt, um bundesweit ein einheitliches Qualitäts- und Serviceniveau der Tourist-Informationen sicherzustellen. Gegenwärtig verfügen mehr als 530 Informationsstellen über eine entsprechende Zertifizierung (→ 3.2.3.2).

- Unter dem Motto „Einfach immer besser" hat der Deutsche Tourismusverband im Jahr 2007 die Aktion „ServiceQualität Deutschland" eingeführt, bei der es sich um ein dreistufiges Qualitätsmanagementsystem handelt. Die teilnehmenden Betriebe (z. Zt. 3.700) werden dabei angeregt, die Qualität ihrer Leistungen schrittweise zu verbessern (vgl. DTV 2012, S. 34).

- Neben Beherbergungsbetrieben und Tourist-Informationen werden zunehmend auch touristische Infrastruktureinrichtungen zertifiziert: Als Beispiel ist die Aktion *„Wanderbares Deutschland"* des „Deutschen Wanderverbandes" (DWV) zu nennen, bei der u. a. 83 Qualitätswege ausgezeichnet wurden; deren Wegstrecke hat zu mindestens 35 % aus naturbelassenem Material zu bestehen und sie müssen über eine zuverlässige Wegweisung sowie über Naturattraktionen wie Wasserfälle oder Gipfel verfügen (⌖ www.wanderbares-deutschland.de).

- Eine ähnliche Funktion wie Zertifizierung haben *Gütesiegel*, die vor allem im umwelt- und sozialverträglichen Tourismus entwickelt worden sind („Viabono", „Blaue Flagge", „Blaue Schwalbe" etc.; vgl. Abb. 31). Weltweit gibt es ca. 100 Gütesiegel, die den Urlaubern helfen sollen, nachhaltige und sozialverantwortliche Angebote zu finden. Angesichts dieser inflationären Entwicklung fällt es den Kunden allerdings schwer, die Glaubwürdigkeit eines Gütesiegels zu beurteilen. Um für mehr Klarheit zu sorgen, haben mehrere Organisationen aus Deutschland, Österreich und der Schweiz deshalb im Jahr 2012 einen „Wegweiser durch den Labeldschungel" entwickelt (⌖ www.fairunterwegs.org/fair-tipps/zur-wahl-von-angeboten/labelfuehrer).

Abb. 31: Bei der „Blauen Schwalbe" handelt es sich um das erste Öko-Gütesiegel für Unterkunftsbetriebe. Es wird seit 1989 an ökologisch arbeitende Hotels, Pensionen, Gasthöfe und Campingplätze vergeben. Gegenwärtig nutzen europaweit 150 Betriebe das Label (Quelle: fairkehr/Verträglich Reisen).

▨ *Klassifizierungen*: Bei dieser Form der Kennzeichnung handelt es sich um differenzierte Zertifizierungen bzw. Gütesiegel, mit denen den Konsumenten unterschiedliche Qualitäts- und Leistungsniveaus signalisiert werden:

- Das bekannteste Beispiel ist sicherlich die *„Deutsche Hotelklassifizierung"* des „Deutschen Hotel- und Gaststättenverbandes" (DEHOGA), die mit einem Fünf-Sterne-System arbeitet. Die Betriebe müssen bestimmte Mindestkriterien erfüllen; mit zunehmender Anzahl der Sterne steigen dabei die Anforderungen. Beurteilt werden u. a. Gebäude/Raumangebot, Einrichtung/Ausstattung, Service etc. (⌂ www.hotelsterne.de).

- Eine ähnliche Klassifizierung hat der „Deutsche Tourismusverband" (DTV) für *Ferienhäuser, Ferienwohnungen und Privatzimmer* eingeführt. Mit Hilfe dieses bundeseinheitlichen Fünf-Sterne-Systems konnten bislang mehr als 62.000 Unterkünfte klassifiziert werden (vgl. DTV 2012, S. 32).

In den letzten Jahren ist im Tourismus eine zunehmende Zertifizierung und Klassifizierung von Angebotselementen zu beobachten; sie stellt eine Reaktion auf die Dynamik des Marktes dar – vor allem auf die wachsende (internationale) Konkurrenz und die steigenden Ansprüche der Konsumenten (vgl. KOPPENHAGEN 2007).

Generell stehen Destinationen vor der Herausforderung, ihr Angebot den veränderten Bedingungen des Marktes kontinuierlich anzupassen, um ihre Wettbewerbsfähigkeit zu sichern. Dazu sollten sie – über das Tages-, Saison- und Jahresgeschäft hinaus – eine mittelfristige Perspektive entwickeln und ein professionelles *Management des Wandels* betreiben (Change Management).

3.2.7   Management des Wandels

Als strategische Wettbewerbseinheiten unterliegen touristische Zielgebiete den gleichen ökonomischen Regelhaftigkeiten, die auch für Konsumgüter gelten: Ihr Agieren am Markt vollzieht sich in Form eines *Produktlebenszyklus* mit mehreren Phasen: Einführungs-, Wachstums- und Reifephase.

Nach einer gewissen Zeit müssen sie dann in Qualität und Gestaltung an die veränderten Bedürfnisse der Nachfrage angepasst werden (Relaunch); andernfalls droht eine Degeneration – also der Verlust an Attraktivität und damit an Umsatz (vgl. Abb. 32).

Im Konsumgüterbereich lässt sich der unterschiedliche Verlauf dieses Produktlebenszyklus am Beispiel der Hautpflege- bzw. Parfümmarken „Nivea" und „4711" verdeutlichen:

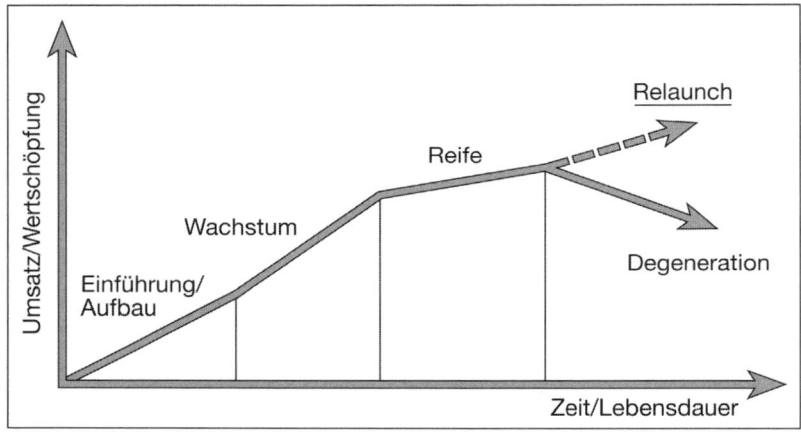

Abb. 32: Die Entwicklung von Destinationen vollzieht sich nach den gleichen Gesetzmäßigkeiten, die auch für Konsumgüter gelten. Auf die erfolgreiche Markteinführung folgen eine Wachstums- und eine Reifephase. Nach einem längeren Marktauftritt müssen Relaunch-Maßnahmen durchgeführt werden, um eine Degeneration zu verhindern (Quelle: eigene Darstellung nach Bieger/Beritelli 2013, S. 99; Grafik: P. Blank).

▦ „Nivea" steht für einen erfolgreichen Relaunch einer Traditionsmarke. Die Hautpflegecreme wird seit 1911 in der charakteristischen blauen Dose mit weißer Schrift vertrieben. In den letzten Jahrzehnten konnte dieses Produkt im Rahmen einer Diversifizierungsstrategie zu einer attraktiven Dachmarke mit mehreren Submarken erweitert werden. Gegenwärtig umfasst das Angebot der „Beiersdorf AG" zahlreiche Hautpflege-, Reinigungs- und Kosmetikartikel für Frauen und Männer. Darüber hinaus gibt es in Hamburg und Berlin eigene „Nivea-Häuser", die als Flagship-Stores der Marke dienen.

■ Weniger erfolgreich war hingegen der Versuch, das ebenfalls traditionsreiche „4711 Kölnisch Wasser" neu am Markt zu positionieren. Seit den 1990er Jahren wechselte das Unternehmen mehrfach den Besitzer. In jüngerer Zeit wurde das Angebotsspektrum zwar erweitert, doch bislang ist es nicht gelungen, die Produktpalette mit einem zeitgemäßen Image zu versehen. Inzwischen handelt es sich eher um eine Lokal-/Regionalmarke, die sich vor allem bei Köln-Touristen einiger Beliebtheit erfreut.

Bei der Steuerung des Produktlebenszyklus können sich Unternehmen der Konsumgüterindustrie auf eine effiziente Produktion (Personal- und Materialeinsatz) sowie auf das Marketing konzentrieren, die zentral von der Geschäftsleitung gesteuert werden. Bei Destinationen handelt es sich hingegen um komplexe virtuelle Unternehmen, die sich mit zahlreichen Anspruchsgruppen auseinandersetzen müssen: So steht eine Destination Management Company vor der Herausforderung, nicht nur die Angebote der touristischen Leistungsträger zu koordinieren und das Konsumverhalten der Nachfrager zu beobachten, sondern auch das gesellschaftspolitische Klima und die Nutzung der natürlichen Ressourcen zu berücksichtigen. Vor diesem Hintergrund lassen sich mehrere *idealtypische Phasen des Produktlebenszyklus von Destinationen* abgrenzen (vgl. EISENSTEIN 2010, S. 61-71; BIEGER/BERITELLI 2013, S. 98-100, 239-242):

■ In der *Phase der Markteinführung* steigt die Zahl der Besucher stark an. Da die Unternehmen hohe Preise verlangen können, ist auch die Wertschöpfung entsprechend hoch. Aufgrund der Marktchancen werden große private und öffentliche Investitionen vorgenommen, die zu einer starken Inanspruchnahme der natürlichen Ressourcen führen. Das gesellschaftspolitische Klima wird generell durch eine Aufbruchsstimmung und durch optimistische Zukunftsvisionen geprägt. Als aktuelle Beispiele sind u. a. der Oman und Myanmar zu nennen, die erst seit kurzem auf dem internationalen Tourismusmarkt agieren. In dieser Phase ist es die vorrangige Aufgabe einer Destination Management Company, verbindliche Zielvorstellungen (Vision, Leitbild) zu entwickeln und tragfähige organisatorische Strukturen zu schaffen.

■ In der folgenden *Wachstums-* und der anschließenden *Reifephase* verändern sich diese Parameter: Die Nachfrage verzeichnet zunächst noch hohe Zuwachsraten, geht aber dann langsam zurück. Aufgrund eines stagnierenden und später sinkenden Preisniveaus sinkt die Investitionsbereitschaft. Bei den touristischen Leistungsträgern, aber auch innerhalb der Bevölkerung nehmen Besitzstandsdenken und Neid zu. In der Wachstumsphase befinden sich gegenwärtig z. B. die Türkei und auch die Vereinigten Arabischen Emirate. Die deutschen Mittelgebirge und Flusslandschaften wie Harz, Eifel und Mosel waren in den 1980er Jahren in der Reifephase; seitdem konnten sie einen erfolgreichen Relaunch-Prozess durchführen (speziell durch ein Themenmarketing und eine Verbesserung der touristischen Infrastruktur). In diesen Phasen sollte sich eine Destination Management Company darauf konzentrieren, den Zusammenhalt innerhalb der Destination zu stärken und für eine Minimierung der soziokulturellen Probleme zu sorgen.

▪ Die anschließende *Degenerationsphase* wird durch eine Zunahme von Kurzurlaubern und Tagesausflüglern gekennzeichnet. Mit dem hohen Verkehrsaufkommen sind zahlreiche ökologische Belastungen verbunden. Der Wettbewerb mit anderen Destinationen findet vor allem über den Preis statt. Aus diesem Grund verfügen die Unternehmen und die öffentliche Hand nicht über die finanziellen Mittel für notwendige Investitionen; es kommt zu einem Renovierungsstau. Gleichzeitig werden innovative touristische Projekte durch Besitzstandsdenken verhindert. Eine Degeneration war in den 1990er Jahren auf Mallorca und an der spanischen Mittelmeerküste, aber auch an der italienischen Adria zu beobachten: Sie wurden zu Billigreisezielen, die sich vor allem bei deutschen Abiturklassen, britischen Kurzurlaubern und osteuropäischen Pauschaltouristen großer Beliebtheit erfreuten (vgl. Abb. 33). In dieser Phase ist es die Hauptaufgabe einer Destination Management Company, die Qualität des Angebots zu verbessern und damit die Wettbewerbsfähigkeit zu stärken.

Abb. 33: Traditionelle Destinationen – wie z. B. Mallorca – verfügen häufig über ein standardisiertes und veraltetes Unterkunftsangebot, das den gestiegenen Ansprüchen der Urlauber nicht mehr entspricht. Um der drohenden Degeneration zu begegnen und einen Relaunch zu starten, sind umfangreiche private und öffentliche Investitionen notwendig – in die Renovierung bzw. den Bau von Hotels und in die touristische Infrastruktur (Quelle: eigenes Foto).

▣ Nur wenn es gelingt, diese Entwicklung zu stoppen, können sich die Regionen neu auf dem Markt positionieren (*Relaunch*) – u. a. durch die Entwicklung attraktiver Produkte oder durch die Ansprache neuer Zielgruppen. So wurden z. B. auf Mallorca in den letzten Jahrzehnten zahlreiche Maßnahmen durchgeführt, um das Angebot an die gestiegenen Erwartungen der Gäste anzupassen – durch den Bau einer breiten Promenade an der Platja de Palma, den Abriss veralteter Unterkünfte, die Renovierung von Hotels mithilfe staatlicher Förderprogramme sowie die Ausweisung von Naturschutzgebieten. In dieser Phase muss eine Destination Management Company ein *Impulsgeber* sein: Sie sollte die touristischen Leistungsträger und Politiker motivieren, innovative Ideen zu entwickeln und neue Investitionen vorzunehmen.

Das Modell des Produktlebenszyklus macht deutlich, dass sich Destinationen ständig auf Marktveränderungen einstellen müssen, um ihre einmal erlangte Position mittel- und langfristig sichern zu können. Allerdings beschränkt sich das Aufgabenspektrum einer Destination Management Company nicht speziell auf dieses Management des Wandels bzw. das operative Management generell. Vielmehr kommt es zunehmend darauf an, die sektorale Perspektive zu erweitern – und im Rahmen von Kooperationen die *Schnittstellen zwischen dem Tourismus und anderen Wirtschafts- und Gesellschaftsbereichen* intensiv zu bearbeiten.

▶ **Zusammenfassung**

■ Das operative Management umfasst einen attraktiven Marktauftritt (Markenbildung), den Einsatz des Marketingmix, das Qualitätsmanagement und das Management des Wandels (Change Management).

■ Die Markenbildung hat mehrere Funktionen: Differenzierung, Verdeutlichung der Qualität, Übertragung des positiven Images und Gruppenzugehörigkeit.

■ Beim Branding können Destinationen entweder traditionelle Landschaftsnamen benutzen oder neue thematische Dachmarken entwickeln. Grundprinzipien sind dabei jeweils die Formulierung und Umsetzung einer einmaligen Markenidee, die Definition einer unverzichtbaren Kompetenz sowie die Erlebbarkeit und Selbstähnlichkeit der Marke.

■ Der Marketingmix besteht generell aus der Kommunikations-, Leistungs-, Distributions- und Preispolitik. Die direkten Einflussmöglichkeiten einer Destination Management Company beziehen sich vor allem auf die Kommunikations- und Distributionspolitik.

- Typische kommunikationspolitische Maßnahmen sind die Presse- und Öffentlichkeitsarbeit, die Online-Kommunikation, der Einsatz von Testimonials sowie der Auftritt auf Tourismusmessen.

- In der Leistungspolitik hat eine Destination Management Company vor allem die Funktion eines Ideengebers, Beraters und Koordinators (z. B. beim Themenmarketing). Ihr eigenes Handlungsfeld beschränkt sich auf die Information und Betreuung der Gäste sowie die Konzeption von Packages/Pauschalangeboten.

- Der Absatz der Produkte im Rahmen der Distributionspolitik erfolgt direkt (durch Informations- und Reservierungssysteme bzw. Buchungsplattformen) oder indirekt (durch Zusammenarbeit mit Reisebüros und Reiseveranstaltern). Außerdem kann er durch Verkaufsförderungsaktionen unterstützt werden (Roadshows, Info-Stände).

- In der Preispolitik hat eine Destination Management Company generell nur wenige Handlungsoptionen. Ein erfolgreiches Instrument sind Destination Cards, mit denen zahlreiche Leistungen einzelner Anbieter gebündelt werden.

- Angesichts steigender Ansprüche der Konsumenten gewinnt das Qualitätsmanagement immer mehr an Bedeutung. Zu den zentralen Maßnahmen gehört die Erfassung der Besucherzufriedenheit, die Qualifizierung der Mitarbeiter sowie Klassifikationen und Gütesiegel.

- Destinationen durchlaufen einen Produktlebenszyklus, der sich in mehreren Phasen vollzieht: Markteinführung sowie Wachstums- und Reifephase. Durch ein Management des Wandels (Change Management) muss rechtzeitig ein Relaunch eingeleitet werden, um eine Degeneration zu verhindern.

▶ Weiterführender Lesetipp

KELLER, P./BIEGER Th. (Hrsg.; 2010): Managing Change in Tourism. Creating Opportunities – Overcoming Obstacles, Berlin (International Tourism Research and Concepts; 4)

Anhand zahlreicher Fallstudien werden in diesem Band zunächst die Steuerfaktoren von Marktveränderungen dargestellt; weitere Beiträge beschäftigen sich mit dem Wandel von Destinationen, mit Produktinnovationen sowie mit methodischen Fragen des Change Management.

3.3   Kooperation mit anderen Akteuren

„Zusammen ist man weniger allein" – dieser Titel einer französischen Filmko-mödie kann auch als Motto für Destinationen gelten: Durch die intensive inter-ne Kooperation aller Leistungsträger und eine enge Zusammenarbeit mit exter-nen Partnern können Destinationen ihre Position auf dem Tourismusmarkt erheblich verbessern. Solche Netzwerke bieten generell mehrere Chancen (vgl. HÄNSSLER 2001, S. 8; FÖHL/PRÖBSTLE 2011, S. 120-124):

- *Aufmerksamkeit steigern* – durch einen koordinierten Marktauftritt und die Schaffung attraktiver Produkte,
- *Kosten senken* – durch die Bündelung von Mitteln und die Nutzung von Syner-gieeffekten bei Marketing- bzw. Weiterbildungsmaßnahmen,
- *frischen Wind entfachen* – durch den Dialog mit Akteuren, die andere Ideen, Ziele und Arbeitsabläufe haben,
- *Zukunft sichern helfen* – durch die Vernetzung mit Akteuren aus Wirtschaft, Politik und Verwaltung, die als Partner für die künftige Förderung der Desti-nation werden können.

Generell lassen sich *mehrere Arten der Netzwerkbildung* unterscheiden – die hori-zontale Kooperation (bei der die Partner ein ähnliches Produkt anbieten), die vertikale Kooperation (eine Zusammenarbeit von Akteuren, die sich auf einer vor- bzw. nachgelagerten Stufe der touristischen Wertschöpfungskette befinden) sowie die laterale Kooperation von Partnern, zwischen denen bislang nur ein geringer inhaltlicher Bezug bestanden hat (vgl. RUDEK 2010, S. 44-45).

3.3.1   Horizontale Kooperation von Destinationen

Bei den horizontalen Kooperationen arbeiten zwei oder mehrere Destinationen zusammen, die ein gleiches bzw. ähnliches Produkt anbieten. In ihrer Zielset-zung, Arbeitsweise und Zielgruppenorientierung weisen sie zahlreiche Gemein-samkeiten auf; sie können deshalb erhebliche Synergiepotenziale nutzen. Gleichzeitig stehen sie aber auch in direktem Wettbewerb zueinander (zumin-dest wenn es sich um Netzwerke auf regionaler Ebene handelt).

Solche Formen der *Coopetition* – also einer Mischung aus Konkurrenz/Competi-tion und Kooperation/Cooperation – können nur dann funktionieren, wenn alle Beteiligten einen vergleichbar großen Aufwand haben und einen angemessenen Nutzen daraus ziehen.

Zentrales Ziel der Kooperation ist eine *intensivere Bearbeitung des nationalen bzw. internationalen Marktes*; aus diesem Grund besteht die Zusammenarbeit zumeist aus koordinierten Kommunikations- und Verkaufsförderungsmaßnahmen (Homepages, Printmaterialien, Pressemitteilungen, Messeauftritte etc.).

Eine horizontale Vernetzung ist vor allem im Städte- und Kulturtourismus zu beobachten – u. a. in Form von *Städtenetzwerken* und *Themenrouten*:

▪ Bei den *Städtenetzwerken* treten mehrere Städte und Gemeinden unter einem (thematischen) Dachbegriff gemeinsam auf, um eine größere Aufmerksamkeit zu erlangen. Voraussetzungen einer erfolgreichen Kooperation sind dabei inhaltliche Schnittmengen hinsichtlich Architektur, Geschichte, Größe, Funktion etc. Als Beispiele sind u. a. zu nennen (vgl. RUDEK 2010, S. 47-48 zu einer umfangreichen Liste von Städtekooperationen):

  - „*Magic Cities Germany*" – ein Verbund der Großstädte Hamburg, Hannover, Berlin, Dresden, Düsseldorf, Köln, Frankfurt a. M., Stuttgart, München, die auf der eigenen Homepage unter dem Slogan „Come and discover the Stars" vermarktet werden (🖰 www.magic-cities.de);

  - „*Historic Highlights of Germany*" – ein Netzwerk von 14 deutschen Städten, die eine besondere kulturelle, historische bzw. wissenschaftliche Bedeutung aufweisen (u. a. Augsburg, Erfurt, Heidelberg, Münster, Potsdam, Trier, Würzburg) (🖰 www.historicgermany.com).

▪ *Themenrouten* stellen eine Möglichkeit dar, einzelne historische Stätten, Kunst- und Kulturdenkmäler, aber auch Städte miteinander zu verknüpfen; auf diese Weise kann ein neues, marktgerechtes Produkt kreiert werden. Typische Merkmale von Themenrouten sind ein bestimmtes Thema, ein festgelegter Weg mit mehreren Informations- bzw. Erlebnisstationen, eine klare Routenführung sowie die Möglichkeit der individuellen Nutzung als Self-Guided Tour (vgl. STEINECKE 2007, S. 32-35). Das Spektrum der Themen reicht dabei von historischen Persönlichkeiten über kunstgeschichtliche Epochen bis hin zu typischen regionalen Produkten – z. B.:

  - Die „*Klassikerstraße*"verbindet in Thüringen zahlreiche historische und kulturelle Sehenswürdigkeiten – und folgt dabei den Spuren berühmter Personen wie Johann Wolfgang von Goethe, Friedrich Schiller, Anna Amalia, Johann Sebastian Bach, Martin Luther u. a. (🖰 www.klassikerstraße.de).

  - Bei den „*Straßen der Römer*" handelt es sich um mehrere Routen, die in Rheinland-Pfalz, dem Saarland, Luxemburg und Lothringen zu mehr als 100 römischen Relikten führen – u. a. zu Tempelanlagen, Grabstätten, Gutshöfen, Kelteranlagen und Wasserleitungen (🖰 www.strassen-der-roemer.de).

▶ **Beispiel für eine horizontale Kooperation von Destinationen: „KölnDüsseldorf – The Meetropolis"**

Im Jahr 2012 haben die Städte Köln und Düsseldorf ein Kommunikations-konzept erarbeitet, um ihre Angebote im Bereich von Meetings, Incentives, Conventions und Events (MICE) gemeinsam zu vermarkten – mit dem Ziel, den Bekanntheitsgrad der Kongressdestination international zu steigern und die Zahl der Veranstaltungen sowie Besucherzahlen zu erhöhen:

Abb. 34: Präsentation des Kooperationsprojekts „KölnDüsseldorf – The Meetropolis" auf der Fachmesse „IMEX 2012" in Frankfurt a. M. (Quelle: Düsseldorf Marketing & Tourismus © Marc Jacquemin).

„Zum öffentlichen Auftakt der zunächst auf drei Jahre ausgelegten Kam-pagne „KölnDüsseldorf – The Meetropolis" haben sich die Nachbarstädte gemeinsam auf der Messe IMEX in Frankfurt präsentiert. Neben einem neuen Internetauftritt, der parallel zum Messeauftritt online ging, stehen weitere Aktionen wie Anzeigenkampagnen in führenden internationalen Zeitschriften auf der Agenda des Projektes.

Die Homepage gibt einen Überblick über das Angebot der Veranstal-tungsbranche in den beiden Rheinmetropolen sowie über die wirtschaftli-chen, wissenschaftlichen und kulturellen Charakteristika der Region. Dazu gehören etwa die Wissens- und Forschungslandschaft der beiden Hoch-schulstandorte sowie die Dichte an weltweit erfolgreichen Unternehmen" (⌐ www.nrw-tournews.de vom 05.06.2012).

3.3.2   Vertikale Kooperation in Destinationen

Bei der vertikalen Kooperation geht es um die organisatorische Verknüpfung von Dienstleistungen und Produkten aus unterschiedlichen Stufen der touristischen Leistungskette – also Buchung, Transport, Unterkunft, Verpflegung, Sport, Unterhaltung etc.

Diese Bereitstellung dieses *Bündels an touristischen Leistungen* gehört zu den zentralen Merkmalen einer Destination – und eine vorrangige Aufgabe jeder Destination Management Company ist es deshalb, die einzelnen Leistungsträger zur Zusammenarbeit zu motivieren, um ein stimmiges, marktgerechtes Gesamtprodukt zu kreieren. In der Praxis stoßen die entsprechenden Bemühungen jedoch häufig auf Vorbehalte und Widerstände, da die Akteure den Erfolg des eigenen Unternehmens anstreben und andere Anbieter zunächst nur als Konkurrenten betrachten.

„Gemeinsam sind wir stärker" – unter diesem Motto kann eine Destination Management Company die notwendige Überzeugungsarbeit leisten, um Hoteliers, Restaurantbesitzer, Inhaber von Verkehrsbetrieben u. a. zu einer Kooperation zu bewegen. Konkret bieten sich dann mehrere *Formen der vertikalen Vernetzung innerhalb einer Destination* an:

▨ die Durchführung gemeinsamer Kommunikations- und Verkaufsförderungsmaßnahmen (Werbung, PR, Messeauftritte etc.; → 3.2.2),

▨ die Bündelung von Angeboten im Rahmen eines Themenmarketings (Produktlinien, Events, Kampagnen; → 3.2.3.1),

▨ die Zusammenstellung von Packages (Pauschalangebote, Baukastensysteme; → 3.2.3.4),

▨ die Einbindung in lokale bzw. regionale Informations-, Reservierungs- und Buchungssysteme (→ 3.2.4.1).

Neben der internen Vernetzung gibt es aber auch die Möglichkeit, die Destination mit *externen touristischen Partnern* zu vernetzen; dazu gehören u. a.:

▨ *Kooperation mit Transportunternehmen:* So können touristische Zielgebiete z. B. die Kooperation „Fahrtziel Natur" nutzen – ein gemeinsames Projekt der „Deutschen Bahn AG" und der drei Umweltverbände „Bund für Umwelt und Naturschutz Deutschland e. V." (BUND), „Naturschutzbund Deutschland e. V." (NABU) und „Verkehrsclub Deutschland e. V." (VCD). Dieses Netzwerk verfolgt das Ziel, „ das Naturerbe und die Biodiversität durch aktive Förderung des nachhaltigen Tourismus langfristig zu sichern" (🖰 www.fahrtziel-natur.de). Zu den touristischen Partnern zählen gegenwärtig 20 Naturlandschaften in Deutschland, Österreich und der Schweiz – u. a. die Nationalparks Bayerischer Wald, Harz und Hohe Tauern Kärnten. Die

Kunden können jeweils eine CO_2-freie An- und Abreise per Bahn buchen sowie Unterkünfte und ÖPNV-Tickets für den Transport vor Ort.

▨ *Kooperation mit Freizeiteinrichtungen:* Die Destination Management Company „SalzburgerLand Tourismus GmbH" ist seit 2001 exklusiver touristischer Partner der „Jever Skihalle" in Neuss – einer großen Indoor-Freizeiteinrichtung, in der regelmäßig Events durchgeführt werden, die auch einen inhaltlichen Bezug zum Salzburger Land haben (Winterfest, Workshops mit österreichischen Skilehrern, Skirennen etc.). Eine entsprechende Zusammenarbeit besteht auch mit dem „Snej.Com All Season Ski Complex" – der ersten russischen Skihalle am Stadtrand von Moskau. Ziel dieser Kooperationen ist es, die Nachfrage nach Wintersporturlauben im „Salzburger Land" zu steigern (⟲ www.presse.salzburgerland.com/2012/10/10).

3.3.3 Laterale Kooperation von Destinationen

Bei der lateralen Vernetzung besteht kein direkter und branchenspezifischer Zusammenhang zwischen der Destination und den Partnern aus anderen wirtschaftlichen bzw. gesellschaftlichen Bereichen. Die Zusammenarbeit basiert vielmehr auf gemeinsamen Zielvorstellungen wie der Schaffung eines neuen touristischen Produkts, der Steigerung der Attraktivität bzw. der Erhöhung von Umsätzen und Teilnehmer-/Besucherzahlen.

Vorreiter dieser Entwicklung waren die Themenparks, die im Rahmen von *Cross-Promotion-Aktionen* mit Unternehmen der Konsumgüterindustrie kooperieren. Die Formen der Zusammenarbeit reichen dabei von einem Know-how-Transfer über gemeinsame Marketingmaßnahmen bis hin zur Schaffung thematischer Attraktionen bzw. „Welten", die von den Partnern gestaltet bzw. finanziert werden (vgl. Abb. 35).

Mit ihrem hohen Besucheraufkommen und ihrer entspannten Freizeitatmosphäre sind jedoch nicht nur Themenparks, sondern auch Destinationen ideale Partner für die Hersteller von Konsumgütern, die einen *neuartigen Kommunikationszugang zu den Konsumenten* suchen (speziell angesichts hoher Streuverluste bei der klassischen Print-, TV- und Radiowerbung).

Im Sinne eines unverwechselbaren Marktauftritts sollten dabei vor allem strategische Allianzen mit lokalen Unternehmen aufgebaut werden, die seit Längerem in der Destination ansässig sind und damit auch zum *angestrebten regionaltypischen Image* passen – wie z. B. Brauereien in Bayern oder Lodenhersteller in Tirol.

Neben Betrieben der Konsumgüterbranche können auch *Kultureinrichtungen* als Partner für laterale Kooperationen gewonnen werden. Für eine erfolgreiche Zusammenarbeit sollten sie aus touristischer Sicht folgende Anforderungen erfüllen (vgl. KRIEGNER 2004, S. 10-11):

- ein klares Alleinstellungsmerkmal (Architektur, Thema, Exponate etc.),
- eine besuchergerechte Infrastruktur (Größe, Ausstattung, Informations- und Führungsangebot),
- Flexibilität im organisatorischen Bereich,
- eigene Marketingaktivitäten,
- eine kundengerechte Vermittlung von Wissen (Edutainment).

Die Kooperation zwischen einer Destination Management Company und einer Kultureinrichtung kann zum einen *temporären Charakter* haben – z. B. durch die Konzeption von Packages/Pauschalangeboten anlässlich einer Sonderausstellung oder eines Festivals; zum anderen gibt es auch Formen einer *dauerhaften Zusammenarbeit* – wie das Beispiel des „Guggenheim-Museums" in Bilbao deutlich macht.

Abb. 35: Kommerzielle Themenparks praktizieren bereits seit langem eine laterale Kooperation mit Unternehmen der Konsumgüterindustrie – wie z. B. das „Ravensburger Spieleland", dessen Attraktion „Max Mäuseschreck" in Zusammenarbeit mit dem Käseproduzenten „Emmentaler Switzerland" entstand (Quelle: eigenes Foto).

▶ **Beispiel für eine laterale Kooperation: die Zusammenarbeit zwischen der Stadt Bilbao und der „Guggenheim Foundation" (New York)**

Die renommierte „Guggenheim Foundation" (New York) verfolgt seit den 1990er Jahren eine internationale Filialisierungsstrategie; gegenwärtig verfügt sie über Dependancen in Las Vegas, Bilbao und Berlin.

Große internationale Aufmerksamkeit erregte vor allem der Neubau des „Guggenheim-Museums" in Bilbao, das nach Entwürfen des Stararchitekten Frank O. Gehry errichtet wurde (1997). Durch die Zusammenarbeit zwischen der Stiftung und der Stadt entstand für beide Partner eine Win-Win-Situation:

- Die „Guggenheim Foundation" erhielt für die Verwendung ihres Namens, die Bereitstellung ihres Know-hows und die Leihgabe von 300 Kunstwerken eine Franchise-Gebühr in Höhe von 20 Mio. US-Dollar.

- Die Stadt Bilbao und die gesamte Region verzeichneten nicht nur einen erheblichen Imagegewinn, sondern auch einen großen touristischen sowie wirtschaftlichen Nutzen: Die jährliche Besucherzahl liegt bei ca. 1 Mio. Gästen, von den 60 % aus dem Ausland kommen. Durch diesen „Bilbao-Effekt" sind ca. 900 Arbeitsplätze geschaffen worden (vgl. HAARICH/PLAZA 2010, S. 154).

Dieses positive Beispiel kann jedoch nicht darüber hinwegtäuschen, dass Kooperationen neben *Chancen* auch *Risiken* aufweisen; dazu gehören u. a. (vgl. HÄNSSLER 2001, S. 8):

- der zeitliche Aufwand für alle Beteiligten,
- der finanzielle und organisatorische Aufwand für die Destination Management Company,
- ein erhöhter Abstimmungsbedarf,
- die Abgabe von Kompetenzen und Rechten.

Eine Destination Management Company sollte deshalb vor dem Beginn der Zusammenarbeit die eigenen Ziele exakt festlegen, die Aufgabenteilung klar definieren und den möglichen Nutzen realistisch einschätzen.

3.3.4   Erfolgsfaktoren der Kooperation

Sind derartige Kooperationen zwischen Destinationen und anderen Partnern überhaupt sinnvoll? Welche Bedingungen müssen erfüllt sein, damit sie gut funktionieren? Welche Probleme und Gefahren bestehen bei einer Vernetzung? Diese Fragen standen im Mittelpunkt einer umfangreichen empirischen Studie, die SILLER/PETERS/STROBL (2011) in Südtirol – speziell zum Kulturtourismus – durchgeführt haben. Sie konnten folgende *Erfolgsfaktoren von Kooperationen* abgrenzen:

- Initiativen und Einzelinteressen von Personen und Organisationen,
- Offenheit der Akteure,
- institutionelle Unterstützung (z. B. durch „Offene Foren"; → 3.4.3.4).

In der Untersuchung wurde aber auch eine Reihe von *negativen Einflussfaktoren* erfasst:

- unterschiedliche Zielvorstellungen der Partner,
- Unstimmigkeiten und Konflikte zwischen den Partnern,
- fehlende Ressourcen,
- fehlendes Vertrauen.

In vier Bereichen konnten *positive Wirkungen von Netzwerken* festgestellt werden:

- Vermarktung der Angebote, Koordination und Planung von Veranstaltungen und ökonomischer Nutzen,
- effiziente Mittelbeschaffung,
- ein verbessertes System der Aus- und Weiterbildung und damit eine Steigerung der Qualität der touristischen Produkte sowie des kulturellen Bewusstseins der Einheimischen,
- generell ein breiteres und hochwertigeres touristisches Angebot.

Während die Bildung von Netzwerken noch zum klassischen betriebswirtschaftlichen Tätigkeitsbereich einer Destination Management Company zu zählen ist, gibt es darüber hinaus übergeordnete *gesellschaftspolitische Aufgaben*:

- das Binnenmarketing (→ 3.4),
- der Schutz der natürlichen Ressourcen (→ 3.5).

▶ Zusammenfassung

- Die Kooperation bzw. Netzwerkbildung mit anderen Partnern bietet einer Destination Management Company mehrere Vorteile: größere öffentliche Aufmerksamkeit, Kostensenkung durch Nutzung von Synergieeffekten, Entwicklung neuer Ideen und Sicherung der Zukunft.

- Es gibt drei Arten von Netzwerken: horizontale, vertikale und laterale Kooperation.

- Bei der horizontalen Kooperation arbeiten Partner zusammen, die ein ähnliches Produkt anbieten – z. B. in Form von Städtenetzwerken bzw. Themenrouten.

- In vertikalen Netzwerken werden Dienstleistungen und Produkte aus unterschiedlichen Stufen der touristischen Leistungskette miteinander verknüpft – z. B. durch die Kooperation einer Destination Management Company mit Transportunternehmen oder Freizeiteinrichtungen.

- Wenn zwischen den Partnern kein direkter und branchenspezifischer Zusammenhang besteht, handelt es sich um eine laterale Kooperation – z. B. bei Allianzen zwischen einer Destination Management Company und Kultureinrichtungen bzw. Unternehmen der Konsumgüterindustrie.

- Wesentliche Erfolgsfaktoren einer Kooperation sind Initiativen von Personen und Organisationen, die Offenheit der Partner und eine institutionelle Unterstützung.

3.4 Binnenmarketing

„Es hat wenig Sinn, eine aktives, vielleicht sogar hektisches Außenmarketing zu beginnen, wenn das eigene Haus nicht bestellt ist" (MEINUNG 1991, S. 4) – mit diesem programmatischen Satz wies der damalige Direktor des „Fremdenverkehrs- und Heilbäderverbandes Rheinland-Pfalz" bereits Anfang der 1990er Jahre darauf hin, dass sich eine Destination Management Company nicht auf Aktivitäten beschränken kann, die nach außen – also auf den Markt hin – gerichtet sind.

Sie sollte vielmehr auch ein Marketing innerhalb der Destination betreiben, um eine vertrauensvolle Atmosphäre der Zusammenarbeit zu schaffen, das touristische Bewusstsein zu schärfen und ein ausgeprägtes „Wir-Gefühl" zu erzeugen. Diese interne Informations-, Aufklärungs- und Lobbyarbeit wird als *Binnenmarketing* bezeichnet.

▶ **Definition**

Binnenmarketing: „[...] alle ,nach innen' gerichteten Aktivitäten im touristischen Makrobereich, v. a. in Tourismusdestinationen [...]. Sie betreffen sowohl touristische Betriebe und deren Mitarbeiter als auch weitere, nicht primär touristische Institutionen und Personen" (FREYER 2011, S. 741).

Ansprechpartner des Binnenmarketings sind dabei die *unterschiedlichen gesellschaftlichen Anspruchsgruppen (Stakeholder)*, die in der Destination arbeiten und wohnen – und deren Lebensqualität in positiver wie (möglicherweise auch) negativer Hinsicht durch den Tourismus beeinflusst wird:

- die touristischen Akteure (→ 3.4.1),
- die Vertreter von Politik und Verwaltung (→ 3.4.2),
- die einheimische Bevölkerung (→ 3.4.3).

Um für einen einheitlichen Kenntnisstand zu sorgen und potenzielle Konflikte zu vermeiden, geht es beim Binnenmarketing zunächst darum, alle Beteiligten *sachgerecht zu informieren* – z. B. über die aktuelle wirtschaftliche Bedeutung des Tourismus bzw. über künftige Projekte und Planungen.

Darüber hinaus sollte eine Destination Management Company versuchen, die touristischen Leistungsträger, die politischen Vertreter und die Einwohner zu einer *aktiven Mitarbeit* zu motivieren – z. B. in branchenübergreifenden Netzwerken, bei der Kooperation mit anderen Städten und Kreisen oder in öffentlichen Verfahren der Bürgerbeteiligung.

3.4.1 Motivierung der touristischen Leistungsträger

Als virtuelles Unternehmen ist eine Destination Management Company auf die freiwillige Mitarbeit aller touristischen Unternehmen angewiesen. Nur wenn dieser *interne Schulterschluss der einzelnen Betriebsinhaber* gelingt, ist auch ein einheitlicher und schlagkräftiger Marktauftritt nach außen hin gewährleistet.

Einige *Instrumente zur Motivierung der touristischen Leistungsträger* werden im Folgenden anhand praktischer Beispiele erläutert:

- *Information über die Entwicklung der Nachfrage in der Destination und über Trends im Tourismus*: So verschickt z. B. die *„OstWestfalenLippe GmbH"* in Bielefeld regelmäßig per Mail den exklusiven Informationsdienst „Teuto Mini Telegramm" an ihre Mitglieder – mit aktuellen Daten der Tourismusstatistik sowie Hinweisen auf eigene Aktivitäten, Events und Kooperationsmöglichkeiten (⌂ www. teutoburgerwald.de).

- *Initiierung von Wirte-, Hotelier- bzw. Touristiker-Stammtischen*: Vielerorts haben sich „Stammtische" lokaler bzw. regionaler Touristiker gebildet. Sie treffen sich mehrmals im Jahr, um Kontakte zu anderen Akteuren zu schaffen bzw. zu vertiefen, Erfahrungen auszutauschen und gemeinsame Veranstaltungen vorzubereiten – z. B. „Kulinarische Wochen", „Häppchen-Aktionen" etc. (vgl. AUFERMANN 2011, S. 46; Abb. 36).

- *Verbesserung der Zusammenarbeit zwischen den Akteuren aus der Tourismusbranche und dem Kultursektor*: Im Herbst 2010 hat die „Tourismus Zentrale Saarland" (TZS) gemeinsam mit dem „Weltkulturerbe Völklinger Hütte" das *„1. Speed-Dating Kultur"* organisiert. Wie bei einer Partnerbörse konnten Vertreter von Kultureinrichtungen im Fünf-Minuten-Takt mit Hoteliers und Besitzern von Ferienwohnungen über geplante Kulturveranstaltungen sprechen, gemeinsam

Ideen für eine Kooperation entwickeln oder sich einfach kennenlernen (vgl. Saarbrücker Zeitung, 05.11.2010).

▣ *Information über regionale und nationale Weiterbildungsangebote*: So findet sich z. B. auf der Homepage der *„Bayern Tourismus Marketing GmbH"* eine Zusammenstellung von Fort- und Weiterbildungsinstitutionen, die von den touristischen Leistungsanbietern genutzt werden können. Dazu zählen u. a. die „Akademie für eTourismus" (Eichstätt), die virtuelle „AlpenTourismusAkademie", die „Fränkische Tourismus Akademie" (FTA) und das „CenTouris" (Centrum für marktorientierte Tourismusforschung der Universität Passau) (⌂ www. daby.bayern.by/de/weiterbildung-im-tourismus).

Abb. 36: Die Gastronomen in Remagen arbeiten seit mehreren Jahren in einem „WirteStammtisch" zusammen. Neben regelmäßigen Treffen organisieren sie auch öffentliche Veranstaltungen, um auf ihr Leistungsspektrum aufmerksam zu machen – wie z. B. die „Häppchen-Aktion" im Herbst 2012 mit einem Auftritt des Kabarettisten Jürgen Becker (Quelle: Stadt Remagen, Foto: Marc Bors).

▣ *Durchführung von Informationsveranstaltungen*: Im Rahmen der Reisemesse „Caravan, Motor und Tourismus" (CMT) findet z. B. jedes Jahr in Stuttgart der *„Tourismustag Baden-Württemberg"* statt – mit Vorträgen von Politikern und Experten. Die Veranstaltung gilt als der größte Tourismuskongress des Landes; sie richtet sich an alle Leistungsanbieter und Akteure im baden-württembergischen Tourismus. Die etwa 1.200 Teilnehmerinnen und Teilnehmer kommen aus Kommunen, Verbänden und Tourismusbetrieben, speziell der Hotellerie und Gastronomie (⌂ www.mlr.baden-wuerttemberg. de/ Tourismustag). Derartige „Tourismustage" werden in zahlreichen Destinationen auf lokaler, regionaler und nationaler Ebene durchgeführt; sie dienen nicht nur der Information und Motivation der Teilnehmer, sondern vor allem auch der Netzwerkbildung zwischen den touristischen Akteuren.

▪ *Verankerung von Binnenmarketingmaßnahmen im Tourismuskonzept der Destination:* Der deutsch-schweizerische Tourismusverband „Tourismus Untersee" hat z. B. im Jahr 2010 ein Tourismuskonzept erarbeitet; zu den zahlreichen Maßnahmenvorschlägen zählt u. a. das Binnenmarketingprojekt „Untersee-Botschafter": Es sieht vor, dass – neben den Hoteliers – „künftig auch Zimmervermieter, Mitarbeiter von Gastronomiebetrieben und Gasthöfen, Mitarbeiter von Bootsanbietern, Bäckereien usw. ganz bewusst zu Botschaftern für die grenzüberschreitende Region Untersee herangebildet werden und Wissen über die Region an die Gäste weitergeben" (Tourismus Untersee 2010, S. 14; vgl. auch Stadt Altena 2011, S. 94-94 zu Binnenmarketingmaßnahmen im Rahmen eines städtischen Tourismuskonzepts).

3.4.2   Mitwirkung in politischen Gremien

Im Gegensatz zu privatwirtschaftlichen Destinationen wie Ferienclubs, Themenparks etc. handelt es sich bei touristischen Zielgebieten nicht um Unternehmen, sondern um öffentliche Räume und damit um *politische bzw. administrative Regionen.* Das theoretische Konzept der Destination sieht zwar vor, dass diese als strategische Wettbewerbseinheit im Tourismus geführt werden soll; in der Praxis erweisen sich aber die politische Abhängigkeit und speziell das Kirchturmdenken der politischen Entscheidungsträger als Hemmnisse bei der Destinationsbildung (→ 1.3.1).

Die Vertreter von Politik und Verwaltung sind in der Regel keine speziell ausgebildeten Tourismusexperten; gleichzeitig verfügen sie aber über die *Entscheidungsbefugnis in touristischen Angelegenheiten* – z. B. bei der Zuweisung und Verwendung finanzieller Mittel sowie der Einstellung von Mitarbeitern/-innen:

▪ Diese Restriktion gilt vor allem für die Mehrzahl der deutschen Tourismusorganisationen, die als *Ämter* geführt werden – z. B. als Verkehrs- bzw. Fremdenverkehrsamt (ca. 58 %). Dabei wird zwischen *Regiebetrieben* und *Eigenbetrieben* unterschieden: Ein Regiebetrieb ist eine Abteilung der öffentlichen Gemeinde- oder Stadtverwaltung; er agiert auf der Basis der Gemeindeordnung und kann in verwaltungsmäßigen, rechtlichen und rechnerischen Fragen nicht selbstständig handeln. Bei einem Eigenbetrieb gliedert eine Stadt oder Gemeinde bestimmte Aufgaben aus der Verwaltung aus und stellt dafür das notwendige Stammkapital zur Verfügung. Kommunale Eigenbetriebe wie z. B. Wasserwerke, Kurbetriebe und Theater werden nach kaufmännisch-wirtschaftlichen Regeln geführt, sind aber rechtlich unselbstständig (vgl. MUNDT 2004, S. 146-155; LUFT 2007, S. 125-177 zu den Vor- und Nachteilen der unterschiedlichen Rechtsformen von Tourismusorganisationen).

▓ Doch auch Tourismusorganisationen in Form einer *Gesellschaft mit beschränkter Haftung (GmbH)* unterliegen einer erheblichen politischen Einflussnahme, da die jeweilige Stadt oder Gemeinde zumeist Mehrheitsgesellschafter ist und deshalb auch die zentrale Aufsichtsfunktion wahrnimmt. Obwohl in den letzten Jahren ein Trend zur Umwandlung von Fremdenverkehrsämtern in Tourismus-GmbHs zu beobachten war, nutzen bislang erst 14,3 % der deutschen Tourismusorganisationen diese flexible und leistungsorientierte Rechtsform (vgl. BAUR/VOLLE/QUACK 2004, S. 15).

Angesichts dieser hochgradigen Politisierung der öffentlichen Tourismusarbeit muss sich eine Destination Management Company darum bemühen, die politischen Entscheidungsträger als *berechenbare und engagierte Partner* zu gewinnen. Im Mittelpunkt steht dabei die Aufklärung über die spezifischen Arbeitsbedingungen und die Marktbesonderheiten des Tourismus, aber auch die inhaltliche Einbindung in touristische Strategien und Planungen. Dazu ist es notwendig,

▓ regelmäßig *interne Besprechungen* mit Politikern und Behörden durchzuführen, um Verständnis für die Interessen der Tourismusbranche zu schaffen;

▓ das organisatorische Instrument eines *Fachbeirats* zu nutzen, in dem Politiker und Vertreter der Verwaltung vorab exklusive Informationen erhalten bzw. eigene Vorstellungen einzubringen können;

▓ öffentliche Veranstaltungen, Pressekonferenzen und Messeauftritte zu organisieren, die von Politikern als *Plattformen der Selbstdarstellung* genutzt werden können;

▓ aktiv in *kommunalen Gremien* (Stadt-/Gemeinderat, Fachausschüsse) mitzuwirken, um dort die touristischen Interessen zu vertreten, sich als kompetenter Gesprächspartner zu präsentieren und damit die Akzeptanz der eigenen Arbeit zu erhöhen.

▶ **Beispiel für Lobbyarbeit im Tourismus:
Metropolregion Bremen-Oldenburg**

Die Metropolregion Bremen-Oldenburg hat im Jahr 2012 ein „Positionspapier zur Bedeutung des Tourismus" erarbeitet, das u. a. mehrere Maßnahmen im Bereich des Lobbying vorschlägt:

„■Die handelnden Akteure der Metropolregion transportieren bei ihren Auftritten immer auch die Belange des Tourismus mit. Das heißt, in allen erklärenden Publikationen – egal für welche Branche – wird immer auch die wichtige Rolle des Tourismus in und für die Region mit dargestellt. Der fachliche Input wird von den touristischen Destinationen beigesteuert oder mit diesen in enger Abstimmung erstellt.

- Die in der Metropolregion aktiven politischen Vertreter setzen sich für eine Verbesserung der Rahmenbedingungen im Tourismus ein (z. B. Ausbau der Beratungsförderung, Optimierung der Ferienzeitenregelung, Verbesserung der verkehrlichen Erreichbarkeit, Fachkräftegewinnung auch für Saisonarbeitsplätze im nationalen und internationalen Umfeld etc.).

- In Hinblick auf neue EU-Förderperioden ist seitens der politischen Vertreter darauf hinzuwirken, dass sich die Landesregierungen für die Verankerung des Themas Tourismus in den Strukturfonds einsetzen. [...]

- Bei Präsentationen der Metropolregion im In- und Ausland regt die Metropolregion an [...], dass auch das touristische Potenzial und die Leistungsfähigkeit der touristischen Anbieter mit kommuniziert werden. Sie übernimmt hier die Rolle des „Anwalt des Tourismus". Von den touristischen Destinationsorganisationen werden Marketingmaterialien zur Verfügung gestellt. Ggf. ermöglicht die Metropolregion auch Partnerschaften zu anderen Branchen, um gemeinsame Aktionen durchzuführen (z. B. Messekooperationen bei *nichttouristischen* Messen)." (Metropolregion Bremen-Oldenburg 2012, S. 26).

3.4.3   Integration der Bevölkerung

Als weitere Anspruchsgruppe innerhalb einer Destination ist schließlich die einheimische Bevölkerung zu nennen, die in unterschiedlichem Maße von der touristischen Entwicklung betroffen sein kann:

- Zum einen gibt es die *direkten Nutznießer*, die Einnahmen aus dem Tourismus erzielen (als Unternehmer) oder in touristischen Betrieben beschäftigt sind (als Arbeitnehmer).

- Zum anderen finden sich *indirekte Nutznießer*, die in anderen Wirtschaftsbereichen tätig sind, aber das gepflegte Ortsbild genießen und die zahlreichen touristischen Einrichtungen in Anspruch nehmen (Restaurants, Thermen, Skipisten etc.).

- Darüber hinaus leben aber auch gesellschaftliche Gruppen in einer Destination, die *keine direkten oder indirekten Nutzen* haben: Sie partizipieren nicht an den Einnahmen und können die touristische Infrastruktur aufgrund niedriger Einkommen nicht nutzen. Gleichzeitig sind sie aber den Belastungen ausgesetzt, die der Tourismus häufig mit sich bringt – z. B. ein hohes Besucher- und Verkehrsaufkommen sowie ein steigendes Preisniveau. Darüber hinaus haben manche Einwohner auch andere wirtschaftliche Interessen (z. B. Landwirte) oder moralische Vorstellungen (z. B. Kirchenvertreter).

Eine Destination Management Company steht also vor der Herausforderung, die Interessen dieser unterschiedlichen Gruppen bei ihrer Arbeit zu berücksichtigen und zugleich eine *möglichst harmonische Atmosphäre* zu schaffen:

▤ Ziel sollte es zunächst sein, durch Information und Aufklärung für ein ausgeprägtes *Tourismusverständnis* zu sorgen: Alle Einwohner sollten wissen, welche Bedeutung der Tourismus als regionaler Wirtschaftsfaktor spielt; auf diese Weise kann eine größere Akzeptanz der negativen Begleiterscheinungen des Tourismus erreicht werden.

▤ Im Weiteren geht es darum, das *Tourismusbewusstsein* zu steigern – also ein „Wir-Gefühl" zu erzeugen und die einheimische Bevölkerung zur aktiven Mitarbeit zu motivieren.

▶ **Definition**

Tourismusbewusstsein: „[...] die Reflexion einer ganzheitlichen und umfassen Wahrnehmung des Tourismus mit all seinen Vor- und Nachteilen durch die einheimische Bevölkerung. Vereinfacht könnte man sagen: Tourismusbewusstsein ist das, was man spürt, wenn man an Touristen denkt" (MÜLLER 2001, S. 126).

Eine mangelhafte Transparenz und Einbeziehung kann dauerhafte Konflikte auslösen, die u. a. in öffentlichen Protesten zum Ausdruck kommen – von Leserbriefen und Graffiti über Demonstrationen bis hin zur Gründung von Bürgerinitiativen (vgl. Abb. 37).

Neben der Vermeidung von Konflikten gibt es weitere *Gründe für eine Einbeziehung der Bevölkerung in die lokale oder regionale Tourismusarbeit*: So ist eine Destination Management Company z. B. bei der Finanzierung öffentlicher Aufgaben und Projekte, aber auch bei raumrelevanten Planungen auf eine positive Einstellung und eine Unterstützung der Öffentlichkeit angewiesen. Außerdem tragen die Einheimischen durch ihr Verhalten gegenüber den Urlaubern wesentlich zu einer *offenen, gastfreundlichen Atmosphäre* bei (vgl. BIEGER/BERITELLI 2013, S. 215).

Abb. 37: Eine unzureichende Integration der Bevölkerung in touristische Planungen kann zu gravierenden Konflikten in einer Destination führen. Deutliche Warnsignale für Fehlentwicklungen sind z. B. Leserbriefe, Graffiti (wie hier an einer Bauruine am Strand von Es Trenc auf Mallorca), Protestaktionen, Demonstrationen und die Gründung von Bürgerinitiativen (Quelle: eigenes Foto).

3.4.3.1   Erfassung des Tourismusbewusstseins

Ist die Bevölkerung generell mit der touristischen Entwicklung der Destination einverstanden? Gibt es Hinweise auf Benachteiligungen, Belastungen und Konfliktfelder? Diese Fragen stehen am Anfang aller Maßnahmen des Binnenmarketings, die sich auf die Einwohner beziehen. In kleineren Destinationen lassen sie sich durch persönliche Beobachtungen und Gespräche rasch beantworten; in größeren Zielgebieten kann es hingegen notwendig sein, empirische Erhebungen durchzuführen, um ein *realistisches Bild des Tourismusbewusstseins* zu erhalten:

▦ Bereits in den 1990er Jahren kam eine umfangreiche Studie in *sechs schweizerischen Tourismusregionen* zu dem Ergebnis, dass vor allem die wirtschaftlichen Effekte des Tourismus durchweg positiv betrachtet wurden (Einkommen, Arbeitsplätze, Abwanderungsstopp, Einkaufsmöglichkeiten etc.). Uneinheitlichkeit bestand hinsichtlich der Frage, ob das Zusammengehörigkeitsgefühl durch den Tourismus eher geschwächt oder gestärkt wird. Kritisch wurden folgende Aspekte der Lebensqualität gesehen: das Niveau der Löhne, Steuern und Immobilienpreise sowie die Vielfalt des Arbeitsplatzangebots (vgl. MÜLLER 2001, S. 128-130).

Grundeinstellungen der Wiener Bevölkerung zum Tourismus	
Wien ist für Touristen eine tolle Stadt.	97 %
Wien tut viel für seine Touristen.	89 %
Ich bin stolz darauf, dass Wien für Touristen so attraktiv ist.	86 %
Ich fühle mich gegenüber den Touristen zur Gastfreundschaft verpflichtet.	76 %
Ich begrüße es, dass Jahr für Jahr mehr Touristen nach Wien kommen.	71 %
Wien bietet für Touristen mehr als andere europäische Städte.	64 %
Ich habe selbst oft mit Touristen in Wien zu tun.	23 %
Wien ist von Touristen sehr überlaufen.	34 %
Wien ist für Touristen eher langweilig.	5 %
Ich fühle mich durch die Touristen in Wien in meinem Alltag gestört.	5 %

Tab. 7: Empirische Erhebungen bieten die Möglichkeit, ein aktuelles Bild des Tourismusbewusstseins der Bevölkerung zu erhalten. Die Ergebnisse können dazu genutzt werden, bestehende Defizite zu erfassen und Maßnahmen zur Verbesserung der Situation durchzuführen (Quelle: eigene Darstellung nach Angaben in Wien Tourismus 2011, Folie 3).

Auch die Bevölkerung der *österreichischen Bundeshauptstadt Wien* steht dem Tourismus eher positiv gegenüber: Die Mehrzahl sieht ihn als wichtigen Bestandteil des Wirtschaftslebens; 71 % sprechen sich dafür aus, dass noch mehr Touristen nach Wien kommen sollen. Allerdings empfindet jeder Dritte die Stadt bereits als überlaufen; durch neue Angebote abseits der wichtigsten Sehenswürdigkeiten könnte für eine bessere Verteilung der Besucherströme gesorgt werden. Weitere Verbesserungsvorschläge bezogen sich auf die Qualität der Taxis, die allgemeine Sauberkeit, die Servicestandards in Restaurants und die Mehrsprachigkeit der Anzeigen in öffentlichen Verkehrsmitteln (vgl. Wien Tourismus 2011; vgl. Tab. 7).

3.4.3.2   Information und Aktivierung

Wie bei den beiden anderen Anspruchsgruppen (Leistungsträger, Politik/Verwaltung) besteht auch bei der einheimischen Bevölkerung ein hoher tourismusbezogener Informationsbedarf – speziell in Destinationen, die sich in der Einführungs- und Wachstumsphase ihres Produktlebenszyklus befinden.

Anhand einiger praktischer Beispiele sollen die *Instrumente* erläutert werden, die eine Destination Management Company einsetzen kann, um den Kenntnisstand zu verbessern:

▪ *Herausgabe von speziellen Broschüren bzw. Flyern zur wirtschaftlichen Bedeutung des Tourismus in der Destination und zum generellen Nutzen für die einheimische Bevölkerung:* Unter dem Motto „Wir sind Tourismus – nur gemeinsam sind wir stark" haben die „IHK für München und Oberbayern", der „Bayerische Hotel- und Gaststättenverband" (DEHOGA Bayern) und der „Tourismusverband München-Oberbayern" eine regionale Kampagne gestartet. Ziel der Initiative ist es, „möglichst viele Menschen dafür zu sensibilisieren, dass Tourismus, Arbeitsmarkt und Lebensqualität in Oberbayern untrennbar miteinander verbunden sind". Dazu wurde u. a. eine Informationsbroschüre mit Daten zur wirtschaftlichen Bedeutung des Tourismus veröffentlicht (🖰 www.muenchen.ihk.de).

▪ *Durchführung von Stadtrundfahrten und Konzeption von Pauschalangeboten für die einheimische Bevölkerung:* Speziell bei umfangreichen Neubau- und Infrastrukturprojekten besteht ein großer Informationsbedarf. Unter dem Slogan *„Schaustelle Berlin"* organisierte die Stadtmarketinggesellschaft „Partner für Berlin" deshalb in den Jahren 1995 bis 2005 ein umfangreiches Veranstaltungsangebot, das jährlich von ca. 100.000 Besuchern genutzt wurde. Neue Wege des Binnenmarketings beschreitet auch die „Bochum Marketing GmbH", die spezielle Pauschalangebote für Einheimische entwickelt hat (vgl. Abb. 38).

▪ *Kooperation mit allgemeinbildenden Schulen sowie Berufs- und Fachschulen:* Um das regionale Tourismusbewusstsein zu steigern, kann das Thema „Tourismus in unserer Destination" auch zum Gegenstand des Schulunterrichts gemacht werden. Dazu ist es notwendig, didaktische Materialien zu erarbeiten, die den Lehrkräften kostenlos zur Verfügung gestellt werden. Das *„Touriseum"* in Meran gibt z. B. die umfangreiche Informationsmappe „Reise-Zeiten: Zur Geschichte des Tourismus in Tirol" heraus, die Farbfolien, Kopiervorlagen, Legespiele etc. enthält (vgl. FRITSCHE/SULZENBACHER 2004).

Abb. 38: Mit der Aktion „Hallo Nachbar" animiert die „Bochum Marketing GmbH"
die einheimische Bevölkerung, einmal Tourist in der eigenen Stadt zu sein – inkl.
Hotelübernachtung, Stadtführung und Abendprogramm. Mario Schiefelbein,
Geschäftsführer der „Bochum Marketing GmbH" (links) und Daniel Hoffacker,
Direktor des „Park Inn Hotel", präsentieren die Flyer (Quelle: Lutz Leitmann,
Stadt Bochum/Presseamt).

3.4.3.3   Aktivierung der Einwohner

In einem weiteren Schritt kann eine Destination Management Company versuchen, die einheimische Bevölkerung zu einer *aktiven Mitarbeit im Tourismus* zu motivieren – z. B. durch:

- *Schaffung von Kommunikationsmöglichkeiten auf der Website der Stadt bzw. Destination*: Die Stadt Worms organisiert z. B. den *„Haushalt im Dialog"* – eine Online-Aktion, bei der die Bürger konkrete Vorschläge zur Verbesserung von Einnahmen und Ausgaben machen und auch bewerten können. Die besten Ideen werden zunächst durch die Verwaltung fachlich geprüft und anschließend in den politischen Gremien beraten. Auf der Internet-Plattform können sich die Bürger über den Stand der Bearbeitung informieren. Einer der Sparvorschläge des Jahres 2012 lautete: „Tourismus und Stadtmarketing zusammenführen" (⌂ www. dialog-worms.de).

- *Durchführung von öffentlichen Ideenwettbewerben zur Verschönerung der Destination bzw. zu neuen touristischen Produkten*: Mit Hilfe von Wettbewerben können die Einwohner angeregt werden, gemeinsam Perspektiven zur Verbesserung der Lebensqualität generell und speziell zum Tourismus zu entwickeln. Im Jahr

2013 findet z. B. zum 24. Mal der Bundeswettbewerb *„Unser Dorf hat Zukunft"* statt, der vom Bundesministerium für Ernährung, Landwirtschaft und Verbraucherschutz (BMELV) ausgeschrieben wird. Auf regionaler Ebene ist der innovative Jugend-Wettbewerb der Metropolregion Rhein-Neckar zu nennen: *„Heimat neu erfahren: Frische Tourismus-Ideen für die Region"* (vgl. Abb. 39).

Abb. 39: Zur Stärkung des Wir-Gefühls hat die Metropolregion Rhein-Neckar im Jahr 2012 zahlreiche Binnenmarketingmaßnahmen durchgeführt – u. a. den Jugend-Wettbewerb „Heimat neu erfahren: Frische Tourismus-Ideen für die Region" (Quelle: Verband Region Rhein-Neckar, Foto: Stefan Longin).

3.4.3.4   Institutionalisierte Partizipation

Um den Einwohnern eine aktive Mitwirkung in der Tourismusarbeit zu ermöglichen, kann eine Destination Management Company nicht nur zeitlich begrenzte Aktionen durchführen, sondern auch dauerhafte Institutionen schaffen; dazu zählen u. a.:

■ *„Offenes Forum Tourismus"*: Diese Methode wurde bereits in den 1990er Jahren bei der Erarbeitung von Tourismuskonzepten eingesetzt (z B. in der Rhön). Um die spätere Akzeptanz der Maßnahmenvorschläge zu erhöhen, finden zumeist öffentliche Auftaktveranstaltungen statt (Paukenschlag-Events), bei denen touristische Leistungsträger, politische Entscheidungsträger und interessierte Bürger über die Ziele und Arbeitsweise der externen Gutachter informiert werden. Dort können die Akteure auch Kritik üben, Angebotsdefizite benennen und eigene Ideen einbringen (vgl. FERRANTE 1998, S. 903-904). Um diesen öffentlichen Diskurs fortzusetzen und zu intensivieren, werden anschließend Arbeitskreise zu unterschiedlichen Themen eingerichtet.

► **Beispiel für ein „Offenes Forum Tourismus" (OFT):
Biosphärenreservat Rhön**

Der Verein „Natur- und Lebensraum Rhön" erarbeitete bereits im Jahr 1993 ein Konzept für die touristische Entwicklung der Region. Ein wesentlicher Bestandteil war dabei – neben der fachlichen Unterstützung durch einen Berater – die aktive Beteiligung der lokalen Bevölkerung. Insgesamt nahmen ca. 80 Personen an zahlreichen Sitzungen teil und erarbeiteten mehr als 270 Handlungsvorschläge.

„Die Maßnahme setzte sich aus zwei Aktionsbereichen zusammen:

■ ein „Offenes Forum Tourismus" (OFT), bei dem es sich um eine Art interdisziplinären Runden Tisch handelt, mit dem Ziel einer möglichst großen Beteiligung und Zustimmung eines Großteils der Bevölkerung zu einem Entwicklungsprojekt. Aufgabe des Forums war es, Leitlinien zu bestimmen und die zu ergreifenden Maßnahmen festzulegen. [...] Vier thematische Arbeitsgruppen (Dienstleistungen, Lebensraum, Lebensmittel und Getränke, Infrastruktur und Dorfverschönerung, regionale Möglichkeiten, Landschaft und Natur sowie Verkehrsmittel), die sich aus freiwilligen Helfern zusammensetzten, wurden damit beauftragt, die vorgeschlagenen Maßnahmen auszubauen und zu fördern.

■ ein „Tourismus-Leitbild": Dieses Konzept für nachhaltige touristische Entwicklung wurde vom Forum ausgearbeitet und angenommen und beruht daher auf einem breiten Konsens. Es verdeutlicht die Stärken und Schwächen des Angebots, listet die betroffenen Akteure auf und schlägt eine Entwicklungsstrategie vor" (⌐ www.fao.org/sard/static/ leader/de/actions/t09de.pdf Projekt).

▫ *„Zukunftswerkstätten":* So startete z. B. die baden-württembergische Gemeinde Königsbronn im Jahr 2008 eine *„Zukunfts-Initiative"*, um die Identifikation der Bevölkerung mit der Gemeinde zu stärken. Der Arbeitskreis „Wir-Gefühl/ Kommunikation" versucht, auf die lokalen Attraktionen aufmerksam zu machen und den Gemeinsinn zu stärken. Dazu führt er jährlich mehrere publikumswirksame Veranstaltungen durch – von der „Geranienblüte" und der „Weihnachtsbaum-Aktion" bis hin zum „Lichtermeer am Itzelberger See" (⌐ www. koenigsbronn.de).

Abb. 40: Mit dem Modellprojekt „Nachhaltiges Garmisch Partenkirchen" soll die ökonomische, ökologische und soziale Zukunftsfähigkeit der Marktgemeinde im 21. Jahrhundert sichergestellt werden. Um einen breiten Konsens zu erreichen, finden regelmäßig Veranstaltungen statt, bei denen interessierte Bürger eigene Vorschläge einbringen können – wie z. B. bei diesem „Runden Tisch" zum Thema „Zukunftsfähige und nachhaltige Lebensmittel- und Landwirtschaft" (Quelle: SP Group Beratungsagentur für Nachhaltigkeit; Ralf K. Stappen).

Ähnliche Formen einer Bürgerbeteiligung gibt es auch in anderen Destinationen; zu nennen sind u. a.:

- das Modellprojekt „Nachhaltiges Garmisch Partenkirchen" (vgl. Abb. 40),
- die Aktion „Mitgestaltende Bürgerbeteiligung" der Stadt Heidelberg,
- die Initiative „Bürger aktiv" der Südtiroler Marktgemeinde Naturns (vgl. Abb. 48).

Als *Grundproblem aller Formen der Bürgerbeteiligung* erweist sich allerdings die Kontinuität der Mitarbeit: Sobald die anfängliche Skepsis überwunden ist, beginnt eine Phase der Euphorie, die jedoch rasch wieder abklingt. Wenn eine Destination Management Company ernsthaft an der Meinung und Mitwirkung der einheimischen Bevölkerung interessiert ist, sollte sie sich deshalb auf *möglichst konkrete Maßnahmen* konzentrieren und auch ständig *neue Impulse für eine Bürgerbeteiligung* geben (z. B. durch eine Berichterstattung in den Medien oder Vorträge auswärtiger Referenten zu aktuellen, praxisnahen Themen).

► **Zusammenfassung**

■ Ein einheitlicher Marktauftritt (nach außen) kann nur gelingen, wenn zwischen allen Akteuren innerhalb einer Destination eine vertrauensvolle Atmosphäre der Zusammenarbeit besteht.

■ Um dieses „Wir-Gefühl" zu erzeugen, ist ein Binnenmarketing notwendig, mit dem die unterschiedlichen Anspruchsgruppen als Partner gewonnen werden: die touristischen Akteure, die Vertreter von Politik und Verwaltung sowie die einheimische Bevölkerung.

■ Erfolgreiche Maßnahmen zur Motivierung der touristischen Leistungsträger sind z. B. Newsletter, Informationsveranstaltungen, Treffen mit Vertretern anderer Wirtschafts- und Gesellschaftsbereiche sowie Wirte-, Hotelier- bzw. Touristiker-Stammtische.

■ Darüber hinaus muss eine Destination Management Company intensive politische Lobbyarbeit betreiben, um Verständnis für ihre Interessen zu wecken – z. B. durch einen intensiven Dialog mit den Entscheidungsträgern, die Mitarbeit in kommunalen Gremien und die Einrichtung von Fachbeiräten.

■ Schließlich sollte das Tourismusverständnis und -bewusstsein der einheimischen Bevölkerung gefördert werden, um sie zur Mitarbeit zu animieren – z. B. durch Informationsveranstaltungen, Ideenwettbewerbe, interaktive Kommunikationsmöglichkeiten und eine institutionalisierte Partizipation („Offene Foren", „Zukunftswerkstätten").

► **Weiterführender Lesetipp**

LINKENBACH, R. (2009): Innenmarketing im Tourismus: Ein Leitfaden für die Praxis, 2. Aufl. Gerlingen

In diesem praxisorientierten und anschaulichen Buch berichtet die Autorin über ihre langjährigen Erfahrungen bei der Durchführung von Motivations- und Binnenmarketing-Seminaren; außerdem gibt sie zahlreiche Anregungen für die eigene Arbeit (inklusive Checklisten).

BMVBS (Bundesministerium für Verkehr, Bau und Stadtentwicklung) (Hrsg.; 2012): Handbuch für eine gute Bürgerbeteiligung. Planung von Großvorhaben im Verkehrssektor, Berlin

Das Handbuch enthält zahlreiche Vorschläge, wie die formelle Beteiligung von Behörden bei Planungs- und Genehmigungsverfahren verbessert und um informelle Maßnahmen der Bürgerbeteiligung ergänzt werden kann (z. B. Veröffentlichung im Internet, Runde Tische).

3.5 Schutz der natürlichen Ressourcen

„Der Tourismus ist wie ein Feuer: Man kann seine Suppe damit kochen, aber auch sein Haus verbrennen" – dieses asiatische Sprichwort veranschaulicht in einfacher Weise die Ambivalenz jeder touristischen Entwicklung. Allerdings verstellt das ausschließlich ökonomisch orientierte Destinationskonzept den Blick auf die Tatsache, dass die Tourismusbranche – wie jeder andere Wirtschaftszweig – natürliche Ressourcen benutzt und deshalb auch schädigen bzw. verbrauchen kann. Zu den typischen *touristischen Umweltsünden* zählen (vgl. STEINECKE 2011, S. 100-103):

- Landschaftszersiedelung,
- Landschaftszerstörung,
- Landschaftsverschmutzung,
- Wasserverschmutzung,
- Luftverschmutzung,
- Tier- und Pflanzengefährdung.

Diese ökologischen Belastungen waren bereits in den 1970er Jahren während des touristischen Nachfragebooms offenkundig geworden – speziell in den Alpen und in mediterranen Zielgebieten. So machte z. B. der Schweizer Tourismusmanager und spätere Tourismusforscher KRIPPENDORF (1975) in seinem Buch „Die Landschaftsfresser. Tourismus und Erholungslandschaft – Verderben oder Segen" auf den enormen Flächenbedarf des Tourismus und die dadurch ausgelöste Zersiedelung aufmerksam.

In den 1980er Jahren setzte eine breite fachliche und auch öffentliche Diskussion über diese touristisch bedingten Umweltschäden (sowie die soziokulturellen Belastungen) ein. Gleichzeitig begann die Suche nach neuen Modellen einer touristischen Entwicklung – zunächst unter den Begriffen *„sanfter Tourismus"* sowie *„umwelt- und sozialverträglicher Tourismus"*.

Im Jahr 1987 veröffentlichte die „Weltkommission für Umwelt und Entwicklung" die Studie „Our Common Future", die nach der Kommissionsvorsitzenden – der ehemaligen norwegischen Ministerpräsidentin Gro Harlem Brundtland – allgemein als „Brundtland-Bericht" bezeichnet wird. In dieser Veröffentlichung wurde der Begriff *„Nachhaltige/dauerhafte Entwicklung"* (Sustainable Development) als generelle Zielvorstellung für internationales Handeln definiert (vgl. BECKER/JOB/WITZEL 1996, S. 1).

In der Folge wurde dieser Begriff auch auf den Tourismus übertragen; neben dem übergeordneten Ziel (Gestaltungsrecht zukünftiger Generationen) umfasst eine *nachhaltige touristische Entwicklung* fünf Bereiche (vgl. MÜLLER 2001, S. 127):

- intakte Natur und Ressourcenschutz,
- vielfältige Kultur und Kulturgüterschutz,
- Optimierung des subjektiven Wohlbefindens,
- optimale Befriedigung der Gästewünsche,
- Mehrung des materiellen Wohlstands.

▶ **Definition**

Dauerhafte Entwicklung: „[...] Entwicklung, die die Bedürfnisse der Gegenwart befriedigt, ohne zu riskieren, daß künftige Generationen ihre eigenen Bedürfnisse nicht befriedigen können" (HAUFF 1987, S. 46).

Generell gilt es, alle Nachhaltigkeitsziele gleichermaßen im Blick zu behalten. Dennoch spielt die *intakte Natur* für nahezu alle Destinationen eine herausragende Rolle (mit Ausnahme von Städten und kommerziellen Erlebnis- und Konsumwelten) – zum einen aufgrund der *extremen Standortgebundenheit des touristischen Angebots*, zum anderen aufgrund des *steigenden Umweltbewusstseins der Urlauber*.

Was kann eine Destination Management Company nun tun, um die natürlichen Ressourcen zu schützen und eine hohe Umweltqualität zu gewährleisten? Gegenwärtig steht ein *umfangreiches Instrumentarium* zur Verfügung, das in den letzten Jahrzehnten entwickelt und erprobt worden ist; es umfasst u. a.:

- Umweltschutzmaßnahmen auf betrieblicher Ebene (→ 3.5.1),
- Umweltschutzmaßnahmen im Verkehrssektor (→ 3.5.2),
- Maßnahmen zum Schutz der Landschaft (→ 3.5.3).

3.5.1   Umweltschutzmaßnahmen auf betrieblicher Ebene

Eine Destination Management Company sollte mit gutem Beispiel vorangehen und in ihrer Geschäftsstelle alle *Möglichkeiten einer umweltfreundlichen Bürobetriebs* nutzen; dazu zählen z. B. (vgl. Rewe-Touristik o. J.):

- Vermeidung, Verwertung und sonstige Entsorgung von Abfällen,
- Wassersparmaßnahmen,
- Energiesparmaßnahmen,
- Umweltschutz bei Bau, Einrichtung und Außenanlagen,
- Information der Mitarbeiter und Gäste.

Darüber hinaus kann sie die touristischen Akteure ermuntern, betriebliche Maßnahmen zur Verringerung der Umweltbelastungen umzusetzen – z. B. durch

Informationsveranstaltungen und *Wettbewerbe*: Als Vorreiter ist die Aktion „Umwelt-bewusster Hotel- und Gaststättenbetrieb" zu nennen, die das Umweltministeri-um des Freistaates Bayern bereits im Jahr 1991 in Zusammenarbeit mit dem Wirtschaftsministerium, dem Bayerischen Hotel- und Gaststättenverband sowie dem Landesfremdenverkehrsverband Bayern durchgeführt hat. Im Rahmen dieses Wettbewerbs wurden die teilnehmenden Betriebe in sechs umweltrelevan-ten Bereichen untersucht, mit einem Punktesystem bewertet und ausgezeichnet. Außerdem wurde ein Leitfaden erarbeitet, der 274 praktische Tipps enthält – für das Restaurant, die Küche, den Büro- und Empfangsbereich etc. (vgl. ZIMMER 1995, S. 113).

Nach dem Vorbild dieser Initiative wurden inzwischen in zahlreichen deutschen Destinationen entsprechende Umweltschutzmaßnahmen umgesetzt; auch auf *internationaler Ebene* gibt es vergleichbare Wettbewerbe und Kampagnen – z. B. (vgl. VIEGAS 1998, S. 35-42):

▦ der „EMAS Award" (Eco-Management and Audit Scheme) der Europäischen Kommission,

▦ die „International Hotels Environment Initiative" (IHEI),

▦ das „Green-Globe"-Programm des „World Travel & Tourism Council" (WTTC).

Eine weitere Maßnahme zur Reduzierung von Umweltbelastungen auf betriebli-cher Ebene sind *Umweltgütesiegel*, die zumeist auf einer kombinierten Bewertung von Maßnahmen einer umweltorientierten Betriebsführung basieren. Als Anreiz für eine Teilnahme werden die teilnehmenden Betriebe zumeist durch spezielle Marketingmaßnahmen unterstützt (→ 3.2.6.3).

▶ **Beispiel für Umweltschutzmaßnahmen in Hotels: „The Westin Grand Hotel Berlin"**

Das Luxushotel „The Westin Grand Hotel Berlin", das zur internationalen „Starwood Hotels and Resorts"-Kette gehört, führt eine Reihe von Um-weltschutzmaßnahmen durch; dazu zählen u. a.:

■ Energiesparmaßnahmen (u. a. reduzierte Nachtbeleuchtung, Energie-sparlampen, Vermeidung von Stand-By-Verbrauch),

■ Teilnahme an der jährlichen „WWF Earth Hour Aktion" (bei dieser in-ternationalen Kampagne zum Energiesparen schalten weltweit Millio-nen von Teilnehmern für eine Stunde ihre Wohnungs- oder Hausbe-leuchtung aus),

Abb. 41: Zu den Umweltaktivitäten des „The Westin Grand Hotel Berlin"
gehört auch eine Stadtimkerei. Auf dem Dach des Gebäudes präsentieren Direktor Rainer Bangert (rechts) und Imker Dr. Marc-Wilhelm Kohfink eine Honigwabe.
Das Sammelterrain der vier Bienenvölker liegt direkt vor der Haustür: Es sind die
Linden des Boulevards „Unter den Linden" und der nahe gelegene Tiergarten.
Der Honig wird auf dem Frühstücksbuffet serviert und an der Rezeption verkauft
(Quelle: The Westin Grand Berlin; Gregor Anthes).

- Umweltbeauftragte im Hotel,
- digitale Archivierung und Recycling-Programm,
- Verwendung von regionalen Produkten in den Hotelrestaurants,
- „Natural Meetings" (Möglichkeit, die CO_2-Bilanz der Veranstaltung mit Hilfe der Klimaschutzorganisation „atmosfair" zu kompensieren),
- klimafreundliche Anreise mit dem Kooperationsangebot der „Deutschen Bahn" und der „Starwood Hotels and Resorts",
- Betrieb einer eigenen Stadtimkerei
  (⌁ www.westingrandberlin.com/de/umweltschutz-im-hotel).

3.5.2 Umweltschutzmaßnahmen im Verkehrssektor

Der Ortswechsel – also die Reise vom Wohnort in das touristische Zielgebiet (und zurück) – ist ein zentrales Merkmal der Touristen; darüber hinaus sind viele Urlauber auch innerhalb der Destination unterwegs, um Ausflüge zu machen, Wander- bzw. Skigebiete zu erreichen oder Sehenswürdigkeiten zu besichtigen.

Tourismus und Verkehr sind deshalb untrennbar miteinander verbunden. Angesichts der Dominanz des motorisierten Individualverkehrs kommt es zu einem hohen Verkehrsaufkommen, durch das zahlreiche Umweltbelastungen ausgelöst werden. Neben dem Landschaftsverbrauch für den Straßen- und Brückenbau sind auch die Lärmbelästigung sowie die Luft- und Bodenverschmutzung zu nennen. So ergab z. B. eine österreichische Studie, dass der Ski- und Kurort Bad

Gastein eine ähnlich schlechte Luftqualität aufweist wie die Großstadt Salzburg (vgl. JÜLG 2007, S. 255-256).

Die Reduzierung und Lenkung des Verkehrs auf regionaler und lokaler Ebene zählt deshalb zu den *wichtigen Umweltschutzaufgaben einer Destination Management Company*. Um die Verkehrsprobleme zu lösen, bedarf es einer intensiven Zusammenarbeit mit Behörden, Transportunternehmen und Unterkunftsbetrieben; darüber hinaus können eigene Marketingmaßnahmen durchgeführt werden. Ansatzpunkte für Problemlösungen bieten die *unterschiedlichen Arten des touristischen Verkehrsaufkommens* (vgl. ADAC 2004; KAGERMEIER 2007, S. 268-271):

- *Verkehrsvermeidung bei der Hin- und Rückreise*: Primäres Ziel sollte es sein, den motorisierten Individualverkehr zu verringern – z. B. durch:
  - Preisnachlässe bei der Hin- und Rückreise mit öffentlichen Verkehrsmitteln,
  - Kombitickets bzw. Destination Cards, die neben der Benutzung öffentlicher Verkehrsmittel auch reduzierte Eintrittspreise in Besucherattraktionen beinhalten (→ 3.2.5),
  - Sonderbusse bzw. -züge, mit denen Tagesbesucher aus Ballungsgebieten zu einem ermäßigten Tarif in die Destination befördert werden (Skifahrer, Wanderer, Kulturtouristen etc.),
  - zahlenmäßige Begrenzung der Gästezahlen (z. B. durch Kontingentierung der Eintritt- bzw. Tageskarten bei Sonderausstellungen oder in Skigebieten).

- *Verkehrsentflechtung*: Eine weitere Aufgabe ist es, die Besucherströme im Wochenverlauf besser zu verteilen, um die Verkehrsstaus am Wochenende zu reduzieren – z. B. durch:
  - Vereinbarungen mit Reiseveranstaltern und Unterkunftsbetrieben, neben der Wochenendanreise zum Unterkunftswechsel auch eine Anreise in der Mitte der Woche zu ermöglichen,
  - höhere Park-, Eintritts- und Lifttarife an nachfragestarken Tagen.

- *Verkehrsreduzierung bzw. -vermeidung am Urlaubsort*: Der fließende und ruhende Verkehr führt innerhalb der Destination zu erheblichen Belastungen. Mögliche Umweltschutzmaßnahmen sind z. B.:
  - die Einrichtung von Fußgängerzonen,
  - der Verleih von Fahrrädern und die Anlage von innerörtlichen Radrouten,
  - der Verleih von Elektroautos/E-Mobilen (vgl. Abb. 42),
  - der Ausbau des innerörtlichen Busverkehrs und die Einrichtung spezieller Buslinien, mit denen die Urlauber in Erholungsgebiete transportiert werden (Ski-, Wander-, Fahrradbusse),

- die kostenlose bzw. kostengünstige Nutzung öffentlicher Verkehrsmittel innerhalb der Destination,

- temporäre Sperrungen bzw. vollständiger Ausschluss des motorisierten Individualverkehrs: So haben sich z. B. mehrere Kurorte in der Schweiz bereits im Jahr 1988 zur „Gemeinschaft autofreier Schweizer Tourismusorte" (GaST) zusammengeschlossen. Die Orte sind gut mit öffentlichen Verkehrsmitteln zu erreichen; außerdem wird die Zahl von Ausnahmebewilligungen für Fahrzeuge mit Verbrennungsmotoren auf ein Minimum reduziert (❁ www. auto-frei.ch).

▶ **Beispiel für eine nachhaltige Mobilitätsmaßnahme:**
  „E-Smart trifft Hochschwarzwald Card" der „Hochschwarzwald
  Tourismus GmbH", Hinterzarten

Unter dem Slogan „Hochelektrisiert" bietet die „Hochschwarzwald Tourismus GmbH" den Nutzern ihrer „Hochschwarzwald Card" die Möglichkeit, bei 25 Unterkunftsbetrieben kostenlos einen „Smart fortwo electric drive" zu mieten, um eine Testrunde zu drehen oder eine Ausflugfahrt zu unternehmen. Das Zusatzangebot wurde in Zusammenarbeit mit der „Daimler AG" entwickelt; es ergänzt den Verleih von E-Bikes und Segways.

Diese Aktion wurde vom „Deutschen Tourismusverband" im Jahr 2012 mit dem „Deutschen Tourismuspreis" (2. Platz) ausgezeichnet – als vorbildliches Projekt bei der Umsetzung einer Mobilitätsstrategie einer Destination (❁ www.hochschwarzwald-card. de/Immer-mit-der-Ruhe).

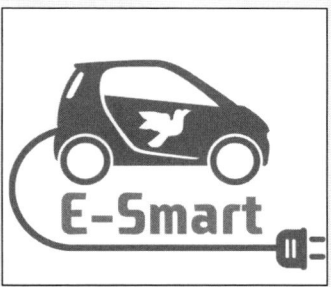

Abb. 42: Logo der Aktion „E-Smart trifft Hochschwarzwald Card"
(Quelle: Hochschwarzwald Tourismus GmbH, Hinterzarten)

3.5.3   Maßnahmen zum Schutz der Landschaft

Für eine Destination Management Company handelt es sich beim Schutz der Landschaft nicht darum, abstrakte umweltpolitische Forderungen zu erfüllen (die in Sonntagsreden immer wieder erhoben werden), sondern schlichtweg um eine *Notwendigkeit des Marktes*:

▪ Für 84 % der Bundesbürger spielt die intakte Umwelt des Zielgebietes eine zentrale Rolle für die Urlaubszufriedenheit.

▪ 71 % werden durch eine verbaute Landschaft abgeschreckt, die ihren ursprünglichen Charakter verloren hat (vgl. KÖSTERKE/LAßBERG 2005, S. VIII).

Dieses hohe Umweltbewusstsein der Kunden zeigt, dass die Natur- und Kulturlandschaft – aus betriebswirtschaftlicher Sicht – ein wichtiges Kapital und ein klassisches *Alleinstellungsmerkmal* (Unique Selling Proposition) darstellt: Aufgrund ihrer Unverwechselbarkeit kann sie zunächst zur Profil- und Markenbildung einer Destination genutzt werden. Außerdem trägt der Erhalt der Landschaft dazu bei, die Wettbewerbsfähigkeit im Verlauf des Produktlebenszyklus zu sichern (→ 3.2.7).

Die Natur- und Kulturlandschaft ist jedoch weit mehr als nur eine ökonomisch verwertbare Ressource – nämlich der *Lebensraum künftiger Generationen*. Der dauerhafte Schutz gehört deshalb zu den zentralen Aufgaben einer nachhaltigen touristischen Entwicklung.

Eine Destination Management Company sollte also große Anstrengungen unternehmen, die Natur- und Kulturlandschaft zu schützen und zu pflegen. Allerdings verfügt sie auch in diesem Bereich nur über *beschränkte eigene Möglichkeiten und Mittel*; sie ist also auf die Zusammenarbeit mit Behörden sowie Umweltschutzverbänden und -initiativen angewiesen.

In der Praxis erweist sich der *Dialog zwischen touristischen Akteuren und Vertretern des Umweltschutzes* aber häufig als schwierig, denn auf den ersten Blick scheinen beide Seiten konträre Interessen zu verfolgen: Den Tourismusverantwortlichen werden ausschließlich wirtschaftliche Interessen unterstellt und den Umweltverbänden ideologische Zielvorstellungen. Für eine erfolgreiche Kooperation ist es deshalb notwendig, zunächst gegenseitige Vorurteile abzubauen und Vertrauen zu schaffen, um dann gemeinsam konkrete Projekte durchführen zu können.

Wie die Zusammenarbeit zwischen Tourismus und Umweltschutz gelingen kann, sollen an einigen Beispielen aus den Alpen verdeutlicht werden. Angesichts gravierender Fehlentwicklungen sind dort zahlreiche *Strategien zum Erhalt der Natur- und Kulturlandschaft* entwickelt worden (vgl. BAUMHACKL 1995, S. 34-37; STEINECKE 2011, S. 193-194):

▨ Zu den wichtigen Motoren zählten dabei die Alpenvereine, deren Ziele und Aktivitäten sich seit ihrer Gründung erheblich gewandelt haben – weg von der touristischen Erschließung der Alpen und hin zum Schutz des Hochgebirges: Der *„Oesterreichische Alpenverein"* (OeAV) gründete bereits im Jahr 1980 eine Fachabteilung Raumplanung-Naturschutz, deren Aufgabenschwerpunkte im Bereich des Naturschutzes, der Raumordnung und der Alpenkonvention liegen. Der *„Deutsche Alpenverein"* (DAV) hat im Jahr 2001 ein Leitbild formuliert, in dem auf den Bau weiterer Wanderwege und Klettersteige und Schutzhütten verzichtet wird.

▨ Eine wichtige Rolle spielt auch die *„Internationale Alpenschutzkommission"* (CIPRA), die im Jahr 1986 die Idee einer *Alpenkonvention* als grenzübergreifendes Instrument des Umweltweltschutzes entwickelt hat. Sie orientierte sich dabei am Vorbild anderer internationaler Verträge, in denen sich mehrere Staaten verpflichten, mit abgestimmten Aktionen in einem festgelegten Zeitraum gemeinsam formulierte Ziele zu erreichen (z. B. das „Washingtoner Artenschutzabkommen"). Die Alpenkonvention wurde im Jahr 1991 von den sieben Alpenanrainerländern und der Europäischen Union unterzeichnet. Zu den gemeinsamen Maßnahmen gehören u. a. auch touristische Projekte (vgl. HAßLACHER 2003; KÖHLER/ SIEGRIST/WEIXLBAUMER 2003).

▨ Ein unkontrolliertes touristisches Wachstum wird zunehmend auch im Rahmen der *Raumordnung* begrenzt – speziell durch das Instrument der Flächensicherung und der Außernutzenstellung. In Bayern, Italien, Österreich und der Schweiz sind z. B. spezielle „Ruhezonen" ausgewiesen worden, die von einer künftigen Erschließung durch Skipisten und Aufstiegshilfen ausgenommen werden (vgl. HAMMER 2003). Auch die Einrichtung von National- und Naturparks dient dem großflächigen Schutz von Alpenregionen.

▨ Weitere Maßnahmen umfassen die Erstellung von Leitbildern auf lokaler und regionaler Ebene, die Raum- und Umweltverträglichkeitsprüfung, die Flächen- und Bebauungsplanung sowie die Festlegung von Betten-Obergrenzen.

▶ **Beispiel für eine nachhaltige Entwicklung von Destinationen:**
„Landschaft des Jahres" der „Naturfreunde Internationale" (NFI)

Die „Naturfreunde"-Bewegung wurde im Jahr 1895 gegründet; gegenwärtig zählt sie mit 500.000 Mitgliedern weltweit zu den größten Nichtregierungsorganisationen (NGOs). Seit 1989 organisiert sie die Kampagne „Landschaft des Jahres", bei der jeweils für zwei Jahre eine grenzüberschreitende europäische Region im Mittelpunkt steht:

Abb. 43: Auf der Promenade von Tulcea (Rumänien) erinnert eine Pelikan-Statue an die Würdigung des Donaudeltas als „Landschaft des Jahres 2007-2009" (Quelle: Naturfreunde Internationale, Wien).

„■Die Region wird europaweit vorgestellt, wobei positive Entwicklungen, aber auch Probleme aufgezeigt werden.

■ In der Region werden in Zusammenarbeit mit Verbänden, Gemeinden, Organisationen und VertreterInnen der Politik Workshops und Veranstaltungen mit der Zielsetzung durchgeführt, Perspektiven einer nachhaltigen Entwicklung und neue Wege in die Zukunft aufzuzeigen. [...]

■ Informationsmedien der Naturfreunde bieten der Region eine europaweite Plattform zur Darstellung wichtiger Aktivitäten. Aktive Presse- und Öffentlichkeitsarbeit macht das Projekt national und international bekannt.

■ Ökologische und sozial verträgliche Reiseangebote (z. B. Tour d'horizon) der Naturfreunde ermöglichen die aktive Auseinandersetzung mit der Region und fördern die Entwicklung eines nachhaltigen Tourismus. Unsere Mitglieder sind in lokalen Ortsgruppen/Sektionen aktiv und werden durch Regional-, Landes- und Bundesverbände vertreten" (⌖ www.nfi.at).

▶ **Zusammenfassung**

■ Der Tourismus nutzt, schädigt und verbraucht natürliche Ressourcen. Zu den typischen touristischen Umweltsünden gehören: Landschaftsverbrauch, -zerstörung und -verschmutzung, Wasser- und Luftverschmutzung sowie Tier- und Pflanzengefährdung.

■ Der Umweltschutz zählt aus zwei Gründen zu den Aufgaben einer Destination Management Company: Zum einen spielt die Erwartungshaltung der Gäste eine große Rolle (Umweltbewusstsein); zum anderen geht es darum, den Lebensraum für künftige Generation zu erhalten (Nachhaltigkeit).

■ Umweltschutz beginnt bereits auf betrieblicher Ebene – z. B. durch die Vermeidung, Verwertung und sachgerechte Entsorgung von Abfällen, durch Wasser- und Energiesparmaßnahmen sowie durch die Information der Mitarbeiter und Gäste.

■ Außerdem kann eine Destination Management Company gemeinsam mit Behörden und touristischen Leistungsträgern im Verkehrssektor tätig werden – z. B. durch Verkehrsvermeidung bei der Hin- und Rückreise, durch Entflechtung von Verkehrsströmen sowie durch Verkehrsreduzierung und -vermeidung am Urlaubsort.

■ Schließlich sollte sie einen intensiven Dialog mit Umweltschutzinitiativen und -verbänden führen, um einen Beitrag zum dauerhaften Erhalt der Natur- und Kulturlandschaft zu leisten – z. B. durch Ausweisung von Ruhezonen und Schutzgebieten.

▶ **Weiterführende Lesetipps**

REVERMANN, Chr./PETERMANN, Th. (2003): Tourismus in Großschutzgebieten. Impulse für eine nachhaltige Regionalentwicklung, Berlin (Studien des Büros für Technikfolgen-Abschätzung beim Deutschen Bundestag; 13)

*Im Mittelpunkt der Studie steht eine umfassende Bestandsaufnahme des Tourismus in National-
und Naturparken sowie Biosphärenreservaten (Rahmenbedingungen, Bedeutung, Chancen und
Konflikte). Außerdem werden Gestaltungsmöglichkeiten eines ökonomisch tragfähigen sowie ökologisch und sozial verträglichen Tourismus aufgezeigt – im Sinne einer nachhaltigen Regionalentwicklung.*

Travel One (Hrsg.; 2012): Nachhaltigkeitsreport Touristik 2011/2012,
Darmstadt

*Anhand zahlreicher Beispiele dokumentiert der Bericht die aktuellen Maßnahmen der Touris-
musbranche im Bereich des nachhaltigen Tourismus (Zertifizierungen, CO_2-Kompensation, Aktivitäten von Reisebüros, Fair Trade, Stiftungen und Non-Profit-Organisationen).*

4 Die Zukunft der Destinationen

▶ **Lernziele**

In diesem Kapitel geht es um künftige Herausforderungen für Destinationen; dabei werden folgende Fragen beantwortet:

■ Wie kann eine Destination ihre Innovationskraft wahren, um sich immer wieder den Erfordernissen des Marktes anzupassen?

■ Wie kann eine Destination Management Company ihr Aufgabenfeld erfolgreich erweitern – von der Organisation des Tourismus zum umfassenden Regionalmanagement?

■ Welchen Beitrag kann eine Destination Management Company als „guter Bürger" im Bereich der Corporate Social Responsibility leisten?

■ Wie kann sich eine Destination von einer touristischen Wettbewerbseinheit zu einer Region mit hoher Lebensqualität entwickeln?

Die Prognosen zur zukünftigen Entwicklung des Tourismus sind positiv: Für den deutschen Tourismusmarkt wird eine stabile Nachfrage mit Wachstumspotenzial vorhergesagt und die Zahl der internationalen Ankünfte soll sich weltweit in den kommenden zwei Jahrzehnten nahezu verdoppeln (vgl. LOHMANN/ ADERHOLD 2009, S. 189; UNWTO 2012, S. 2).

Allerdings wird der Tourismusmarkt nicht nur expandieren, sondern sich auch weiterhin verändern – z. B. durch den Bedeutungsgewinn einzelner Zielgruppen (Senioren) und Quellmärkte (China, Indien), durch einen anhaltenden Wertewandel und neue Ansprüche an die Produkte (Sinnsuche, Umwelt- und Sozialbewusstsein), durch innovative Technologien und besonders durch den Marktauftritt weiterer Konkurrenten auf nationaler und internationaler Ebene (→ 2).

Selbst in einem wachsenden Markt können sich Destinationen deshalb nicht darauf beschränken, den einmal erreichten Status quo zu sichern und eine Business-as-usual-Politik zu betreiben. Vielmehr müssen sie das wirtschaftliche, gesellschaftliche und politische Umfeld ständig beobachten, um mit entsprechenden Marketingmaßnahmen frühzeitig auf Veränderungen reagieren zu können.

Bereits in den vergangenen Jahrzehnten hat der Strukturwandel des Marktes dazu geführt, dass sich nicht nur die Aufgaben von Tourismusorganisationen, sondern auch deren Rechtsformen grundlegend verändert haben – von den selbst organisierten Verschönerungs- bzw. Verkehrsvereinen über die amtlichen

Fremdenverkehrs- bzw. Verkehrsämter bis hin zu den privatwirtschaftlichen Destination Management Companies (vgl. Abb. 44).

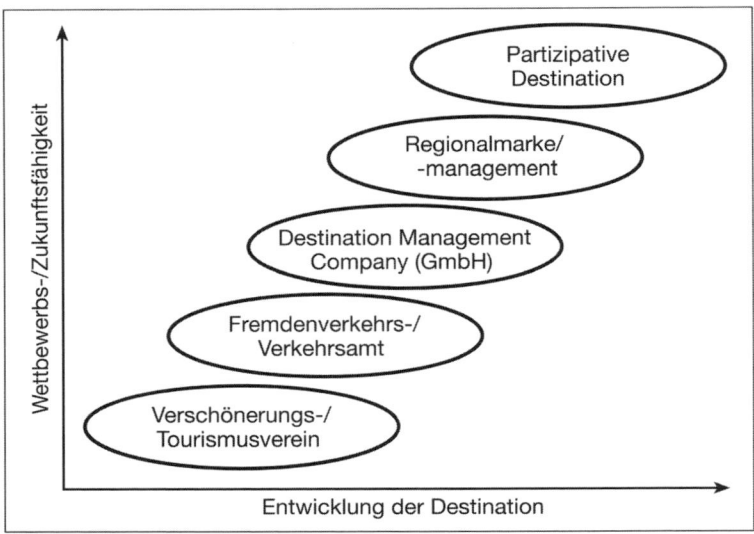

Abb. 44: Angesichts der enormen Dynamik des Tourismusmarktes hat sich das Aufgabenspektrum der Tourismusorganisationen (wie auch ihre Rechtsform) in den letzten Jahrzehnten erheblich verändert. Neben einer Sicherung der Wettbewerbs-fähigkeit wird es künftig darum gehen, die örtliche Bevölkerung stärker in Entscheidungsprozesse einzubeziehen (Quelle: HERNTREI 2013).

Damit war eine zunehmende strategische Marktorientierung und Professionali-sierung im operativen Bereich verbunden, die sich auch in Zukunft fortsetzen wird. Über die betriebswirtschaftlichen Kernaufgaben hinaus steht eine Destina-tion Management Company aber vor neuen, teilweise gesellschaftspolitischen Herausforderungen:

- Sie sollte über eine enorme *Innovationskraft* verfügen, um die Attraktivität der Destination langfristig sicherzustellen (→ 4.1).

- Sie sollte ein neues Selbstverständnis als Akteur entwickeln, um einen Wandel vom monosektoralen Destinations- zum umfassenden *Regionalmanagement* zu initiieren (→ 4.2).

- Sie sollte sich aktiv für einen verantwortungsvollen Umgang mit Umwelt- und Humanressourcen einsetzen (*Destination Corporate Responsibility*; → 4.3).

▦ Sie sollte ein *partizipatives Destinationsmanagement* betreiben, bei dem die einheimische Bevölkerung in touristische Entscheidungsprozesse einbezogen
wird (→ 4.4).

4.1 Innovationskraft

Vom Gemischtwarenladen zum Fachgeschäft – so lässt sich vereinfacht die
Entwicklung vieler deutscher Destinationen beschreiben. Während sie lange
Zeit versucht haben, unter dem Schlagwort „Vielfalt" möglichst viele bzw. sogar
alle touristische Zielgruppen anzusprechen, hat in jüngerer Zeit zumeist eine
Spezialisierung stattgefunden – auf wenige *Produkt-Markt-Kombinationen* (Rad-,
Wander-, Kultur- bzw. Gesundheitstourismus, kulinarische Reisen etc.) bzw.
Zielgruppen (Aktive Senioren/Best Ager/Empty Nester, Familien, junge Paare
etc.).

Im Sinne einer klaren Positionierung ist eine solche *Nischenstrategie* sinnvoll und
notwendig; in der Praxis stößt sie jedoch auf Schwierigkeiten:

▦ Generell handelt es sich bei Destinationen um extrem standortgebundene
Wettbewerbseinheiten, deren Produktpalette weitgehend durch die natur-
und kulturräumliche Ausstattung bestimmt wird.

▦ Speziell Mittelgebirgsregionen wie der Schwarzwald, der Harz oder die Eifel
weisen aber ein vergleichbares ursprüngliches Angebot auf, das vor allem aus
Landschaftselementen wie Hügeln, Wäldern, Wiesen etc. besteht. Angesichts
mangelnder Schneesicherheit und fehlender spektakulärer Besucherattraktionen sind ihre produktpolitischen Handlungsoptionen stark eingeschränkt.

▦ Vor diesem Hintergrund gibt es inzwischen eine Vielzahl von touristischen
Fachgeschäften – also Destinationen, die sich alle auf dieselben Produkt-
Markt-Kombinationen spezialisiert haben (speziell wander- und radtouristi-
sche Produkte) und damit wieder ein prinzipiell austauschbares Angebot be-
reitstellen.

 Gleichzeitig ist jede Destination bemüht, sich zu profilieren und von den Mit-
bewerbern zu unterscheiden. In dieser Situation lässt sich ein typischer *Innovati-
ons- und Diffusionsprozess* beobachten:

▦ Zunächst gibt es Innovatoren, die ein neues touristisches Produkt entwickeln,
damit öffentliche Aufmerksamkeit erregen und großen Erfolg haben. Kurze
Zeit später wird diese Innovation aber von anderen Destinationen imitiert
(*Trittbrettfahrer*, *Me-too-Produkte*); damit verlieren die Initiatoren aber ihr Alleinstellungsmerkmal und ihr Marktanteil sinkt.

▪ Diese Entwicklung wird am Beispiel der *Wandersteige* deutlich, die in den letzten Jahren einen enormen Boom erlebt haben. Vorreiter war dabei der „Rothaarsteig – Weg der Sinne" im Sauerland (2001), der sich bei seiner Markenbezeichnung an historischen Vorbildern wie dem „Rennsteig" orientierte (einem traditionellen Kammweg im Thüringer Wald und Frankenwald). Seitdem sind in rascher Folge ähnliche Steige eingerichtet worden: der „Rheinsteig" (2005), der „Saar-Hunsrück-Steig" (2007), der „Schluchtensteig Schwarzwald" (2008), der „Eifelsteig" (2009) und der „Moselsteig" (2013).

▪ Da die Einführung neuer Produkte zumeist mit einem Qualitätsmanagement einhergeht, führt dieser Prozess zwar auf nationaler Ebene zu einer generellen *Anhebung des Angebotsniveaus* in dem jeweiligen Marktsegment – aber zugleich auch zu einer wachsenden Austauschbarkeit.

Wie kann eine Destination diese *Trittbrettfahrer-Falle* vermeiden? Was muss sie tun, um in ihrem Segment die Marktführerschaft zu behaupten? Es gibt sicherlich keinen goldenen Schlüssel bzw. Königsweg zum Erfolg, doch grundsätzlich gilt die Regel, dass Destinationen ihre Produkte ständig überarbeiten und immer wieder attraktiv gestalten müssen.

Als theoretischer Bezugsrahmen kann dabei ein *strategisches Innovationssystem* verwendet werden, das vier Elemente umfasst (vgl. PECHLANER/DÖPFER 2009, S. 159-163):

▪ Im ersten Schritt geht es um die *Identifikation der Kernkompetenzen einer Destination (Werte)*: Was können wir besonders gut? Auf welche gemeinsamen Überzeugungen basiert unsere Arbeit?

▪ Als nächstes folgt *die Analyse der Wertschöpfungstreiber (Themen)*: Welche Kernleistungen können wir erbringen? Wo bestehen Potenziale für Zusatzleistungen?

▪ Der dritte Schritt besteht in der *Hervorhebung der Attraktionspunkte (Produkte)*: Welche Besichtigungsziele und Aktivitäten können wir den Nachfragern anbieten? Wie lässt sich der Kundennutzen steigern?

▪ Schließlich erfolgt eine *Anpassung der Marketingstrategie (Angebote)*: Wie können wir die Erwartungen unterschiedlicher Zielgruppen adäquat befriedigen? Wie können wir neue Kunden gewinnen?

Bei der Umsetzung dieses Innovationssystems können Destinationen in *allen Bereichen des Marketingmix* aktiv werden – wie ein Blick auf die touristische Praxis zeigt:

▪ In der *Leistungspolitik* setzen Zielgebiete zum einen auf aufwändige Infrastrukturprojekte, um ihr ursprüngliches Angebot zu verbessern und unterscheidbar zu machen – im Wandertourismus z. B. mit Baumwipfelpfaden, Aussichtsplattformen etc. oder im Städtetourismus mit neuen Museen, multi-funktionalen Erlebnis- und Konsumwelten etc. (vgl. Abb. 45). Zum anderen entwickeln sie neue Produkte für speziell interessierte Zielgruppen – z. B. mit der Vermarktung von Relikten der Industriekultur, von Literatur- und Film-schauplätzen oder von Orten des Schreckens im Rahmen des Dark Tourism (vgl. QUACK/STEINECKE 2012).

▶ **Beispiel für die Innovationskraft einer Destination: „Havenwelten" in Bremerhaven**

Abb. 45: Stadtquartier „Havenwelten" in Bremerhaven
(Quelle: Stadt Bremerhaven)

Bei den „Havenwelten" handelt es sich um ein Konversionsprojekt, bei dem funktionslos gewordene Hafen- und Gewerbeflächen in den letzten Jahren in ein zeitgemäßes multifunktionales Freizeit-, Einkaufs- und Wohnquartier umgewandelt worden sind. Dabei wurden zum einen beste-hende Einrichtungen wie der „Zoo am Meer" und das „Deutsche Schiff-fahrtsmuseum" umgebaut bzw. erweitert, zum anderen neue Besucher-attraktionen geschaffen – z. B.:

■ das „Deutsche Auswandererhaus" (2005),

■ das „Atlantic Hotel Sail City" (2008),

■ das „Conference Center Bremerhaven" (2008),

■ das Shopping-Center „Mediterraneo" (2008),

■ das „Klimahaus Bremerhaven 8° Ost" (2009).

Die „Havenwelten" haben sich zu einem beliebten Ausflugs- und Reiseziel entwickelt; sie verzeichnen jährlich ca. zwei Millionen Besucher. Aufgrund ihres innovativen Charakters sind sie mehrfach ausgezeichnet worden – u. a. mit dem „Nationalen Preis für integrierte Stadtentwicklung und Baukultur" (2009) des Bundesministeriums für Verkehr, Bau und Stadtentwicklung (BMVBS) sowie mit dem „Deutschen Tourismuspreis" (2010) des „Deutschen Tourismusverbands" (DTV) (🖰 www. havenwelten.de).

- In der *Kommunikationspolitik* und der *Distributionspolitik* nutzen Destinationen vor allem die vielfältigen Möglichkeiten der Neuen Medien, um in einen Dialog mit den Konsumenten zu treten, die Kundenbindung zu verbessern sowie einfache Informations- und Buchungsmöglichkeiten anzubieten.

- In der *Preispolitik* werden – begleitend zu anderen Steuerungsmaßnahmen – Gütesiegel eingesetzt, um den Kunden die notwendige Transparenz und Überprüfbarkeit der versprochenen Leistungen zu gewährleisten.

Grundsätzlich geht es bei touristischen Innovationen immer darum, *aktuelle gesellschaftliche Trends* zu registrieren und zeitnah in marktgerechte Angebote umzusetzen. Gegenwärtig zeichnen sich folgende Entwicklungen ab:

- Als Reaktion auf die zunehmende Unübersichtlichkeit des Tourismusmarktes erlangen *attraktive Marken*, die den Konsumenten Identifikationsmöglichkeiten bieten und ihnen das Gefühl der Gruppenzugehörigkeit geben, eine immer größere Bedeutung.

- Angesichts der großen Reiseerfahrung und einer weltweiten Standardisierung von Produkten entsteht der Wunsch nach *ungewöhnlichen, emotional geprägten Erfahrungen*, die von den Urlaubern als besondere Bereicherung betrachtet werden und ihnen deshalb lange in Erinnerung bleiben.

- Vor dem Hintergrund einer steigenden Anonymität und Vereinzelung werden *soziale Netzwerke*, aber auch *gesellschaftliche Bühnen* immer wichtiger, die den Urlaubern die Möglichkeit eröffnen, neue Formen der Gemeinschaft zu erleben und sich in selbst gewählten Rollen darstellen zu können.

- Schließlich wird das Überangebot an touristischen Produkten dazu führen, dass eine noch stärkere *Ästhetisierung der Urlaubswelt* erfolgt, bei der klischeeartige Vorstellungen der Urlauber nicht nur in der Werbung, sondern auch an Attraktionspunkten bzw. in Themenparks/-hotels professionell inszeniert werden – z. B. die Einfachheit des bäuerlichen Lebens, die Schönheit der Alpen, die Einsamkeit der Wüste, die fröhliche Atmosphäre der Karibik oder der Luxus des kolonialen Afrikas (vgl. SCHLAFFKE 2007, S. 139-146; STEINECKE 2009, S. 132-135).

4.2   Regionalmanagement/Governance

Die Forderung des theoretischen Destinationskonzepts, touristische Zielgebiete stärker als strategische Wettbewerbseinheiten zu begreifen, hat in den vergangenen Jahren zu einem grundlegenden Wandel der Arbeit und Rechtsformen von Tourismusorganisationen geführt.

Im Laufe der Zeit ist aber deutlich geworden, dass das *monosektorale Grundverständnis* (also die ausschließliche Beschränkung auf touristische Belange) zu kurz greift:

▪ Zum einen weist die Tourismusbranche *zahlreiche Schnittstellen mit anderen Wirtschaftssektoren* innerhalb einer Region auf – z. B. durch Liefer- bzw. Dienstleistungsbeziehungen mit der Landwirtschaft, dem Handwerk, der Industrie und dem Einzelhandel.

▪ Zum anderen zeigen die Touristen generell ein *großes Interesse an der Alltagskultur ihres Zielgebietes*: So zählt der Genuss regionaltypischer Spezialitäten zu den beliebtesten Urlaubsaktivitäten der Bundesbürger. Darüber hinaus möchten viele Gäste auch Produkte aus der Region als Souvenirs erwerben, mit denen durchweg positive Eigenschaften assoziiert werden – z. B. Authentizität, Qualität, Erlebniswert etc.

Die Vermarktung typischer regionaler Produkte bietet einer Destination somit nicht nur die Chance, zusätzliche Einnahmen zu erwirtschaften, sondern auch ihr Image zu verbessern und ihr Profil zu schärfen (vgl. KUHNHENN/GERBER 2012).

Vor diesem Hintergrund haben zahlreiche Destination Management Companies ein neues *Grundverständnis als regionale Akteure* entwickelt: Über den Kernbereich der touristischen Arbeit hinaus engagieren sie sich nun auch im Marketing typischer regionaler Produkte – speziell durch die Entwicklung von *Regionalmarken*:

▪ Eine Vorreiterrolle kommt dabei der *„Südtirol Marketing Gesellschaft" (SMG)* zu, die seit 2004 die Dachmarke „Südtirol" entwickelt hat. Das entsprechende Logo bzw. Gütesiegel können Unternehmen aus der Tourismusbranche, aber auch aus Landwirtschaft, Handwerk, Industrie etc. nutzen, die bestimmte Qualitätskriterien erfüllen. Durch die einheitliche Verwendung der Marke soll den Urlaubern und Konsumenten die Botschaft vermittelt werden: „Südtirol ist die kontrastreiche Symbiose aus alpin und mediterran, Spontaneität und Verlässlichkeit, Natur und Kultur." Inzwischen wird die Dachmarke von mehr als 2.000 Anbietern genutzt – u. a. findet sie sich sogar auf den Waggons der „SAD Nahverkehr AG" (www.provinz.bz.it/dachmarke/was-ist-dachmarke.asp).

▦ In Deutschland sind u. a. in der *Eifel* (vgl. Abb. 46) und im *Harz* umfassende Konzepte für Regionalmarken erarbeitet worden. So übernahm z. B. der „Harzer Tourismusverband" im Jahr 2010 die Trägerschaft der Marke „Typisch Harz"; mit diesem Label werden bislang Biere, Spirituosen, Wildkräutersalz, Walnussöl, Backwaren sowie Fleisch- und Wurstspezialitäten vertrieben. In Zusammenarbeit mit der Supermarktkette „Edeka" wurde zum Weihnachtsgeschäft 2012 die „Harzer Box" auf den Markt gebracht – ein Karton mit diversen Harzer Produkten (⌗ www.harzinfo.de/erlebnisse/regionalmarke-typisch-harz.html).

Bei der Bildung einer Regionalmarke müssen dieselben *Kriterien* erfüllt werden wie beim touristischen Branding: die Formulierung und Umsetzung einer einmaligen Markenidee, die Definition einer unverzichtbaren Kompetenz sowie die Wahrung der Selbstähnlichkeit (→ 3.2.1.3).

Über die Produktpalette hinaus muss die Regionalmarke in Form von *Attraktionspunkten* und *touristischen Angeboten* erlebbar gemacht werden. An den einzelnen Schnittstellen zwischen dem Tourismus und anderen Wirtschaftszweigen bestehen dabei folgende Möglichkeiten (vgl. DREYER u. a. 2012, S. 170-173):

▦ *Tourismus und Landwirtschaft*: Bauernmärkte, Hofläden, Schauproduktionen, Verkostungen, gastrotouristische Themenstraßen, kulinarische Events, Gourmet-/Feinschmeckerreisen etc.

▦ *Tourismus und Handwerk*: Besucherzentren, Betriebsbesichtigungen, Vorführungen traditioneller Techniken, Ausstellungen und Museen, Ferienkurse etc.

▦ *Tourismus und Industrie*: Unternehmensmuseen/Brand Lands, Werksführungen, industrietouristische Themenrouten, Fabrikverkauf etc.

▶ **Beispiel für eine Regionalmarke:**
„Eifel – Qualität ist unsere Natur"

Im Jahr 2004 wurde die Regionalmarke „Eifel GmbH" gegründet, in der der Bauern- und Winzerverband Rheinland-Nassau, die „Eifel Tourismus (ET) GmbH", die Kreishandwerkerschaft MEHR und die beiden Naturparke Nord- und Südeifel als Gesellschafter vertreten sind; sie repräsentieren die wichtigsten Säulen der Entwicklung des ländlichen Raumes: Landwirtschaft, Handwerk, Tourismus und Naturschutz.

Die Regionalmarke dient dazu, den Verbrauchern die besondere Qualität von Produkten aus der Eifel zu vermitteln. Außerdem verfolgt sie das Ziel, „die qualitätsorientierten klein- und mittelständischen Strukturen in der ländlich geprägten Mittelgebirgsregion zu stärken und damit auch den

Erhalt und die Weiterentwicklung der traditionellen Eifeler Kulturlandschaft zu ermöglichen" (🖰 www.regionalmarke-eifel.de/philosophie.htm).

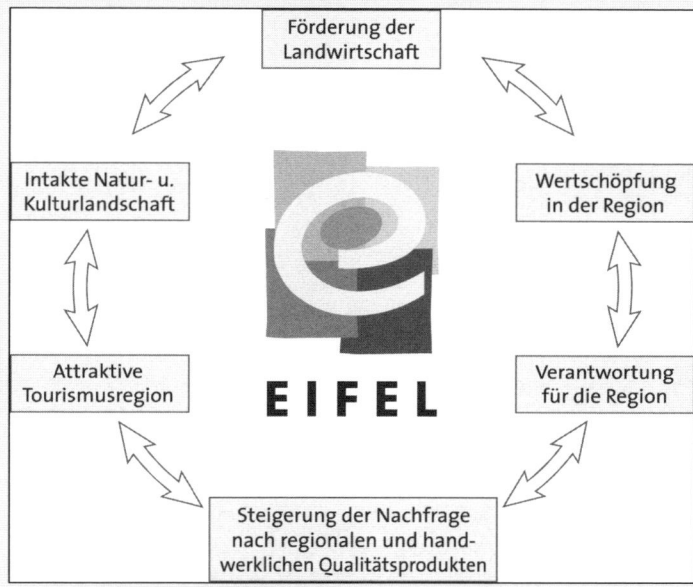

Abb. 46: Zielsetzungen der Regionalmarke „Eifel"
(Quelle: Regionalmarke Eifel GmbH, Prüm)

Speziell durch die Entwicklung von Regionalmarken, aber auch generell durch
die Zusammenarbeit der Tourismusbranche mit anderen wirtschaftlichen Akteuren können *zahlreiche Synergieeffekte* genutzt werden; sie reichen von der Verbesserung des Images und der Diversifikation des Angebots über einen Know-
how-Transfer und eine Kostenminimierung bis hin zur Erschließung neuer
Kundengruppen und Erzielung höherer Preise (vgl. u. a. KUHNHENN/SIMON/
DIETRICH 2012, S. 192-194).

Auf dem Weg vom monosektoralen Destinations- zum umfassenden Regionalmanagement geht es jedoch nicht nur um inhaltliche Aspekte (also die Entwicklung neuer Angebote und die Nutzung von Synergieeffekten), sondern auch um
Fragen der organisatorischen Steuerung, die unter dem Begriff der *Regional Governance*
subsumiert werden. Dabei handelt es sich um ein theoretisches Modell, mit dem
die Beziehungen und Machtverhältnisse zwischen den Akteuren sowie die Entscheidungsprozesse innerhalb einer Destination analysiert werden.

▶ **Definition**

Regional Governance: „[...] die systemübergreifende Zusammenarbeit von Akteuren aus Politik, Verwaltung, Wirtschaft und Zivilgesellschaft bei der regionalen Entwicklung. Diese erfolgt innerhalb von vertikal, horizontal und lateral verflochtenen Netzwerken und basiert auf einem System gemeinsam herausgebildeter Normen und Regeln und hat einen abgrenzbaren räumlichen Bezugsrahmen" (SCHERER/ZUMBUSCH 2012, S. 6).

Im Vergleich zu privatwirtschaftlichen Unternehmen weisen öffentliche Destinationen *strukturelle Besonderheiten* auf, die bereits an anderer Stelle dieses Studienbuches erläutert worden sind (vgl. dazu auch ausführlich RAICH 2006, S. 167-232):

▤ *die Vielfalt an touristischen Betrieben,* bei denen es sich zumeist um kleine und mittelgroße Unternehmen handelt (KMU),

▤ die *zahlreichen Interessens- und Anspruchsgruppen* (Akteure aus anderen Wirtschaftssektoren, Bevölkerung, Naturschutz/Ökologie),

▤ die *divergierenden Handlungsorientierungen und Zeithorizonte der Akteure* (Wettbewerbsmentalität, Kirchturmdenken, Kooperationsbereitschaft; kurz- bzw. mittel- und langfristig),

▤ *die unterschiedlichen Aktionsformen* (hierarchische Entscheidungen von Politik und Verwaltung, Mehrheitsentscheidungen in Verbänden und Organisationen, Verhandlungen in Netzwerken und Verbänden, Anpassungsprozesse an Marktgegebenheiten),

▤ *der institutionelle Kontext* (Tourismus- und Förderpolitik, öffentliche Finanzierung von Tourismusorganisationen).

Diese Faktoren erschweren u. a. auch die Zusammenarbeit mit Partnern aus anderen Wirtschaftssektoren und die Entwicklung starker Regionalmarken. Eine besondere Rolle spielen dabei die *Kommunikations- und Entscheidungsprozesse* innerhalb einer Destination, deren Spielregeln häufig von wenigen Akteuren bestimmt werden (vgl. BIEGER/BERITELLI 2013, S. 86-87):

▤ So gibt es immer eine *lokale Elite,* die nur aus einigen Personen besteht. Da sie zumeist mehrere Funktionen wahrnehmen (Vorsitz von Verbänden und Vereinen, Mitgliedschaft in Parteien, politischen Gremien etc.), haben sie einen erheblichen Einfluss auf Entscheidungen – z. B. bei der Vergabe finanzieller Mittel oder der Realisierung touristischer Projekte.

▤ In der Zusammenarbeit spielen *persönliche Kontakte und Beziehungen* eine größere Rolle als institutionelle Strukturen; gleichzeitig existieren aber innerhalb der Eliten verdeckte Hierarchien, an deren Spitze besonders einflussreiche Individuen stehen.

▦ Dieses engmaschige persönliche Netzwerk führt dazu, dass *formale Entscheidungen*, die auf einem expliziten Konsens mit anderen Interessensgruppen basieren, nur teilweise bzw. gar nicht umgesetzt werden – speziell wenn dadurch Geschäftsinteressen der Elite tangiert werden.

Derartige Ergebnisse der Studien zur *Regional Governance* ermöglichen ein besseres Grundverständnis der Einfluss- und Machtverhältnisse innerhalb einer Destination. Dieses Wissen ist eine zentrale Voraussetzung für eine erfolgreiche Kooperation innerhalb der Tourismusbranche, aber auch mit externen Partnern.

4.3   Destination Corporate Responsibility

Die Arbeit einer Destination Management Company wird vorrangig durch die *Interessen der Gesellschafter* bestimmt (öffentliche Hand, private Unternehmen): Deren zentrales Ziel ist es, dass die Destination ihre Position im Wettbewerb verbessert. Als Nachweis für eine erfolgreiche Tätigkeit werden zumeist quantitative, messbare Indikatoren benutzt – z. B. die Informationsanfragen potenzieller Gäste, die statistisch erfassten Übernachtungszahlen sowie die touristisch bedingten Umsätze in Gastronomie und Einzelhandel, die mit Hilfe empirischer Studien nachgewiesen werden.

Diese ausschließlich ökonomische Perspektive erweist sich aber als zu eng, da es sich beim Tourismus nicht nur um eine Wirtschaftsbranche, sondern vielmehr um einen *komplexen Querschnittsbereich* handelt: Er nutzt, verändert und belastet seine natürlichen und kulturellen Ressourcen (Umwelt, Landschaft, historische Bauwerke etc.) und beeinflusst auch die Lebenssituation der örtlichen Bevölkerung (Humanressourcen). Eine Destination Management Company steht deshalb vor zwei Herausforderungen:

▦ Sie muss sich mit den *Ansprüchen zahlreicher Gruppen (Stakeholder)* auseinandersetzen und für einen Ausgleich der teilweise divergierenden Interessen sorgen, um Konflikte zu minimieren und die eigene Aktionsfähigkeit zu sichern.

▦ Über diese Rolle eines regionalen Moderators hinaus sollte sie selbst als *Vorbild für ein gesellschaftlich verantwortungsvolles Handeln* fungieren. Sie kann sich nicht darauf beschränken, erfolgreich zu wirtschaften und die Gäste zufriedenzustellen, sondern sie muss auch einen Beitrag zum Umweltschutz liefern und die Lebensqualität der Einheimischen sichern.

Als Organisation sollte sie sich also wie ein „guter Bürger" verhalten, der sich aktiv für gesellschaftliche, kulturelle und ökologische Belange einsetzt. Diese

Verwirklichung der allgemeinen Ziele einer nachhaltigen Entwicklung wird in der wissenschaftlichen Literatur unter den Begriffen *„Good Neighbor Policy"*, *„Corporate Citizenship"* bzw. *„Corporate Social Responsibility"* (CSR) subsumiert.

▶ **Definition**

Corporate Social Responsibility: „[...] Beitrag der Unternehmen zu einer nachhaltigen Entwicklung, indem sie über die gesetzlichen Vorgaben hinaus soziale und ökologische Verantwortung in ihrem Kerngeschäft übernehmen. Dabei gilt es, eine bewusst gestaltete Balance zu erreichen, unter Berücksichtigung der Interessen der unterschiedlichen Stakeholder (Anspruchsgruppen): von Kunden und Mitarbeitenden, Eigentümern bzw. Anteilseignern, Hotels und Lieferanten aus den Urlaubsdestinationen und jeweiligen lokale Gemeinschaften und Gastländern" (GIRALDO 2009, S. 60).

Bislang ist das inhaltliche Konzept der Corporate Social Responsibility noch recht unscharf (und deshalb auch nicht unumstritten). Das *Spektrum der Handlungsbereiche*, die unter dieser Bezeichnung durchgeführt werden, umfasst u. a.:

▧ den Umweltschutz,

▧ den Erhalt der Biodiversität,

▧ die Führung der Mitarbeiter/-innen,

▧ die Schaffung barrierefreier Angebote (Tourismus für Alle),

▧ den Schutz von Kindern (speziell in Ländern der Dritten Welt).

Die übergeordnete Zielvorstellung besteht darin, dass Unternehmen und Organisationen zum einen bewusst die *Verantwortung* wahrnehmen, die sie gegenüber ihren Angestellten und Partnern, aber auch der Umwelt und Gesellschaft haben. Zum anderen geht es um eine *langfristige Perspektive*: Bei allen wirtschaftlichen Aktivitäten ist darauf zu achten, dass das Gestaltungsrecht künftiger Generationen – die *„Enkeltauglichkeit"* (BMWFJ 2012, S. 7) – nicht beeinträchtigt wird.

Im Bereich des sozialen Engagements steht Unternehmen und Organisationen ein *Corporate Citizenship-Mix* mit neun Maßnahmen zur Verfügung (vgl. DRESEWSKI 2004, S. 21-22):

▧ *Unternehmensspenden* – das selbstlose Überlassen von Sach- oder Geldmitteln bzw. das kostenlose Überlassen von Dienstleistungen, Produkten etc.,

▧ *Unternehmensstiftungen* – die Gründung von Stiftungen, die sich gemeinnützig engagieren,

- *gemeinnütziges Engagement der Arbeitnehmer* – die ehrenamtlichen sozialen Tätig-keiten von Mitarbeitern/-innen innerhalb und außerhalb der Arbeitszeit,

- *Sozialsponsoring* – die finanzielle Unterstützung im Rahmen eines Geschäfts auf Gegenseitigkeit (als Einnahmequelle für gemeinnützige Organisationen und Werbemaßnahme für den Sponsor),

- *zweckgebundenes Marketing* – die Werbung für ein Produkt, bei dem ein Teil des Verkaufserlöses einer sozialen Organisation zugute kommt,

- *Auftragsvergabe an soziale Organisationen* – die gezielten Geschäftsbeziehungen mit gemeinnützigen Organisationen bzw. Betrieben, die behinderte oder so-zial benachteiligte Mitarbeiter/-innen beschäftigen,

- *Gemeinwesen Joint-Venture* – die wirtschaftlichen Aktivitäten mit gemeinnützi-gen Organisationen (durch gemeinsame Nutzung von Ressourcen, Know-how etc.),

- *Lobbying für soziale Anliegen* – die Nutzung von Einfluss und Kontakten zur Unterstützung gemeinnütziger Organisationen bzw. sozialer Initiativen,

- *soziales Risiko-Kapital* – die zeitlich begrenzte oder projektbezogene Finanzie-rung von gemeinnützigen Organisationen.

Innerhalb der Tourismusbranche haben bislang vor allem *Hotelkonzerne, Reiseve-ranstalter* und *Fluggesellschaften* eigene Corporate Social Responsibility- bzw. Citi-zenship-Konzepte entwickelt:

- So praktiziert die nordamerikanische *Hotelgruppe „Loews Hotels"* bereits seit 1990 eine eigene „Good Neighbor Policy", indem sie überschüssige Lebens-mittel und nicht mehr benötigte Wäsche, Möbel etc. an Hilfsorganisationen verschenkt, lokale Bildungsprojekte unterstützt und ihre Angestellten zum ehrenamtlichen Engagement motiviert (www.loewshotels.com).

- Der Reiseveranstalter *„Destination Asia"* hat in mehreren Ländern Hilfsmaß-nahmen initiiert, um die Lebenssituation der örtlichen Bevölkerung zu ver-bessern: In Thailand wurden z. B. im Rahmen des „Elefant Homeland Pro-ject Surin" seit 2008 mehr als 40.000 Bäume gepflanzt. Auf diese Weise soll den Mahout-Familien, die bislang auf der Suche nach Nahrung für sich und ihre Elefanten bettelnd durch das Land gezogen sind, eine Rückkehr in ihre Heimat ermöglich werden (www.destination-asia.com/corporate-social-re-sponsibility).

- Die Fluggesellschaft *„Emirates"* hat eine Stiftung gegründet, mit der sie welt-weit Bildungs-, Ernährungs- und Gesundheitsprojekte unterstützt – z. B. das „Emirates Friendship Hospital Ship" in Bangladesch, das Patienten in Gebie-ten versorgt, die bei Überflutungen sonst nicht erreicht werden könnten. Ne-ben einem eigenen finanziellen Engagement bittet die „Emirates Airlines

Foundation" auch die Passagiere um Mithilfe: Sie können ihre Meilen für notwendige Flüge von Ärzten, Lehrern etc. zur Verfügung stellen und während des Flugs Bargeld spenden (⌑ www.emiratesairlinefoundation.org).

▶ **Beispiel für eine Corporate Social Responsibility-Maßnahme: „Frauenförderung im tunesischen Tourismus" (TUI Deutschland GmbH/BMZ)**

Im Rahmen eines mehrjährigen Projekts setzen sich die „TUI Deutschland GmbH" und das Bundesministerium für wirtschaftliche Zusammenarbeit und Entwicklung (BMZ) für die Förderung eines sozial nachhaltigen Entwicklung in Tunesien ein. „Die Kooperationsvereinbarung sieht einen dreigliedrigen Ansatz vor:

[1] Förderung des tunesischen Kunsthandwerkes an einem ausgewählten Ort durch Produkt- und Marktentwicklung und Integration einer Kunsthandwerkerinitiative in das touristische Exkursionsangebot von TUI;

Abb. 47: TUI/BMZ-Projekt „Frauenförderung im tunesischen Tourismus" (Quelle: Claudia Wiens/GIZ)

[2] Weiterbildungsinitiativen und Sensibilisierung des Managements größerer Hotels zu den Themen soziale Verantwortung von Unternehmen und Chancengleichheit sowie anschließende Unterstützung in der Implementierung des Gelernten;

[3] Neusetzung von Ausbildungsinhalten und Überarbeitung von Curricula an Hotelfachschulen sowie Förderung der Personalqualifikation insbesondere von Frauen" (⁕ www.giz.de/Themen/de/dokumente /giz2013-de-tourismussektor-tui-tunesien.pdf).

Die Kosten des Projekts in Höhe von einer Million Euro werden gleichermaßen von der TUI Deutschland GmbH und dem BMZ finanziert. Aufgrund seines Modellcharakters wurde das Projekt von der Fachzeitschrift „Travel One" im Jahr 2012 mit dem zweiten Platz des „Nachhaltigkeitspreises" ausgezeichnet.

Die Corporate Social Responsibility-Maßnahmen von Destination Management Companies beschränken sich bislang weitgehend auf den *Landschafts- und Umweltschutz* (vgl. AUBKE/LUND-DURLACHER 2011, S. 95-96; → 3.5); im sozialen Bereich besteht hingegen noch ein erheblicher Handlungsbedarf.

Obwohl es sich dabei um ein zusätzliches Aufgabenfeld handelt, bietet ein entsprechendes Engagement *zahlreiche Vorteile* (vgl. BMWFJ 2012, S. 8-9):

▨ *Glaubwürdigkeit, strategische Ausrichtung und Produktoptimierung*: Durch die Integration sozialer, ökologischer und kultureller Zielvorstellungen in Vision und Leitbild kann auch eine Organisation ihr Image verbessern und ihr Profil schärfen; außerdem sind diese Vorgaben hilfreich bei der strategischen Ausrichtung und der Entwicklung marktgerechter Produkte.

▨ *Kostenersparnis*: Durch den effizienten Einsatz von Ressourcen und Energie sowie die Optimierung von organisationsinternen Prozessabläufen können Kosten reduziert werden.

▨ *Transparenz, Motivation und Innovationsfähigkeit*: Offene, nachvollziehbare Kommunikations- und Entscheidungsstrukturen tragen dazu bei, dass sich die Mitarbeiter/-innen stärker mit der Organisation identifizieren; die höhere Motivation führt nicht nur zu einer größeren Leistungsbereitschaft, sondern setzt auch innovative Kräfte frei.

▨ *Entscheidungskriterium und Mehrwert*: Für eine wachsende Zahl von Urlaubern spielt die Umweltorientierung, aber auch das soziale Verantwortungsbewusstsein von Unternehmen und Organisationen eine große Rolle – z. B. faire Löhne, angemessene Arbeitsbedingungen und die Einhaltung von Menschenrechten. Darüber hinaus bieten CSR-Maßnahmen den Gästen einen ethisch-moralischen Mehrwert.

▶ **Weiterführender Lesetipp**

BMWFJ (Bundesministerium für Wirtschaft, Familie und Jugend (Hrsg.;
2012): Erfolgreich mit Corporate Social Responsibility, Wien

*Der Leitfaden enthält zahlreiche praktische Anregungen, wie touristische Unternehmen und Desti-
nationen ihre CRS-Potenziale erkennen und erfolgreich nutzen können – z. B. in den Bereichen
Energieeffizienz, Erhalt der Biodiversität, Personalführung, Tourismus für Alle. Auf der Homepage des Ministeriums steht eine PDF-Version der Broschüre zum kostenlosen Download zur Verfügung (⌖ www.bmwfj.gv.at/Tourismus/Tourismuspolitische Aktivitaeten/Documents/120328
CSR_Leitfaden_06_WEB.pdf).*

4.4 Partizipatives Destinations-
management/Lebensqualität

Das theoretische Destinationskonzept kann auf eine *Erfolgsgeschichte* zurückbli-
cken; es hat die touristische Praxis in den letzten Jahren grundlegend verändert:

▧ Zahlreiche öffentliche Zielgebiete begreifen sich inzwischen als strategische
Wettbewerbseinheiten.

▧ Vielerorts wurde die touristische Organisationsstruktur modernisiert – weg
von öffentlichen Verwaltungen und hin zu Public-Private-Partnerships bzw.
privatwirtschaftlichen Unternehmen.

▧ Immer mehr Destination Management Companies betreiben eine strategisch
ausgerichtete Marketingarbeit – vom Branding über den Einsatz des Marketingmix bis zum Qualitätsmanagement.

Während eine wachsende Zahl von Destinationen also hinsichtlich einer professionellen Marktbearbeitung recht gut aufgestellt ist, besteht im Bereich einer
langfristigen Sicherung der Ressourcen noch erheblicher Handlungsbedarf.
Neben Landschafts- und Umweltschutzmaßnahmen wird künftig vor allem der
gesellschaftliche Konsens über die Intensität und Richtung der touristischen Entwicklung eine
wichtige Rolle spielen.

Obwohl der Tourismus die örtliche Bevölkerung in vielen Bereichen auch nega-
tiv tangiert (Verkehrsaufkommen, Preissteigerungen etc.), ist es bislang nur in
wenigen Fällen zu *anhaltenden und schwerwiegenden Konflikten* gekommen – z. B.:

▧ Speziell bei *Planungen zur Ansiedlung von touristischen Großprojekten* gab es häufig
einen massiven, emotional geprägten Widerstand der Einheimischen, der in
der Öffentlichkeit ausgetragen wurde und auch zu langwierigen Gerichtsver-
fahren führte. So wurde z. B. der „Center Parc Bispinger Heide" erst acht

Jahre nach Einleitung des Bauleitplanverfahrens eröffnet; weitere Pläne des niederländischen Unternehmens zum Bau von Ferienparks in Dahlem (Nordrhein-Westfalen) und Köselitz (Sachsen-Anhalt) konnten aufgrund von Protesten und Einsprüchen überhaupt nicht umgesetzt werden (vgl. VOßE-BÜRGER/WEBER 2000, S. 87).

▨ Im Jahr 2012 haben z. B. Tausende von Venezianern gegen die zunehmende Zahl von *Kreuzfahrtschiffen* protestiert, die in der Lagunenstadt Station machen und dabei den Markusplatz passieren. Die Kritiker beklagen, dass die riesigen Schiffe (bis zu 20 Stockwerke hoch) nicht zum historischen Stadtbild Venedigs passen und außerdem mit ihren Schwerölabgasen die Luft verschmutzen (⌂ www.zeit.de/reisen/2013-04/venedig-kreuzfahrtschiffe).

Eine frühzeitige Einbeziehung der Bevölkerung in touristische Planungen und Entscheidungsprozesse sollte jedoch nicht nur taktische Ziele verfolgen – z. B. *mögliche Konflikte zu vermeiden* bzw. *kreative Potenziale zu nutzen* (→ 3.4.3).

Bei einem partizipativen Destinationsmanagement geht es vielmehr darum, die Region als einheitlichen Wirtschafts-, Wohn- und Lebensraum zu begreifen. Im Zielsystem einer Destination Management Company sollte dann – neben der touristischen Wettbewerbsfähigkeit – die *Lebensqualität der Bevölkerung* eine hohe Priorität haben.

▶ **Definition**

Lebensqualität: „lässt sich [...] definieren als das Recht auf Arbeit und die Möglichkeit einer gesunden Lebensführung als auch die Reinheit von Luft, Boden und Wasser, die Förderung von Kultur und Kunst sowie die Freiheit von Angst und das Gefühl von Sicherheit" (PECHLANER/INNER-HOFER/BACHINGER 2010, S. 18).

Die Lebensqualität weist zum einen eine subjektive Komponente auf (persönliche Zufriedenheit und Wohlbefinden); zum anderen wird sie aber durch *mehrere objektive Faktoren* bestimmt; dazu zählen:

▨ „Gesundheit,

▨ Bildung und Persönlichkeitsentwicklung,

▨ Arbeit und Qualität des Arbeitslebens,

▨ Zeit und Freizeit,

▨ persönliche finanzielle Lage,

▨ physische und soziale Umwelt,

- persönliche Sicherheit und Rechtspflege,
- gesellschaftliche Chancen und Engagement" (PECHLANER/INNERHOFER/ BACHINGER 2010, S. 19-20).

Neben diesen inhaltlichen Aspekten umfasst das Konzept der Lebensqualität auch *methodische Dimensionen*. Eine Destination Management Company sollte zentrale Fragen in einem öffentlichen Diskurs – gemeinsam mit allen Anspruchsgruppen – klären:

- Wie soll sich unsere Region generell entwickeln und welche Rolle soll der Tourismus dabei spielen?
- Welche Arten des Tourismus bringen unserer Region den größten Nutzen – nicht nur in wirtschaftlicher, sondern auch in ökologischer, kultureller und gesellschaftlicher Hinsicht?
- Inwieweit sind wir bereit, öffentliche und persönliche Belastungen durch den Tourismus zu akzeptieren?

▶ **Beispiel für eine partizipative Destination: Naturns (Italien)**

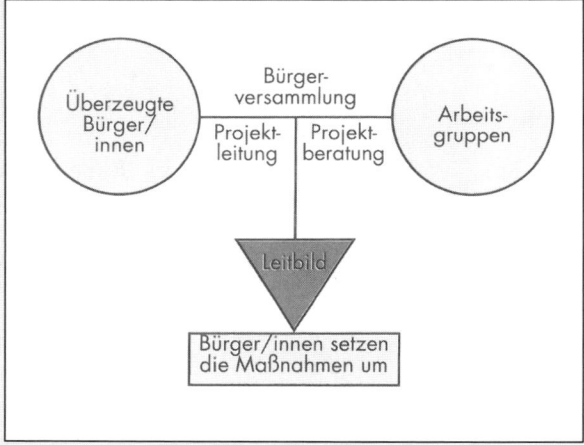

Abb. 48: „Naturnser Modell" der Bürgerbeteiligung
(Quelle: Gemeinde Naturns/Italien)

Die Südtiroler Gemeinde Naturns gilt in Italien als Vorreiter bei der systematischen Einbeziehung der Bevölkerung in lokale Entscheidungsprozesse. Während diese Bürgerbeteiligung in den 1990er Jahren zunächst noch sporadisch und projektbezogen erfolgte, ist sie inzwischen institutio-

nalisiert worden – z. B. durch die Einführung einer Fragestunde in Ge-
meinderatssitzungen.

Darüber hinaus wurde das „Naturnser Modell" entwickelt, bei dem sich
engagierte Bürger zu einer Initiativgruppe zusammenschließen und dann
alle Einwohner in einer Bürgerversammlung zur Mitarbeit einladen. Auf
diese Weise wurde in vier Arbeitskreisen und 60 Sitzungen ein örtliches
Leitbild entwickelt. Von den 5.000 Einwohnern arbeiten nun ca. 200 Bürger an der Umsetzung des umfangreichen Maßnahmenkatalogs mit.

Aufgrund seiner integrativen Gemeindeentwicklung erhielt Naturns mehrere Auszeichnungen – u. a. den „Großen Europäischen Preis für Tourismus und Umwelt" sowie den „Europäischen Dorferneuerungspreis für
hervorragende Leistungen" (⌂ www.comune.naturno.bz.it).

Ein partizipatives Destinationsmanagement beschränkt sich also nicht auf die
Stärkung der Wettbewerbsfähigkeit und den wirtschaftlichen Erfolg der lokalen
Tourismusbranche, sondern bezieht auch die *Lebenswirklichkeit der Einheimischen*
in seine Überlegungen ein – nicht zuletzt durch die Information und Integration
der Bevölkerung. Damit trägt es erheblich zur Verbesserung der Lebensqualität
und zur Stärkung der regionalen Identität bei.

▶ Weiterführender Lesetipp

PECHLANER, H./BACHINGER, M. (Hrsg.; 2010): Lebensqualität und
Standortattraktivität. Kultur, Mobilität und regionale Marken als Erfolgsfaktoren, Berlin

*Die Beiträge in diesem Sammelband beschäftigen sich u. a. mit den theoretischen Grundlagen des
Standortmanagements und der Lebensqualität sowie mit diversen Dimensionen der Lebensqualität (Kultur, Mobilität, regionale Identität).*

▶ Zusammenfassung

- ■ Generell werden Destinationen künftig in einem expandierenden
  Markt agieren, denn die Prognosen zur Entwicklung des Tourismus
  sind positiv – sowohl auf nationaler als auch auf internationaler Ebene.

- ■ Die enorme Dynamik des Tourismusmarkts und auch die wachsende
  Zahl der Wettbewerber machen es aber erforderlich, dass sich Destinationen immer wieder neu orientieren und positionieren.

- Dazu bedarf es zum einen einer großen Innovationskraft: Um sich am Markt zu behaupten, müssen Destinationen ständig neue Attraktionspunkte (Produkte) und Einzelleistungen (Angebote) kreieren.

- Darüber hinaus sollten Destination Management Companies versuchen, die Schnittstellen zu anderen Wirtschaftsbereichen im Rahmen eines Regionalmanagements zu bearbeiten und dabei auch neue Formen der Steuerung einzusetzen (Regional Governance).

- Angesichts der Nutzung und des Verbrauchs natürlicher, kultureller und gesellschaftlicher Ressourcen muss sich eine Destination Management Company künftig stärker ihrer Verantwortung als „guter Bürger" stellen – speziell auch im sozialen Bereich (Corporate Social Responsibility).

- Schließlich wird die Frage nach dem Gesamtnutzen des Tourismus immer wichtiger werden: Welchen Beitrag leistet er zur Verbesserung der Lebensqualität und wie kann die einheimische Bevölkerung stärker in die touristische Planung einbezogen werden?

Literaturverzeichnis

ADAC (Allgemeiner Deutscher Automobil-Club) (Hrsg.; 2004): Verkehr und Tourismus, München

ADAM, R./SPANTIG, M. (2009): Bayern – ein Lebensgefühl als Marke oder warum es heute nicht mehr reicht, nur schön zu sein. – In: PECHLANER/FISCHER, S. 81-97

AGHZ Online (2012): Im Gastgewerbe steigt der Anteil der Teilzeit-Beschäftigten (www.ahgz.de/marktdaten/im-gastgewerbe-steigt-der-anteil-der-teilzeit-beschaeftigten,200012193489.html vom 13.12.2012)

AMERSDORFFER, D. u. a. (Hrsg.; 2010): Social Web im Tourismus. Strategien – Konzepte – Einsatzfelder, Heidelberg u. a.

ANTZ, Chr. (2011): Lernen von den Frühaufstehern – Best-Practices des Kulturtourismus in Sachsen-Anhalt. – In: HAUSMANN/MURZIK, S. 271-284

AUBKE, F./LUND-DURLACHER, D. (2011): Corporate Social Responsibility in Zeiten von Web 2.0 – Nutzen für touristische Anbieter. – In: BOKSBERGER/SCHUCKERT, S. 93-104

AUFERMANN, D. (2011): Destinationsmanagement, Münster

BAUER, A. (2000): Überwindung lokaler Horizonte – Schlüsselfaktor für ein strategisches Destinationsmanagement. – In: FONTANARI/SCHERHAG, S. 95-100

BAUMHACKL, H. (1995): Die Alpen – eine Ferienlandschaft aus geographischer Sicht. – In: Thomas-Morus-Akademie, S. 9-43

BAUR, N./VOLLE, B./QUACK, H.-D. (2004): Optimierung der Organisationsstrukturen im Destinationsmanagement, Salzgitter

BECKER, Chr./HOPFINGER, H./STEINECKE, A. (Hrsg.; 2007): Geographie der Freizeit und des Tourismus: Bilanz und Ausblick, 3. Aufl. München/Wien

BECKER, Chr./JOB, H./WITZEL, A. (1996): Tourismus und nachhaltige Entwicklung. Grundlagen und praktische Ansätze für den mitteleuropäischen Raum, Darmstadt

BECKER, Chr./QUACK, H.-D. (Hrsg.; 2007): Ansätze und Erfahrungen im Destinationsmanagement, Trier (ETI-Studien; 6)

BEHRENS, J. (2012): Social Media im Destinationsmarketing. Planung – Umsetzung – Monitoring, Sternenfels (Reihe Messe-, Kongress- und Eventmanagement; o. Bd.)

BIEGER, Th. (2008): Management von Destinationen, 7. Aufl. München/Wien

BIEGER, Th./BERITELLI, P. (2013): Management von Destinationen, 8., aktual. u. überarb. Aufl. München

BIEGER, Th./BERITELLI, P./LAESSER, Chr. (Hrsg.; 2012): Wandel als Chance für den alpinen Tourismus, Berlin (Schweizer Jahrbuch für Tourismus 2011)

BIEGER, Th./LAESSER, Chr. (2003): Tourismustrends. Eine aktuelle Bestandsaufnahme. – In: Jahrbuch der Schweizerischen Tourismuswirtschaft 2002/2003, St. Gallen, S. 13-37

BIEGER, Th./LAESSER, Chr. (2010): Tourismustrends – zwischen Nachfragesog und Angebotsdruck. – In: BIEGER/LAESSER/BERITELLI, S. 13-34

BIEGER, Th./LAESSER, Chr./BERITELLI, P. (Hrsg.; 2010): Trends, Instrumente und Strategien im alpinen Tourismus, Berlin (Schweizer Jahrbuch für Tourismus 2009/St. Galler Schriften für Tourismus und Verkehr; 1)

BIEGER, Th./LAESSER, Chr./BERITELLI, P. (Hrsg.; 2011): Wettbewerb im alpinen Tourismus – Herausforderungen und Innovationen, Berlin (Schweizer Jahrbuch für Tourismus 2010/St. Galler Schriften für Tourismus und Verkehr; 2)

BIEGER, Th./PECHLANER, H./STEINECKE, A. (Hrsg.; 2001): Erfolgskonzepte im Tourismus. Marken – Kultur – Neue Geschäftsmodelle, Wien (Management und Unternehmenskultur; 5)

BLEILE, G. (2000): Marktorientiertes Destinationsmanagement erfordert neue Organisationsformen des Tourismus. – In: FONTANARI/SCHERHAG, S. 101-113

BMWFJ (Bundesministerium für Wirtschaft, Familie und Jugend (Hrsg.; 2012): Erfolgreich mit Corporate Social Responsibility, Wien (www.bmwfj.gv.at/Tourismus/TourismuspolitischeAktivitaeten/Documents/120328_CSR_Leitfaden_06_WEB.pdf vom 28.03.2013)

BMVBS (Bundesministerium für Verkehr, Bau und Stadtentwicklung) (Hrsg.; 2012): Handbuch für eine gute Bürgerbeteiligung. Planung von Großvorhaben im Verkehrssektor, Berlin (www.bmvbs.de/cae/servlet/contentblob/81212/publicationFile/65799/handbuch-buergerbeteiligung.pdf vom 11.02.2013)

BMWI (Bundesministerium für Wirtschaft und Technologie) (Hrsg.; 2009): Auswirkungen des demographischen Wandels auf den Tourismus und Schlussfolgerungen für die Tourismuspolitik, Berlin (www.bmwi.de/BMWi/Redaktion/PDF/Publikationen/Studien/auswirkungen-demographischer-wandel-tourismus-ap2-kap-1,property=pdf,bereich=bmwi,sprache=de,rwb=true.pdf vom 19.10.2012)

BOCHERT, R. (2010): Politik der Destination. Ordnungspolitik im Incomingtourismus, 2., veränderte Aufl. Berlin (Heilbronner Reihe Tourismuswirtschaft; 10)

BOKSBERGER, P./SCHUCKERT, M. (Hrsg.; 2011): Innovationen in Tourismus und Freizeit. Hypes, Trends und Entwicklungen, Berlin (Schriften zu Tourismus und Freizeit; 12)

BOERGEN, Chr./GLADOW, Chr./NOLL, R. (2011): Kommunales Tourismus-Management, Wiesbaden

BOSSHART, D. (1997): Die Zukunft des Konsums. Wie leben wir morgen? Düsseldorf/München

BRADIĆ , I. (2012): Kriegsstandorte und -museen als touristische Schauplätze in Bosnien und Herzegowina – untersucht am Beispiel Sarajevo. – In: QUACK/STEINECKE, S. 239-259

BRITTNER-WIDMANN, A./QUACK, H.-D./WACHOWIAK, H. (Hrsg.; 2004): Von Erholungsräumen zu Tourismusdestinationen. Facetten der Fremdenverkehrsgeographie, Trier (Trierer Geographische Studien; 27)

BUDDE, R./HECKMANN, U. (2000): Route der Industriekultur. Die industriegeschichtlichen „Highlights" des Ruhrgebiets. – In: Praxis Geschichte, 5, S. 58-61

BURI, H. (2011): Kulturelle Einrichtungen als kulturtouristische Akteure – Strategische Ausrichtung und Praxis im touristischen Marketing am Beispiel der Stiftung Preußische Schlösser und Gärten Berlin-Brandenburg. – In: HAUSMANN/MURZIK, S. 237-253

BURZINSKI, M. (2012): Mehr als nur eine Systemfrage: Das Ticketing als Teil des städtischen Kulturmarketings, Berlin (Vortrag am 09. März auf der Internationalen Tourismus-Börse)

BRYSCH, A. (2001): Markenbildung im Deutschlandtourismus – Beispiele, Erfahrungen, Herausforderungen. – In: BIEGER/PECHLANER/STEINECKE, S. 35-40

CIESLACK, I./WEITHÖNER, U. (2002): Auswertung der Befragung zum Thema „Reservierungssysteme der Tourismusdestinationen in Niedersachsen", Wilhelmshaven (www.weithoener.staff.jade-hs.de/fileadmin/downloads/tmn_analyse.pdf vom 23.11.2012)

CONRADY, R./BUCK, M. (Hrsg.; 2012): Trends and Issues in Global Tourism, Berlin/Heidelberg

CRAMER VON LAUE, O. (1997): Regionalentwicklung im Biosphärenreservat Rhön im Spannungsfeld zwischen Bevölkerung und Einheimischen. – In: Frankfurter Geographische Hefte, 62, S. 7-135

DANIELSSON, J./LOHMANN, M. (2003): Urlaubsreisen der Senioren, Kiel/Hamburg

DLT (Deutscher Landkreistag) (Hrsg.; 2011): Organisation und Finanzierung der Tourismusförderung in Landkreisen. Erfolgsfaktoren – Strategien – gute Beispiele, Berlin (Veröffentlichungen des Vereins für Geschichte der Deutschen Landkreise e. V.; 99)

DRESEWSKI, F. (2004): Corporate Citizenship. Ein Leitfaden für das soziale Engagement mittelständischer Unternehmen, Berlin

DREYER, A. u. a. (2012): Regionale Produkte in der touristischen Vermarkung – Situationsanalyse und Entwicklungsmöglichkeiten im Harz. – In: ZEHRER/ GRABMÜLLER, S. 167-184

DSFT (Deutsches Seminar für Tourismus) (Hrsg.; 2012): Wissensportal Tourismus, Berlin (www.wissen.dsft-berlin.de)

DTV (Deutscher Tourismusverband) (Hrsg.; 2012): Jahresbericht 2012, Berlin

DZT (Deutsche Zentrale für Tourismus) (Hrsg.; 2012): Qualitätsmonitor Deutschland-Tourismus. Ergebnisse 2011/2012, Frankfurt a. M.

ECHTERMEYER, M. (1998): Elektronisches Tourismus-Marketing. Globale CRS-Netze und neue Informationstechnologien, Berlin/New York

ECKRICH, K. (2005): Strategischer Wandel: Visionen und Ziele, die verbinden (www. changehouse.de/dokumente/Fol_Strategieveraenderung.pdf vom 30.10.2012)

EISENSTEIN, B. (2010): Grundlagen des Destinationsmanagements, München

Europa-Park (Hrsg.; 2011): 36 Jahre Europa-Park. Eine Erfolgsgeschichte aus dem Hause Mack, Rust (Medieninformation)

FERRANTE, C. L. (1998): Konflikt und Diskurs im Ferienort. – In: HAEDRICH, G. u. a. (Hrsg.): Tourismus-Management, Tourismus-Marketing und Fremdenverkehrsplanung, 3., völlig neu bearb. u. wesentlich erw. Aufl. Berlin/New York, S. 893-908

FILK, Chr./SCHATZMANN, C./HERZIG GAINSFORD, Y. (2011): „Literary Imagination goes Tourism" – Destination Branding und fiktive Narrative am Beispiel von „Heidi" und „Heidiland". – In: BOKSBERGER/SCHUCKERT, S. 139-165

FÖHL, P. S./PRÖBSTLE, Y. (2011): Kooperationen als Wesenselement des Kulturtourismus. – In: HAUSMANN/MURZIK, S. 111-138

FONTANARI, M. L./SCHERHAG, K. (Hrsg.; 2000): Wettbewerb der Destinationen. Erfahrungen – Konzepte – Visionen, Wiesbaden

FREYER, W. (2011): Tourismus. Einführung in die Fremdenverkehrsökonomie, 10., überarb. u. aktual. Aufl. München

FREYER, W. (2011a): Tourismus-Marketing. Marktorientiertes Management im Mikro- und Makrobereich der Tourismuswirtschaft, 7., überarb. u. erg. Aufl. München

FREYER, W./GROß, S. (2006): Gästebefragungen in der touristischen Marktforschung. Leitfaden für die Praxis, Dresden (Schriftenreihe Tourismuswirtschaft; o. Bd.)

FREYTAG, T. (2009): Low-Cost Airlines – Motoren für den Städtetourismus in Europa? – In: Geographische Rundschau, 61/2, S. 20-26

FRICKE, D. (2001): Das Fleesensee-Projekt in Mecklenburg-Vorpommern: Konzept, Partner, Perspektiven. – In: KREILKAMP/PECHLANER/STEINECKE, S. 75-87

FRITSCHE, E./SULZENBACHER, G. (Hrsg.; 2004): Reise-Zeiten. Zur Geschichte des Tourismus in Tirol. Didaktische Materialien des Touriseums Meran, Meran

FUCHS, W./MUNDT, J. W./ZOLLONDZ, H.-D. (Hrsg.; 2008): Lexikon Tourismus. Destinationen, Gastronomie, Hotellerie, Reisemittler, Reiseveranstalter, Verkehrsträger, München

F. U. R. (Forschungsgemeinschaft Urlaub und Reisen) (Hrsg.; 2012): Erste ausgewählte Ergebnisse der 42. Reiseanalyse zur ITB 2012, Kiel

F. U. R. (Forschungsgemeinschaft Urlaub und Reisen) (Hrsg.; 2012a): Die Urlaubsreisen der Deutschen. Kurzfassung der Reiseanalyse 2012, Kiel

GIATAS, M./HUNDT, M. (2008): Branding im kommerziellen Bereich als Lernfeld für Museen? – In: JOHN/GÜNTER, S. 57-68

GIRALDO, A. (2009): CSR-Reporting im Tourismus – CSR messbar gemacht! – In: GATE (Hrsg.): Corporate Social Responsibility im Tourismus, Berlin, S. 60-65 (www.gate-tourismus.de/downloads/gate_csr_dokumentation.pdf vom 28.03.2013)

GRONAU, W. (Hrsg.; 2011): Zukunftsfähiger Tourismus – Innovation und Kooperation, Mannheim (Studien zur Freizeit- und Tourismusforschung; 6)

GÜNTER, B. (2011): Kulturbetrieb™ – Qualitätssicherung durch Markenbildung? – In: HAUSMANN/MURZIK, S. 35-47

HAARICH, S. N./PLAZA B. (2010): Das Guggenheim-Museum von Bilbao als Symbol für erfolgreichen Wandel – Legende und Wirklichkeit. – In: ALTROCK, U. u. a. (Hrsg.): Symbolische Orte. Planerische (De-)Konstruktionen, Berlin, S. 150-166 (Reihe Planungsrundschau; 19)

HAMMER, T. (2003): Schutzgebiete als Instrumente der Regionalentwicklung im Alpenraum? – In: Berichte zur Deutschen Landeskunde, 77/2-3, S. 187-208

HÄNSSLER, K. H. (2001): Erfolg ist nur gemeinsam machbar. Zusammenarbeit zwischen Tourismusorganisationen und Hotellerie, Stuttgart/Ravensburg

HAßLACHER, P. (2003): Die Alpenkonvention. Instrument einer nachhaltigen Regionalentwicklung? – In: Berichte zur Deutschen Landeskunde, 77/2-3, S. 133-149

HAUFF, V. (Hrsg.; 1987): Unsere gemeinsame Zukunft. Der Brundtland-Bericht der Weltkommission für Umwelt und Entwicklung, Greven

HAUSMANN, A. (2011): Kunst- und Kulturmanagement. Kompaktwissen für Studium und Praxis, Wiesbaden (Kunst- und Kulturmanagement; o. Bd.)

HAUSMANN, A./MURZIK, L. (Hrsg.; 2011): Neue Impulse im Kulturtourismus, Wiesbaden

HERBRAND, N. O. (Hrsg.; 2008): Schauplätze dreidimensionaler Markeninszenierung. Innovative Strategien und Erfolgsmodelle erlebnisorientierter Begegnungskommunikation, Stuttgart

HERNTREI, M. (2013): Wettbewerbsfähige Destinationen der Zukunft, Paderborn (Universität Paderborn, Fakultät für Kulturwissenschaften, Dissertation/in Bearbeitung)

HOLZBAUR, U. u. a. (2005): Eventmanagement. Veranstaltungen professionell zum Erfolg führen, 3., erw. Aufl. Berlin/Heidelberg/New York

IW (Institut der deutschen Wirtschaft) (Hrsg.; 2009): Urlaub per Tarifvertrag, Köln (www.iwkoeln.de/Publikationen/iwd/Archiv/tabid/122/articleid/24023/Defaul t.aspx vom 12.03.2011)

JAGNOW, E./WACHOWIAK, H. (2000): Städtetourismus zwischen Geschäftsreisen und Events. – In: Institut für Länderkunde (Hrsg.; 2000): Freizeit und Tourismus, Leipzig, S. 108-112 (Nationalatlas Bundesrepublik Deutschland; 10)

JOHN, H./GÜNTER, B. (Hrsg.; 2008): Das Museum als Marke. Branding als strategisches Managementinstrument für Museen, Bielefeld (Landschaftsverband Rheinland, Rheinisches Archiv- und Museumsamt, Publikation der Abteilung Museumsberatung; 22)

JÜLG, F. (2007): Wintersporttourismus. – In: BECKER/HOPFINGER/STEINECKE, S. 249-258

KAGERMEIER, A. (2007): Freizeit- und Urlaubsverkehr: Strukturen – Probleme – Lösungsansätze. – In: BECKER/HOPFINGER/STEINECKE, S. 259-272

KAGERMEIER, A. (2010): Erfolgsfaktoren für Events im kulturorientierten Städtetourismus – eine Evaluierung der Kaiser Konstantin Ausstellung 2007 in Trier. – In: KAGERMEIER/RAAB, S. 17-40

KAGERMEIER, A. (2011): Social Web & Tourismus – Implikationen des internetgestützten Empfehlungsmarketings für die nachfrageseitige touristische Praxis. – In: BOKSBERGER/SCHUCKERT, S. 59-78

KAGERMEIER, A./RAAB, F. (Hrsg.; 2010): Wettbewerbsvorteil Kulturtourismus. Innovative Strategien und Produkte, Berlin (Schriften zu Tourismus und Freizeit; 9)

KAGERMEIER, A./SAARINEN, J. (Hrsg.; 2012): Transforming and Managing Destinations. Tourism and Leisure in a Time of Global Change and Risks, Mannheim (Studien zur Freizeit- und Tourismusforschung; 7)

KEITZ, Chr. (1997): Reisen als Leitbild. Die Entstehung des modernen Massentourismus in Deutschland, München (dtv; 30626)

KELLER, P. (2011): Weltwirtschaftliche Entwicklung und Folgen für das Destinationsmanagement. – In: BIEGER/LAESSER/BERITELLI, S. 1-14

KELLER, P./BIEGER Th. (Hrsg.; 2010): Managing Change in Tourism. Creating Opportunities – Overcoming Obstacles, Berlin (International Tourism Research and Concepts; 4)

KERN, A. (2003): Das Profil von Destinationen als Determinante der Reiseentscheidung – deutsche Urlaubsregionen als Beispiel. – In: BECKER/HOPFINGER/STEINECKE, S. 741-753

KOBERNUß, J. (2005): Bundes- und Landesgartenschauen. – In: LANDGREBE/SCHNELL, S. 91-12

KÖHLER, S./SIEGRIST, D./WEIXLBAUMER, N. (2003): Der Beitrag der Nichtregierungsorganisationen für die nachhaltige Entwicklung der Alpen. Am Beispiel der Alpenschutzkommission CIPRA. – In: Berichte zur Deutschen Landeskunde, 77/2-3, S. 151-167

KÖSTERKE, A./LAßBERG, D. v. (2005): Urlaubsreisen und Umwelt. Eine Untersuchung über die Ansprechbarkeit der Bundesbürger auf Natur- und Umweltaspekte in Zusammenhang mit Urlaubsreisen, Ammerland (Schriftenreihe für Tourismus und Entwicklung; o. Bd.)

KOPPENHAGEN, Th. (2007): Wie ist Qualität im Tourismus glaubhaft zu vermitteln? – In: BECKER/QUACK, S. 111-131

KRAJEWSKI, Chr. (2011): Metropole Ruhr – Wandel durch Kultur & Tourismus? – In: GRONAU, S. 155-171

KRAJEWSKI, Chr./REUBER, P./WOLKERSDORFER, G. (2006): Das Ruhrgebiet als postmoderner Freizeitraum. – In: Geographische Rundschau, 58/1, S. 20-27

KREFT, M. (2000): Europa-Park – von der Unternehmervision zum Marktführer. – In: STEINECKE, S. 131-144

KREILKAMP, E./PECHLANER, H./STEINECKE, A. (Hrsg.; 2001): Gemachter oder gelebter Tourismus? Destinationsmanagement und Tourismuspolitik, Wien (Management und Unternehmenskultur; 3)

KRIEGNER, E. (2004): Museen und Tourismus. Chancen und Probleme der Kooperation am Beispiel ausgewählter oö. Museen. – In: Trans – Internet-Zeitschrift für Kulturwissenschaften, 15, 1-17 (www.inst.at/trans/15Nr/09_1/kriegner15.htm vom 24.10.2011)

KRIPPENDORF, J. (1975): Die Landschaftsfresser. Tourismus und Erholungslandschaft – Verderben oder Segen? Bern/Stuttgart

KUHNHENN, U./GERBER, D. (2012): Souvenirs: Aktuelle Forschungsergebnisse und deren Reflektion am Beispiel der Destination Chur/Schweiz. – In: ZEHRER/GRABMÜLLER, S. 25-40

KUHNHENN, U./SIMON, S./DIETRICH, M. (2012): Biolandwirtschaft und Tourismus – Synergiepotenziale am Beispiel Graubünden. – In: ZEHRER/GRABMÜLLER, S. 185-198

KURZHALS, F. G./LANGER, Chr. (Hrsg.; 2007): StadtLandMarke. Strategische Markenführung als Erfolgsfaktor im Location-Branding, Hamburg

LANDGREBE, G./SCHNELL, P. (Hrsg.; 2005): Städtetourismus, München/Wien

LANG, A./SCHRÖDER, A./SCHULER, A. (2011): Alternative Kommunikationsformen – Chancen und Risiken für die Anwendung im Tourismus. – In: BOKSBERGER/SCHUCKERT, S. 121-137

LEHMANN, M./HEINEMANN, A. (2009): Touristische Leitbilder. Der strategische Planungsprozess von Destinationen, Berlin (Heilbronner Reihe Tourismuswirtschaft; 6)

LINKENBACH, R. (2009): Innenmarketing im Tourismus: Ein Leitfaden für die Praxis, 2. Aufl. Gerlingen

LOHMANN, M./ADERHOLD, P. (2009): Urlaubsreisetrends 2020. Die RA-Trendstudie – Entwicklung der touristischen Nachfrage der Deutschen, Kiel

MARGREITER, J. (2002): Der Neue Tiroler Weg. – In: SCHMUDE, J. (Hrsg.): Tegernseer Tourismus Tage 2000. Proceedings, Regensburg, S. 29-53 (Beiträge zur Wirtschaftsgeographie Regensburg; 2)

MediaAnalyzer (Hrsg.; 2012): Große Namen für große Brands – Sportler in der Werbung, Hamburg (www.mediaanalyzer.com/studien/MediaAnalyzer-Studie-Sportler -in-der-Werbung-2012.pdf vom 08.11.2012)

MEINUNG, A. (1991): Touristisches Innenmarketing. Das Muß für jeden Fremdenverkehrsort, Koblenz

MENKE-ZUM FELDE, K. I. (2012): Gästezufriedenheit in Destinationen. Fallbeispiel Timmendorfer Strand, Mannheim (Studien zur Freizeit- und Tourismusforschung; 8)

Metropolregion Bremen-Oldenburg (Hrsg.; 2012): Positionspapier zur Bedeutung des Tourismus in der Metropolregion Bremen-Oldenburg im Nordwesten, Delmenhorst (www.opus.kobv.de/zlb/volltexte/2012/16547/pdf/positionspapier_tourismus.pdf vom 02.04.2013)

MÜLLER, B. (2010): Glitzermetropole Dubai. Diversifizierung und Imagegestaltung einer auf Erdöleinnahmen aufgebauten Wirtschaft, Marburg

MÜLLER, H. (2001): Die ortsansässige Bevölkerung und ihr Tourismusbewusstsein. – In: Voyage – Jahrbuch für Reise- und Tourismusforschung, 4, S. 125-136

MÜLLER, R. (2004): Touristische Vereinigung der Eifel. Eifel-Tourismus-Gesellschaft in Prüm (www.jahrbuch-daun.de/VT/hjb2004/hjb2004.8.htm vom 12.10.2012)

MUNDT, J. W. (2004): Tourismuspolitik, München/Wien

NEUMANN, Chr. (2005): Deutschland-Tourismus und seine Entwicklung, Trier (Trierer Tourismus Bibliographien; 15)

NIEMEYER, S. (2012): Kultur wird sozial und mobil. Wie Social Media und Mobile Marketing den Kulturtourismus verändern, Berlin (Vortrag am 07. März auf der Internationalen Tourismus-Börse)

NIKITSIN, V. (2009): Tourismuspolitik und Tourismusplanung in Transformationsländern – untersucht am Beispiel von Belarus und Litauen (Paderborner Geographische Studien zu Tourismusforschung und Destinationsmanagement; 22)

NÖRPEL, C./WAGNER, H. W. (2013): Destination Branding durch Public Events, Sternenfels (Messe-, Kongress- und Eventmanagement; o. Bd.).

OPASCHOWSKI, H. W./PRIES, M./REINHARDT, U. (Hrsg.; 2006): Freizeitwirtschaft. Die Leitökonomie der Zukunft, Hamburg (Zukunft. Bildung. Lebensqualität; 2)

PAESLER, R. (2007): Tourismus in den Transformationsländern. – IN: BECKER/HOPFINGER/STEINECKE, S. 555-567

PAULUS, P. (2011): Erfolgsfaktor Qualität – Einführung von Qualitätsmanagement im „Museum am Strom". – In: HAUSMANN/MURZIK, S. 305-323

PECHLANER, H./BACHINGER, M. (Hrsg.; 2010): Lebensqualität und Standortattraktivität. Kultur, Mobilität und regionale Marken als Erfolgsfaktoren, Berlin

PECHLANER, H./DÖPFER, B. C. (2009): Strategische Produktentwicklung im Tourismus – durch systematisches Management zur Produktinnovation – In: PECHLANER/FISCHER, S. 153-176

PECHLANER, H./FISCHER, E. (Hrsg.; 2006): Qualitätsmanagement im Tourismus. Kundenorientierung, Kundenbindung und Kundenzufriedenheit, Wien (Management und Unternehmenskultur; 15)

PECHLANER, H./FISCHER, E. (Hrsg.; 2009): Strategische Produktentwicklung im Standortmanagement. Wettbewerbsvorteile für den Tourismus, Berlin

PECHLANER, H./FISCHER, E./HAMMANN, E.-M. (Hrsg.; 2006): Standortwettbewerb und Tourismus. Regionale Erfolgsstrategien, Berlin

PECHLANER, H./INNERHOFER, E./BACHINGER, M. (2010): Standortmanagement und Lebensqualität. – In: PECHLANER/BACHINGER, S. 13-34

PECHLANER, H./SCHÖN, S. (Hrsg.; 2010): Regionale Baukultur als Erfolgsfaktor im Tourismus. Nachhaltige Vermarktung von Destinationen, Berlin

PECHLANER, H./ZEHRER, A. (Hrsg.; 2005): Destination-Card-Systeme. Entwicklung – Management – Kundenbindung, Wien (Management und Unternehmenskultur; 11)

PFAFFENBACH, C. (2001): Neuere Trends der Tourismusentwicklung in Nordafrika. – In: Geographische Rundschau, 53/6, S. 50-55

POPP, H. (2004): Nachhaltiger Gebirgs- und Wüstentourismus in Südmarokko? – In: Erkunde, 58/2, S. 118-136

PORTER, M. E. (1993): Nationale Wettbewerbsvorteile. Erfolgreich konkurrieren auf dem Weltmarkt, Wien

PROKOP, J. (2008): Corporate Design für Museumsmarken: Mehr Wirksamkeit durch Aufmerksamkeit. – In: JOHN/GÜNTER, S. 83-114

QUACK, H.-D./STEINECKE, A. (Hrsg.; 2012): Dark Tourism – Faszination des Schreckens, Paderborn (Paderborner Geographische Studien zu Tourismusforschung und Destinationsmanagement; 25)

RAAB, F. (2010): The Significance of Socialist Heritage for Tourism in Berlin: Neglectable Niche or Important Part of the Tourist Offer? – In: KAGERMEIER/RAAB, S. 125-140

RAICH, F. (2006): Governance räumlicher Wettbewerbseinheiten: Ein Ansatz für die Tourismus-Destination, Wiesbaden

REVERMANN, Chr./PETERMANN, Th. (2003): Tourismus in Großschutzgebieten. Impulse für eine nachhaltige Regionalentwicklung, Berlin (Studien des Büros für Technikfolgen-Abschätzung beim Deutschen Bundestag; 13)

Rewe-Touristik (Hrsg.; o. J.): Nachhaltiger Tourismus – Tipps für Reisebüros, Köln (www.rewe-touristik.com/downloads/umwelt-soziales/Broschuere_Nachhaltigkeit_fuer%20RBs.pdf vom 03.02.2013).

ROMEIß-STRACKE, F. (Hrsg.; 2008): TourismusArchitektur. Baukultur als Erfolgsfaktor, Berlin

ROSSMANN, D. (2012): Freizeitparks im Kontext der Freizeit- und Erlebnisgesellschaft. Den Freizeit- und Erlebniskonsumenten auf der Spur. Analyse, Klassifizierung, Typisierung, Segmentierung, München

RUDEK, B. (2010): Kooperationen im Auslandsmarketing kulturtouristischer Destinationen am Beispiel der Stadt Trier. – In: KAGERMEIER/RAAB, S. 41-61

SARETZKI, A./WILKEN, M./WÖHLER, K. (2002): Lernende Tourismusregionen. Vernetzung als strategischer Erfolgsfaktor kleiner und mittlerer Unternehmen, Münster/Hamburg/London (Tourismus – Beiträge zu Wissenschaft und Praxis; 3)

SCHERER, R./ZUMBUSCH, K. (2012): Governance contra Government. – In: Impacts, 3, S. 5-7

SCHERHAG, K. (2003): Destinationsmarken und ihre Bedeutung im touristischen Wettbewerb, Lohmar/Köln

SCHERHAG, K. (2011): Das Destinationsimage als Basis eines Wettbewerbsvorteils im Destinationsmanagement. – In: Gronau, S. 187-194

SCHEYTT, O. (2011): RUHR.2010 – eine neue Marke im Kulturtourismus. – In: HAUSMANN/MURZIK, S. 255-269

SCHIRMBECK, K. (2006): Markenbildung für Regionen. Dachmarkenkonzepte im deutschen Regionalmarketing, Stuttgart (Schriftenreihe der School of International Business; 1)

SCHLAFFKE, M. (2007): Von Bollenhüten und Ritterburgen. Tourismuswerbung und Raumbilder, München/Wien (Eichstätter Tourismuswissenschaftliche Beiträge; 7)

SCHMID, H. (2009): Economy of Fascination. Dubai and Las Vegas as Themed Urban Landscapes, Berlin/Stuttgart (Urbanization of the Earth; 11)

SCHRÖDER, A. (2007): Industrietourismus. – In: BECKER/HOPFINGER/STEINECKE, S. 213-224

SCHRÖDER, A./WIDMANN, T./BRITTNER-WIDMANN, A. (2005): Tourismus und demographischer Wandel. Entwicklung, Prognosen und Folgen, Trier (Materialien zur Fremdenverkehrsgeographie; 63)

SCHULER, A./HORSTER, E. (2012): Wandel im Destinationsmarketing: Herausforderungen und Anforderungen bei der Integration einer nachhaltigen Social Media Strategie. – In: ZEHRER/GRABMÜLLER, S. 51-64

SCHULER, A./REIN, H. (2011): Die Bedeutung von Fremd- und Eigenwahrnehmung der Bekanntheit von Tourismusregionen im Destinationsentwicklungsprozess. – In: GRONAU, S. 173-186

SEITZ, G. (2002): Internationale Expansionsstrategien in der Hotelbranche. – In: POMPL, W./LIEB, M. G. (Hrsg.): Internationales Tourismus-Management. Herausforderungen – Strategien – Instrumente, München, S. 209-235

SEITZ, E./MEYER, W. (2006): Tourismusmarktforschung. Ein praxisorientierter Leitfaden für Touristik und Fremdenverkehr, 2., vollst. überarb. Aufl. München

SILLER, L./PETERS, M./STROBL, A. (2011): Netzwerke im Kulturtourismus: Eine explorative Analyse in Südtirol. – In: Zeitschrift für Tourismuswissenschaft, 3/1, S. 43-68

SOYEZ, D. (2009): Europeanizing Industrial Heritage in Europe: Addressing its Transboundary and Dark Sides. – In: Geographische Zeitschrift, 97/1, S. 43–55

Stadt Altena (Hrsg.; 2011): Tourismuskonzept Altena, Düsseldorf/Bonn

STEINECKE, A. (Hrsg.; 2000): Erlebnis- und Konsumwelten, München/Wien

STEINECKE, A. (2001): Markenbildung von Destinationen: Erfahrungen – Herausforderungen – Perspektiven. – In: BIEGER/PECHLANER/STEINECKE, S. 9-27

STEINECKE, A. (2004): Zur Phänomenologie von Marken-Erlebniswelten. – In: BRITTNER-WIDMANN/QUACK/WACHOWIAK, S. 201-219

STEINECKE, A. (2007): Kulturtourismus. Marktstrukturen – Fallstudien – Perspektiven, München/Wien

STEINECKE, A. (2009): Themenwelten im Tourismus. Marktstrukturen – Marketing-Management – Trends, München/Wien

STEINECKE, A. (2010): Populäre Irrtümer über Reisen und Tourismus, München

STEINECKE, A. (2011): Tourismus, 2., überarb. Aufl. Braunschweig (Das Geographische Seminar; o. Bd.)

STEINECKE, A. (2013): Kulturmanagement im Tourismus: Basiswissen – Fallbeispiele – Checklisten, Wiesbaden (Kunst- und Kulturmanagement; o. Bd.)

STEINGRUBE, W. (2004): Land Fleesensee – ein neuer Destinationstyp? – In: BRITTNER-WIDMANN/QUACK/WACHOWIAK, S. 221-234

STEINGRUBE, W. (2007): Freizeit- und Tourismusdestinationen: Management – Struktur – Politik – Planung. – In: BECKER/HOPFINGER/STEINECKE, S. 441-453

THIMM, T. (2011): Management der internationalen Destination Bodensee – eine Seedestination im Gefüge der Stakeholder. – In: GRONAU, S. 121-135

Thomas-Morus-Akademie (Hrsg.; 1995): Tourismusentwicklung in den Alpen. Bilanz – Gefahren – Perspektiven, Bergisch Gladbach (Bensberger Protokolle; 75)

Tirol Werbung (Hrsg.; 2012): Marke.Tirol.Buch, Innsbruck

Tourismus- und Heilbäderverband Rheinland-Pfalz (Hrsg.; 2008): Strukturen und Aufgaben der lokalen Ebene im Tourismus in Rheinland-Pfalz. Ein Leitfaden zur Umsetzung der Tourismusstrategie 2015 in den rheinland-pfälzischen Tourismuskommunen, Koblenz (www.projectm.de/project-m/de/Beratungskompetenz/Downloads/Tourismusstrategie_2015_Rheinland-Pfalz.pdf vom 16.10.2012)

Tourismus NRW (Hrsg.; 2009): Masterplan Tourismus Nordrhein-Westfalen, Köln (www.touristiker-nrw.de/masterplan/ vom 14.11.2012)

Tourismus Untersee (Hrsg.; 2010): Tourismus am Untersee: Fit für die Zukunft, Gaienhofen

Travel One (Hrsg.; 2012): Nachhaltigkeitsreport Touristik 2011/212, Darmstadt

UNWTO (United Nations Word Tourism Organization) (Hrsg.; 2012): Tourism Highlights 2012 Edition, Madrid (www. dtxtq4w60xqpw.cloudfront.net/sites/all/files/docpdf/unwtohighlights12enlr_1.pdf vom 24.10.2012)

VIEGAS, A. (1998): Ökomanagement im Tourismus, München/Wien

VOßEBÜRGER, P./WEBER, A. (2000): Vom Umgang mit Konflikten bei der Planung von Erlebnis- und Konsumwelten – ein Plädoyer für Kooperation statt Konfrontation – In: STEINECKE, S. 84-103

WEIER, M. (2005): Innovative Stadtführungen. – In: LANDGREBE/SCHNELL, S. 241-252

WENHUI, Z. (2012): Macau: Touristik-Boom nach Rückgabe an China. – In: Beijing Rundschau, 05.09. (german.beijingreview.com.cn/german2010/Focus/2012-09/05/content_480345.htm vom 20.10.2012)

WENZEL, E. (2003): Zukunftsmärkte 2004. Der Branchen-Monitor des Zukunftsinstituts, Kelkheim

WIDMANN, F./WAGENSEIL, U./STUTZ, N. (2012): Markenpsychologie im Destinationsmanagement – eine Untersuchung zur räumlichen und inhaltlichen Übertragbarkeit der touristischen Marke Luzern. – In: ZEHRER/GRABMÜLLER, S. 79-91

Wien Tourismus (Hrsg.; 2011): Tourismusbewusstsein der Wiener Bevölkerung, Wien (b.wien.info/media/files-b2b/tourismusbewusstsein.pdf vom 20.01.2013)

WIESNER, K. A. (2008): Strategisches Destinationsmarketing. Erfolgsfaktoren für touristische Organisationen und Leistungsträger, Meßkirch

ZEHRER, A./GRABMÜLLER, A. (Hrsg.; 2012): Tourismus 2020+ interdisziplinär. Herausforderungen für Wirtschaft, Umwelt und Gesellschaft, Berlin (Schriften zu Tourismus und Freizeit; 15)

ZIMMER, P. (1995): Strategien für einen intelligenten Tourismus im Alpenraum. Initiativen, Modelle und Konzepte aus Deutschland. – In: Thomas-Morus-Akademie, S. 111-118

Stichwortverzeichnis

Unsere Studienhelfer

Ziert ein Zettel-Chaos deinen Schreibtisch? Isst du nur noch Süßigkeiten und
Tiefkühlpizza? Hast du schon wieder zu spät mit dem Lernen angefangen?
Oder wird dir Angst und Bange, wenn du an die bevorstehende Prüfung denkst?
Dann könnten unsere Studienhelfer deine Rettung sein!

Ohne Prüfungsangst studieren

Holger Walther
Ohne Prüfungsangst studieren
1. Aufl. 2012, 162 Seiten, farb. Abb.
ISBN 978-3-8252-3675-5, € (D) 9,99

Schweißausbrüche, Nervosität und Denkblockaden: Diese
Symptome der Prüfungsangst kennen viele Studierende
nur allzu gut. Der Ratgeber hilft dabei, das Selbstbewusst-
sein vor, während und nach Prüfungssituationen Schritt für
Schritt zu steigern.

Studi-Coach: Studieren für Anfänger

Rödiger Voss
Studi-Coach: Studieren für Anfänger
1. Auflage 2012 , 192 Seiten , br.
ISBN 978-3-8252-3773-8, € (D) 9,99

Dieser Ratgeber zeigt Methoden auf, Leben und Lernen
unter einen Hut zu bekommen. Dazu zählen das Zeitmana-
gement sowie Lese-, Lern- und Motivationstechniken.
Darüber hinaus verrät das Buch auch, wie Studierende ihre
Ernährung sinnvoll gestalten können und welche Rolle
Social Media beim Selbstmarketing spielen kann.

www.uvk-lucius.de

UTB